これならわかる！
ナビゲーター日本史 B

③ 開国〜明治

河合 敦 編著
Kawai Atsushi

山川出版社

は　じ　め　に

　どうしたら，高校で学ぶ日本史をきちんと理解できるのだろう。そう悩んだからこそ，みなさんはいま本書を手にしているのだと思います。
　教科書を読んでも，その内容がよく理解できない。みなさんがそう嘆くのも，無理はないのかもしれません。
　確かに教科書は，ページ数の制約などから説明が簡略化され，網羅的な事実関係の記述が中心になり，全体として無味乾燥なものになってしまいがちです。しかし，教科書というのは，とても優れた書物なのです。そこには，学問的な手続きを経て，こんにちまでの歴史研究の成果が客観的な視点でコンパクトに叙述されているからです。
　そこで，本書を編むにあたっては，この教科書の内容をわかりやすく伝え，日常の歴史学習に役立ててもらうことを目標にしました。そのため，日々の授業風景を想像しながら教科書に羅列された事項の因果関係を丁寧に解説するとともに，図版や写真，イラストなども取り入れ，できるだけビジュアルなものに仕上げました。また，教科書では脚注で扱われている内容を本文に取り込み，理解が進むような工夫も重ねました。
　本書は，このような意図で成り立っています。読後のみなさんに，これまで理解できなかった部分がわかるようになった，という感想を抱いてもらえたら，編著者としてはこの上のない喜びです。
　なお，本書は山川出版社刊行の『詳説日本史』に準拠しており，図版や写真などの多くも，山川出版社の教科書や図録に掲載されているものを利用しています。

　2016年6月

　　　　　　　　　　　　　　　　　　　　　　　　　　　會田康範・河合敦

『これならわかる！　ナビゲーター　日本史Ｂ』
　　　　　　　　　シリーズ　全４巻
　　〜 日本史の得意分野を広げる 〜
　　　①　原始・古代〜鎌倉
　　　②　室町〜江戸
　　　③　開国〜明治
　　　④　大正〜現代

目　次

第1章　開国と幕末の動乱
1　開国とその影響 …………………………………… *1*
2　尊攘運動と倒幕運動の進展 …………………… *11*
3　江戸幕府の終焉 ………………………………… *20*

第2章　明治維新と富国強兵
1　戊辰戦争の勃発と新政府の成立 ……………… *24*
2　廃藩置県と徴兵令 ……………………………… *31*
3　四民平等と地租改正 …………………………… *38*
4　殖産興業政策 …………………………………… *43*
5　文明開化の風潮 ………………………………… *51*
6　新政府の初期外交 ……………………………… *57*

第3章　立憲国家の成立と日清戦争
1　自由民権運動の高まり ………………………… *68*
2　松方財政と民権運動の激化 …………………… *79*
3　大日本帝国憲法の制定 ………………………… *87*
4　衆議院議員総選挙と初期議会 ………………… *99*
5　不平等条約改正の交渉の流れ ………………… *103*
6　日清戦争と三国干渉 …………………………… *111*

第4章　日露戦争と国際関係

1　日清戦争後の政治 …………………………………… *121*
2　中国分割と日露戦争 ………………………………… *129*
3　韓国併合と日露戦後の中国 ………………………… *139*
4　桂園時代 ……………………………………………… *145*

第5章　近代産業の発展と社会運動

1　松方デフレから産業革命へ ………………………… *149*
2　明治の農業と社会運動 ……………………………… *163*

第6章　近代文化の発展

1　明治文化の特色と思想・信教・教育 ……………… *172*
2　近代科学の発展と文学・芸術 ……………………… *181*

第1章

開国と幕末の動乱

1　開国とその影響

●ついに開国を決意●

イギリスで**産業革命**が始まったのは，18世紀後半のことです。

以後，産業革命は，ヨーロッパ各国やアメリカにも広まっていき，欧米諸国（列強諸国）は，強大な工業生産力と軍事力をもつようになります。そしてそれを背景にして市場や原料を求めて，積極的に海外へ乗り出し，植民地を獲得していったのです。19世紀になると，アジアへの進出を加速化させていきます。

なかでもイギリスは，**アヘン戦争**で清国を破って**南京条約**を結び，香港を割譲させました。こうした情報が日本に伝わると，幕府は1842（天保13）年，異国船打払令をゆるめ，漂着した外国船に燃料や食料を与えるという**天保の薪水給与令**を出し，外交方針を転換します。

ただ，開国は考えておらず，1844（弘化元）年にオランダ国王が幕府に開国をすすめても，それを拒んでいわゆる「鎖国」の状態を変えませんでした。

オランダ国王の開国勧告文の要点は，次のようなものです。

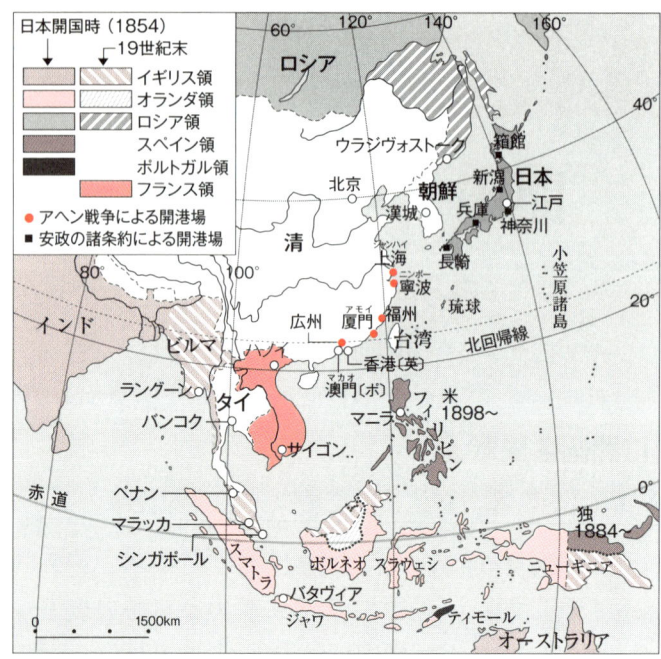

列強のアジア進出

「今の国際情勢をみれば、世界の人びとが親しむのを人間の力で防ぐことはできません。とくに蒸気船が発明されたことで、各国の距離は近くなり、日本だけが国を鎖して外国人との交流を禁じ続けるのはよくありませんので、開国することをおすすめします。」

よく知られているように、日本の鎖国体制を破ったのが、アメリカ合衆国でした。

アメリカは、清国との貿易船や捕鯨船の寄港地として最適だと考え、日本の開国を望むようになりました。このため1846（弘化3）年、アメリカ東インド艦隊司令長官ビッドルが日本に派遣され、浦賀に来航しました。けれども幕府は、ビッドルの通商要求を拒絶したのです。

2　第1章　開国と幕末の動乱

しかし，アメリカはあきらめませんでした。メキシコからカリフォルニアを奪ったアメリカは，領土が太平洋岸に達したため，ますます清との貿易はさかんになり，どうしても日本を開国させたいと考えるようになったのです。

そこでアメリカ東インド艦隊司令長官ペリーを派遣します。

ペリーは琉球王国を経て，1853（嘉永6）年6月，軍艦（「黒船」）4隻で浦賀に来航し，フィルモア大統領の国書を差し出して幕府に開国を求めたのです。

ペリーは戦争も辞さないような強い態度で開国を迫ったので，幕府は仕方なく国書を受けとり，開国の有無については，「翌年に回答する」と約束して，日本からペリー艦隊を去らせました。

ところが翌7月，今度はロシアの使節プチャーチンが長崎に来航，開国と国境の画定を要求してきたのです。

すると，ロシアに先を越されまいと考えたペリーは，翌1854（安政元）年1月，今度は7隻の船を率いて再来，いっそう強硬に開国を求めたのです。

このため幕府はアメリカとの交渉の末，同1854年3月，日米和親条約を結びました。これにより，200年以上にわたって続いてきた鎖国体制は終わりをつげたのです。

日米和親条約は，東海道の宿駅・神奈川の近くで結ばれたことから神奈川条約とも呼ばれます。

では，条約のおもな内容をみてみましょう。

① アメリカ船が必要とする燃料や食料などを供給する。
② 互いに難破船とその乗組員を救助する。
③ 下田・箱館の2港を開き，必要に応じて領事の駐在を認める。

1．開国とその影響　3

④アメリカに一方的な最恵国待遇を与える。

とくにわかりづらいのが，④の最恵国待遇ですね。

これについて説明しましょう。日本が他の国と条約を結ぶさい，アメリカと結んだ和親条約より有利な条件を認めたとしますね。その時は，アメリカにも自動的にその条件が認められるというものなのです。

幕府はイギリス・ロシア・オランダとも同様の和親条約を結びました。このうちロシアとの日露和親条約は，下田・箱館に加え長崎も開港することにしているうえ，国境の取り決めがあるので，必ずおさえておきましょう。

日露の国境ですが，千島列島については択捉島以南が日本領，得撫島以北がロシア領に決まりました。また，樺太（サハリン）については従来どおり両国人雑居の地として，境界は定めないことにしました。

外交方針を大転換した幕府ですが，この時の幕府の責任者は老中首座の阿部正弘でした。阿部は，こうした外交問題をわざわざ朝廷に報告し，諸大名や幕臣に対して政治上の意見をつのりました。こうしたやり方は前代未聞でしたが，彼は挙国一致でこの国難を乗り切ろうとしたのです。この方針転換は，以後の朝廷の権威を高め，雄藩の発言力を強める結果をまねいてしまいます。

阿部はまた，有能な人材をどんどん登用しました。大名についても，前水戸藩主の徳川斉昭を政治に参加させたり，越前藩主の松平慶永，薩摩藩主の島津斉彬，宇和島藩主の伊達宗城といった雄藩の藩主らの協力を得て幕政を運営していきました。

さらに江戸湾に短期間で台場（砲台）を築かせたり，武家諸法度の

4　第1章　開国と幕末の動乱

大船(500石以上の船)建造の禁止令を解くなどの軍事的な改革をおこなっていったのです。これを**安政の改革**と呼びます。

🍎不平等条約の締結🍎

　1856(安政3)年，日米和親条約の条項にしたがって初代アメリカ総領事として**ハリス**が下田に着任しました。ハリスはアメリカ本国の指示をうけ，幕府に通商条約の締結を強く求めました。幕府はあまり乗り気ではありませんでしたが，ハリスの粘り強い交渉によって，ついに通商条約の締結に同意しました。

　老中首座の**堀田正睦**は，みずから京都へ赴いて，通商条約を調印する許可(**勅許**)を**孝明天皇**に求めました。ところが，天皇は大の外国人嫌いで，朝廷も攘夷(外国人の排斥)の風潮が強く，勅許は与えられなかったのです。このため堀田は失脚してしまいます。

　1858(安政5)年，清国がイギリス・フランスと戦って敗れ(**アロー戦争**)，屈辱的な天津条約を結ばされました。このおりハリスは，「やがて日本にもイギリスやフランスの艦隊が来て，その軍事力でおどかされ通商条約を結ばされることになる。それよりもアメリカと平和的に交渉してゆるやかな条件で結んだほうがよい。もしアメリカと最初に条約を結んでくれるなら，アメリカはそうした最悪の状況を必ず阻止する」と約束しました。

　ここにおいて大老の**井伊直弼**は，勅許を得ぬまま，1858年6月，**日米修好通商条約**を結んだのです。

　では，日米修好通商条約の原文をみておきましょう。

1．開国とその影響　5

> 第三条　下田，箱館港の外，次にいふ所の場所を左の期限より開くべし。
> 　神奈川……西洋紀元千八百五十九年七月四日
> 　長崎……同断
> 　新潟……千八百六十年一月一日
> 　兵庫……千八百六十三年一月一日
> 　……神奈川港を開く後六ケ月にして下田港は鎖すべし。此箇条の内に載たる各地は亜墨利加人に居留を許すべし。
> 　……双方の国人，品物を売買する事総て障りなく，其払方等に付ては日本役人これに立会はず。
> 第四条　総て国地に輸入輸出の品々，別冊の通，日本役所へ運上を納むべし。
> 第六条　日本人に対し，法を犯せる亜墨利加人は，亜墨利加コンシュル裁断所にて吟味の上，亜墨利加の法度を以て罰すべし。亜墨利加人へ対し法を犯したる日本人は，日本役人糺の上，日本の法度を以て罰すべし。
>
> 　　　　　　　　　　　　　（『大日本古文書　幕末外国関係文書』）

日米修好通商条約の内容を以下に5点まとめておきます。

①神奈川・長崎・新潟・兵庫の開港。江戸・大坂の開市。

②通商は自由貿易。

③開港場に居留地をおく。外国人の国内旅行を禁じる。

④領事裁判権を認める(治外法権の容認)。

⑤日本に関税の税率の決定権はなく，相互で協定して決める(協定関税制度＝関税自主権の欠如)。

読んでわかるとおり，日本にとって不利な不平等条約でした。

⑤の協定関税制度については，修好通商条約の条文には記されていませんが，第4条に載る別冊，つまり貿易章程に記されています。

ちなみに神奈川は開港されませんでした。大きな宿駅だったので，日本人が外国人と接近することや伝染病の流行を嫌い，近くの寒村だった横浜に替えたのです。当初，外国の公使はそれにクレームをつけましたが，横浜が良港だとわかると，不満をいわなくなり，横浜には続々と外国の商人が来住し，急速な発展をとげていきます。

　横浜開港後，6カ月経つと下田は閉鎖されました。

　兵庫については，攘夷主義者の**孝明天皇**が許可を出さなかったのですが，列強諸国が朝廷に圧力をかけたことで，1867(慶応3)年，ようやく勅許が出ました。ただ，開港地は兵庫ではなく，現在の**神戸**になりました。神戸のほうが京都から遠いからですね。**新潟**の開港は整備が遅れたために，1868(明治元)年になりました。

　アメリカと通商条約を結んだ幕府ですが，続いてオランダ・ロシア・イギリス・フランスとも同様の条約を結びます。これをまとめて**安政の五カ国条約**と呼びます。

🍎貿易とその影響🍎

　翌1859(安政6)年から，列強との貿易がスタートします。横浜(神奈川)・長崎・箱館の3港です。

　港の貿易額は，将軍の膝元である江戸に近い横浜が圧倒的なシェアを占めました。相手国は意外にもアメリカではありませんでした。なんと，イギリスが一番多かったのです。アメリカは，国内で南北戦争が勃発してしまい，貿易どころではなくなってしまったのです。

　貿易は，居留地へ赴いた日本商人の**売込商**が，外国商人に品物を売り込みました。対して居留地で外国の商人から海外の品物を購

入する日本商人を引取商といいます。貿易の決済には，銀貨を用いたことも知っておきましょう。

では，取引された品物をみていきますね。

おもな輸出品：生糸・茶・蚕卵紙・海産物などの農水産物やその加工品。

おもな輸入品：毛織物・綿織物などの繊維工業製品，鉄砲・艦船などの軍需品。

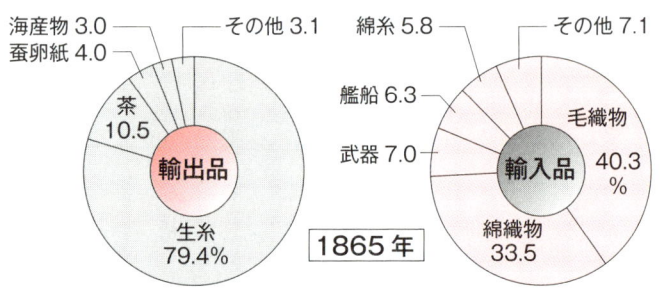

主要輸出入品の割合（石井孝『幕末貿易史の研究』より）

貿易が始まると，生糸や茶などの輸出品は品薄になり，価格が上がります。それに連動して他の品物の値段もぐんぐん上がっていきました。

そのため，人びとの生活にも影響が出てきます。生糸の生産は急に拡大したものの，価格の高騰によって西陣織（高級絹織物）などの職人は困窮してしまいます。

逆に，海外から安い綿織物がどっと輸入されたので，農村における綿作や綿織物業は，大きな打撃をうけました。

これはまずいと考えたのでしょう。幕府は1860（万延元）年，五品江戸廻送令を出します。「雑穀・水油（おもに灯明に使用する菜種油）・蠟・呉服（絹織物）・生糸の5品は，必ず江戸の問屋を通じて

輸出せよ」という法律です。物価を下げることを理由に貿易の統制をはかろうとしたのです。けれど，通商条約では自由貿易を認めていたので，こうした貿易統制について，イギリス公使など列強諸国や在郷商人たちが強く反発，結局，効果はあがりませんでした。

さらに，日本と外国とで金銀比価が異なったことが，大きな問題になりました。金銀比価というのは，金銀の交換比率のことです。外国では金1：銀15なのに対し，日本では金1：銀5でした。なんと，3倍も違うのです！　外国では15ｇの銀を出さないと交換してもらえないのに，日本では銀5ｇで金1ｇと交換できるのです。ですから，この比価の差を知った外国人は，喜んで海外から銀貨（洋銀）をもち込み，日本で金貨と交換するようになりました。きっとばく大な利益をえたことでしょう。こうしてわずか半年程度で，10万両以上の金貨が日本国内から流出したといいます。

そこで幕府は，金貨（万延小判）を改鋳して品質を3分の1に下げたのです（万延貨幣改鋳）。ただ，貨幣の価値が低下したため，品薄で上がっていた物価は，ますます上昇し，庶民の生活は苦しくなってしまいました。当然，対外貿易に対する反発が強まり，外国人を国内から追い払おうという攘夷運動を活発化させる要因になりました。

具体的には，1860（万延元）年，ハリスの通訳だったヒュースケン（オランダ人）が薩摩藩の浪士らに斬り殺されています。翌1861（文久元）年には，イギリス公使館となっていた江戸高輪の東禅寺を水戸藩の脱藩浪士十数名に襲撃され，外国人2名が負傷しました（東禅寺事件）。

また，翌1862（文久2）年には，生麦事件が発生します。島津久光

1．開国とその影響　　9

（薩摩藩の実力者）一行が江戸から国元へ帰る途中，生麦村（神奈川宿の近郊）でイギリス人4人と遭遇します。このおり，イギリス人が行列を乱したとして薩摩藩士に殺傷されたのです。ちなみにこの事件は，翌年の薩英戦争の原因となりました。

　さらに同1862年，高杉晋作・井上馨・伊藤博文ら長州藩の志士らが，品川の御殿山に建築中だったイギリス公使館を襲って全焼させました（イギリス公使館焼打ち事件）。

2 尊攘運動と倒幕運動の進展

●将軍後継問題と安政の大獄●

　ペリーが来航して国内が騒然としていた頃，幕府では**将軍継嗣問題**もおこっていました。13代将軍**徳川家定**が病弱なうえ，跡継ぎになる子がいなかったからです。幕府内では将軍の後継者をめぐって**一橋派**と**南紀派**に分かれて対立するようになりました。

　一橋派は，水戸藩主**徳川斉昭**の子で，聡明な**一橋慶喜**をおす大名たちで，越前藩主の松平慶永（春嶽）と薩摩藩主の島津斉彬がその中心でした。

　南紀派は，将軍家定と血統が近い紀伊藩主の**徳川慶福**をおす譜代大名の一派です。まだ慶福は少年でした。

　1858（安政5）年，南紀派の彦根藩主**井伊直弼**が大老に就任すると，なんと井伊は通商条約の調印を強行するとともに，独断で慶福を将軍の跡継ぎに決定してしまいました。それから数カ月後，家定が死去したので，慶福は14代将軍になりました。このおり，名を**徳川家茂**と改めています。

　一橋派の大名や志士たちが，こうした独裁に怒って井伊に強く抗議すると，逆に井伊は反対派の大名と家臣たちを次々と処罰していきました。

　これを**安政の大獄**といいますが，一橋派の徳川斉昭・徳川（一橋）慶喜・松平慶永らは隠居・謹慎を命じられました。また慶永の家臣であった越前藩士の**橋本左内**は処刑されています。梅田雲浜，長州藩士の**吉田松陰**らも摘発され，江戸で死刑となっています。

2．尊攘運動と倒幕運動の進展　*11*

こうした弾圧に憤激した水戸浪士らは，井伊の暗殺をもくろみ，1860（万延元）年3月3日，大雪の中，江戸城へ登城する井伊一行を桜田門外で待ち構え，これを襲撃して殺害しました。この事件を桜田門外の変といいます。
　白昼に大老があっけなく暗殺されたことで，幕府の威信はおおいに失墜しました。

桜田門外の変　強引に内外の問題を解決しようとした大老の井伊直弼は，安政の大獄の恨みを買って桜田門外で水戸の浪士らの襲撃をうけ，殺されました。

　その後，幕政の実権をにぎった老中の安藤信正は，これまでのような独裁を改め，朝廷（公）と幕府（武）が協調しつつ政治をおこなう公武合体政策をとりました。そしてその一環として，孝明天皇の妹である和宮を将軍徳川家茂の正妻に迎えたのです。しかし，この政略結婚は，「幕府が天皇の妹を江戸に人質をとるのが目的だ」と尊王攘夷論者から強く非難され，1862（文久2）年正月，安藤は江戸城の坂下門外で水戸浪士らに襲撃されたのです。負傷しただけで済んだものの，安藤はこの事件のために老中を辞職に追い込まれてしまいました（坂下門外の変）。
　こうした危機的な事態の中で，同1862年5月，薩摩藩主の父島津久光が行動に出ます。久光は独自の公武合体の立場から，朝廷の許

可を得たうえで，勅使の大原重徳を奉じて兵1000人を率いて江戸へくだり，幕府に対して幕政改革を要求したのです。

　幕府はこの要請を受け入れ，**文久の改革**を開始しました。驚くべきことですね。藩主でもない人間が軍事力をもちいて，「幕府に改革しろ」と要求するのですから。以前なら到底考えられないことです。いかに幕府の権威が低下したかがよくわかります。

　幕府は，松平慶永を**政事総裁職**に，徳川慶喜を**将軍後見職**に，会津藩主の**松平容保**を**京都守護職**に任命しました。慶永と慶喜は一橋派でしたね。そう，彼らが完全に復権したわけです。

　改革では，西洋式軍制が採用され，学問分野では蕃書調所を洋書調所と改編，西洋研究を充実させました。さらに榎本武揚や西周などを留学生としてオランダに派遣しています。

　参勤交代についても緩和され，江戸にのぼるのは3年に1度でよいとし，拘束していた大名の妻子の帰国も許可されました。

●尊攘運動の激化●

　この頃，外国人嫌いの孝明天皇がいる京都に，**尊王攘夷論**を主張する長州藩を中心とする下級武士（志士）が集まり，急進派の公家と結んで朝廷を動かすようになっていました。志士らは，将軍を上洛させて，幕府に攘夷の決行を迫ろうと画策します。このため，仕方なく将軍家茂は1863（文久3）年3月に上洛します。将軍の上洛は3代家光以来，実に229年ぶりのことでした。翌4月，幕府は，「1863（文久3）年5月10日を期して攘夷を決行せよ」と諸藩に命じました。すでにさかんに交易もおこなわれているのに，朝廷に押し切られて命令を出さざるをえなかったのです。長州藩はその日，自領

2．尊攘運動と倒幕運動の進展　　*13*

の下関を通過するアメリカ・フランス・オランダなどの列強諸国の船に，次々と砲撃をおこないました。攘夷を実行したわけですね。

さらに，土佐藩士の吉村虎太郎らが公家の中山忠光を奉じて天誅組を組織し，8月，大和五条にある幕府の代官所を襲撃します（天誅組の変）。これは，孝明天皇の大和行幸の先駆けとなるためでした。

この時期，朝廷の急進派は，攘夷を祈願するという名目で，天皇が兵を率いて大和国の神武天皇陵などを参拝し，その軍事力をもって攘夷を決行するとともに，倒幕も実行してしまおうと計画していたのです。

過激な尊攘派の動きを心配した公武合体派の薩摩・会津の両藩は，1863（文久3）年8月18日，公武合体派の公家と結んで朝廷でクーデタをおこし，長州藩勢力と急進派の公家の三条実美らを京都から追放しました。これを八月十八日の政変と呼びます。

なお，天誅組は翌9月に潰滅，元福岡藩士の平野国臣らも10月に但馬の生野代官所を襲いますが，まもなく幕府の命令をうけた諸藩によって鎮圧されました（生野の変）。

その後，失脚した長州藩士を中心とする尊攘派は，京都市中に火を放ち，公武合体派公家や大名らを殺害し，天皇を長州へ移す計画を立てました。しかし1864（元治元）年6月，京都の旅館「池田屋」に集まっているところを，京都守護職の配下である新選組（局長近藤勇）に摘発され，約30名のうち7名が殺害され，多くが捕らえられてしまいました（池田屋事件）。

勢力を回復するために，長州藩は，翌月（1864〈元治元〉年7月），大軍を率いて京都に攻めのぼり，会津・桑名・薩摩藩などと戦いま

すが,敗北して撤退します(禁門の変,または蛤御門の変)。

朝廷は長州藩を朝敵とし,幕府も諸藩を動員して大軍で長州征討(第1次)へ向かいました。また,同じ頃,イギリスを中心にフランス・アメリカ・オランダの四国が連合艦隊を編成して,下関へ出撃して砲台を攻撃,これを占拠しました(四国艦隊下関砲撃事件)。

四国艦隊下関砲撃事件 攘夷決行日に領内を航行する外国船に砲撃を加えた長州藩でしたが,列強の四国艦隊に下関砲台をあっけなく占領されてしまいました。

こうした中,長州藩では,尊攘派が失脚して保守派が実権をにぎります。保守派は,尊攘派三家老の首を差し出し,幕府の征討軍に恭順の態度をとりました。そこで征討軍は,戦うことなく撤退していきました。

四国艦隊下関砲撃事件で攘夷が無理だと悟った長州藩ですが,実は薩摩藩も同じ認識をもつようになっていました。というのは前年の1863(文久3)年,生麦事件の報復のため,イギリス艦隊が鹿児島湾に侵入,鹿児島城下が砲火のために大きな被害をうけていたのです(薩英戦争)。禁門の変で敵味方となった薩長両藩ですが,奇しくも攘夷が不可能であることを同じ時期に痛感させられたのです。

ところで列強諸国は,1865(慶応元)年,兵庫沖まで艦隊を送って朝廷に圧力をかけ,通商条約の勅許を出させました。翌1866(慶

2. 尊攘運動と倒幕運動の進展　*15*

応２）年には，兵庫の開港を延期するかわりに，幕府に対して**改税約書**を調印させ，関税率を引き下げさせたのです。これにより関税率は，平均20％の従価税から，諸外国に有利な一律５％の従量税に改められたうえ，自由貿易を阻害するさまざまな制限も撤廃され，通商条約はますます日本にとって不平等になったのです。

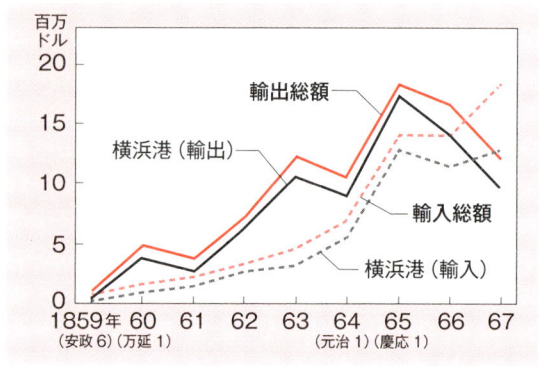

輸出入額の変遷（石井孝『幕末貿易史の研究』より）

　この頃から，イギリスとフランスの対日政策が大きく異なってきます。

　日本に着任したイギリス公使の**パークス**は，天皇を中心とした**雄藩連合政権**の成立に期待します。薩摩藩では**西郷隆盛・大久保利通**ら下級武士の革新派が実権をにぎりますが，薩英戦争で外国の強大さを知った彼らはイギリスに接近しました。対して，フランス公使の**ロッシュ**は幕府を支持する立場をとります。ロッシュは財政的な支援のほか，フランスの顧問団を送って，幕府陸軍に洋式訓練を施しました。また，幕府の横須賀造船所（横須賀製鉄所）の建設にも協力しています。

●倒幕運動●

　禁門の変後，保守派が実権をにぎった長州藩でしたが，第1次長州征討後まもなくの1864(元治元)年末，高杉晋作が奇兵隊などの諸隊を率いてクーデタをおこし，政権を奪い返します。

　奇兵隊というのは，1863(文久3)年に高杉が藩庁の許可を得て創設した軍隊です。門閥や身分によらない志願者によってつくられた軍で，正規の藩兵(正兵)に対して奇兵と呼ばれました。以後，農商民を中心に次々と軍隊が生まれ，これらをまとめて諸隊と称するようになったのです。

　藩政の中心となった高杉晋作・桂小五郎(木戸孝允)ら尊攘派ですが，すでに攘夷の不可能を悟っており，藩論を恭順から倒幕へと転換させました。そして，適塾で蘭学を学んだ大村益次郎らの指導のもと，倒幕のため軍事力の強化につとめはじめます。

　一方，幕府は長州藩に対し，これまでの責任をとらせるため領地の削減などを命じます。ところが，藩論を一変させた長州藩は，これに応じようとしません。そこで幕府は，ふたたび長州征討(第2次)を企てました。ところが，薩摩藩は「長州を攻める大義名分はなく，軍隊を動員することで藩や領民が疲弊する」と征討に強く反対します。また，征討に批判的な藩も少なくありませんでした。

　1866(慶応2)年正月，土佐藩の坂本龍馬と中岡慎太郎らは，攘夷が不可能だと悟った長州藩と薩摩藩を結びつけ，軍事同盟の密約を締結させることに成功します(薩長連合，または薩長同盟)。

　同年6月，第2次長州征討が断行されますが，薩摩藩は参加せず，薩長同盟のよしみで密かに長州藩を支援しました。これに加えて長州軍の志気の高さから，戦況は長州藩の優位に展開し，幕府軍の敗

2．尊攘運動と倒幕運動の進展

幕末の重要事件

天皇	年代	事項	将軍
孝明	1854. 3	日米和親条約(神奈川条約)	徳川家定
	1856. 7	アメリカ総領事ハリスが着任	
	1858. 2	堀田正睦,条約勅許奏請→失敗	
	. 4	井伊直弼,大老に就任	
	. 6	日米修好通商条約成立・将軍継嗣決定	
	. 9	安政の大獄(〜59)	
	1860. 1	安藤信正,老中になる	家茂
	. 3	桜田門外の変おこる	
	閏3	五品江戸廻送令が出る	
	1861. 10	和宮,将軍家茂に降嫁決定	
	1862. 1	坂下門外の変おこる	
	. 5	島津久光,文久の改革要求	
	. 8	生麦事件おこる	
	1863. 4	幕府,5月10日攘夷決行を決める	
	. 5	長州藩,下関(馬関)で外国船を砲撃	
	. 7	薩英戦争おこる	
	. 8	八月十八日の政変おこる	
	1864. 6	池田屋事件発生	
	. 7	禁門の変(蛤御門の変)おこる	
	. 8	第1次長州征討(〜12月)	
		四国艦隊下関砲撃事件おこる	
	1865. 9	長州再征の勅許	
	1866. 1	薩長連合(薩長同盟)が成立	
	. 5	改税約書に調印	
	. 6	長州再征(〜8月)	
	. 12	慶喜,将軍に就任	慶喜
		孝明天皇没	
明治	1867. 5	兵庫開港の勅許おりる	
	. 10-14	討幕の密勅,薩長におりる	
	. 10-14	将軍慶喜,大政奉還を上表	
	. 12	王政復古の大号令・小御所会議	
	1868. 1	鳥羽・伏見の戦い(戊辰戦争開始)	

北は誰がみてもあきらかになりました。すると幕府軍は,大坂城で将軍家茂が死去したことを理由に,突然,長州藩との戦闘を中止したのです。こうして長州征討(第2次)は失敗に終わり,倒幕の流れ

18 第1章 開国と幕末の動乱

は一気に加速していきます。

　度重なる武力衝突や対外交易にともなう物価上昇は，社会不安を増大させました。この時期，国学の尊王思想が農村にも広まり，農民の一揆でも世直しが叫ばれるようになりました(**世直し一揆**)。長州征討の最中には，大坂や江戸で大規模な打ちこわしが発生しています。幕府に対する不信のあらわれだといえるでしょう。

　世相が混乱する中，のちに教派神道と呼ばれる神道系の民衆宗教が信者を増やしていきます。代表的なのは大和で中山みきが創始した**天理教**，備前で黒住宗忠が開いた**黒住教**，備中の川手文治郎による**金光教**です。伊勢神宮への**御蔭参り**も流行しました。さらに1867(慶応3)年になると，東海・畿内一帯で熱狂的な民衆の集団乱舞「**ええじゃないか**」が発生します。これは，「世直し」を期待した民衆運動ですが，倒幕派はこうした混乱を巧みに利用しました。

3 江戸幕府の終焉

●大政奉還と王政復古の大号令●

　将軍家茂が死去したのち，徳川(一橋)慶喜が15代将軍となります。慶喜は，フランスの支援を得て，軍事部門を中心に幕政改革(慶応の改革)につとめました。前年に軍事同盟を結んだ薩摩・長州両藩は，慶喜のことを「家康の再来」と恐れ，1867(慶応3)年から武力倒幕の計画を加速させていきました。これは，前年末に過激な倒幕を好まずに公武合体論の立場をとった孝明天皇が急死したことも影響していると考えられます。

　こうした動きに対して，土佐藩は徳川家を存続させる立場をとりました。関ヶ原の戦い後に一国を与えられるなど，徳川家に恩義があったことが大きいといえます。

　ちょうどこの時期，土佐出身の坂本龍馬が，「将軍から平和的に政権を朝廷へ返還させ，朝廷のもとで徳川家も含めた大藩の新しい連合政権をつくる」という構想を実現させようと動いていました。これを知った土佐藩士の後藤象二郎は龍馬と結び，前藩主で実力者の山内豊信(容堂)の許可を得たうえで，将軍徳川慶喜や幕府の重臣たちに政権の返還をすすめました。そして，薩長が武力倒幕に立ち上がるのも近いと判断した慶喜はこの策を受け入れ，同年10月14日，大政奉還の上表を朝廷に提出しました。

　同じ10月14日，偶然にも薩長倒幕派は，公家の岩倉具視らの力を借りて，朝廷から討幕の密勅を手に入れていました。しかし，大政奉還の上表によって機先を制せられてしまいます。そこで12月9

「大政奉還」 大名・旗本らに京都二条城で大政奉還の意図を告げる徳川慶喜を描いたものです（邨田丹陵画）。

日，倒幕派は武力を背景にして朝廷でクーデタを決行，王政復古の大号令を発し，天皇を中心とする新政府を樹立したのです。これをもって，260年以上続いてきた江戸幕府は消滅することになりました。

王政復古の大号令で，新政府は，幕府だけでなく，摂政・関白も廃止し，天皇のもとに新たに総裁・議定・参与の三職をおきました。とくに参与についたのは，薩摩藩や土佐藩などの有力諸藩を代表する藩士でした。たとえば薩摩藩からは西郷隆盛・大久保利通，土佐藩からは後藤象二郎・福岡孝弟が参与となっています。また長州藩が朝敵を解除されると，同藩の木戸孝允や広沢真臣も参与に加わります。

雄藩連合のかたちをとった新政府ですが，王政復古の大号令が出された12月9日夜，三職による小御所会議において，激論のすえ，慶喜に内大臣の辞退と朝廷への領地の一部返上（辞官納地）を命じる処分が決定します。

すると慶喜は，京都の二条城から大坂城へ引き上げ，事態を静観する態度をとりました。

3．江戸幕府の終焉

●幕府の改革と対外交流●

　開国の頃になると，幕府や諸藩は，列強諸国の進んだ技術を導入して近代化をはかろうとしました。諸藩では，砲台や反射炉(鉄などを溶かす溶鉱炉)の建設，反射炉を用いた大砲の鋳造，洋式帆船の建造などがさかんにおこなわれました。ユネスコの世界遺産に登録された伊豆韮山の反射炉は，当時，幕府の代官江川太郎左衛門(坦庵)がつくらせたものです。

　江戸には，1856(安政3)年に蕃書調所が設けられて，洋学の教授や外交文書の翻訳がおこなわれましたが，文久の改革で蕃書調所は洋書調所となり，ついで開成所に発展，西欧の哲学・政治・経済まで学びの対象が広がりました。明治時代になると開成所は開成学校と改名され，のちに東京大学の一部となります。

　医学分野では，1858(安政5)年，種痘を広めるため蘭学者が出資して種痘所(のちの医学所)が設けられましたが，2年後，幕府はこれを直轄として財政支援をおこないました。この種痘所ものちに東京大学の一部(医学部)となります。

　安政の改革で設置された江戸の講武所では洋式砲術も教授され，長崎には海軍伝習所がつくられ，オランダ人士官が教官となって幕臣や諸藩士に蒸気船の操縦などを伝授しました。伝習所の近くには，蒸気船の製造・修理が可能な工作機械を設備した造船所(長崎製鉄所)がつくられました。

　この成果が発揮されたのは，1860(万延元)年です。同年，日米修好通商条約の批准書交換のため，外国奉行の新見正興率いる万延元年遣米使節がアメリカへ派遣されます。このとき，海軍伝習所の卒業生である勝海舟(義邦)らがオランダから購入した蒸気

第1章　開国と幕末の動乱

船「咸臨丸」を操縦して太平洋の横断に成功したのです。

　このおり，福沢諭吉も使節にしたがってアメリカにわたっていますが，幕府や諸藩でも海外へ留学生を派遣するケースが増えていきます。先述の榎本武揚・西周のほか，洋書調所の教官津田真道もオランダに派遣され，長州藩の伊藤博文や井上馨，薩摩藩の森有礼らがイギリスに留学しています。

　来日した外国人も少なくありません。とくに開港場の横浜には，宣教師や新聞記者がやって来て，彼らを通して欧米の文化が紹介されるようになります。宣教師のヘボンやフルベッキのように英学の教授を通じ，積極的に欧米文化を伝える人びとも登場してきます。

第2章

明治維新と富国強兵

1　戊辰戦争の勃発と新政府の成立

●戊辰戦争の展開●

　小御所会議で徳川慶喜の辞官納地が決定しますが，その後，新政府内で公議政体派が巻き返しをはかり，新政府に徳川慶喜も加わることがほぼ決まります。

　ところがそんな時，江戸で庄内藩士（佐幕派）や旧幕臣が，武力討幕派の中心だった薩摩藩の屋敷を襲撃してしまいます。薩摩藩が雇った浪人たちが人びとに乱暴を働くなどして治安を乱したからだともいいます。この知らせが大坂城に伝わると，旧幕府の兵士たちは激昂し，ついに慶喜も「討薩表」を記し，京都へ進撃することを認めるのです。

　しかし，旧幕府軍は1868（明治元）年1月2日から翌日にかけての鳥羽・伏見の戦いで薩摩・長州藩を中心とする新政府軍に敗れてしまいました。敗れた慶喜は1月6日，家臣も知らないうちに大坂城を脱し，船で江戸へ逃げ帰ってしまいます。そこで新政府は慶喜を朝敵とみなし，追討の東征軍を派遣したのです。

　東征軍には豪農や豪商も義勇軍を組織して参加しましたが，そうした軍の中に，東山道を進撃した相楽総三率いる赤報隊がいます。

24　第2章　明治維新と富国強兵

赤報隊は幕府領での年貢半減を約束し，その協力を得ながら進んでいきました。年貢半減については，新政府も承認していました。
　ところが，予想以上の戦費がかかりました。新政府は，京都の三井組・小野組，大坂の鴻池などの豪商から御用金として300万両を徴発し，太政官札や民部省札という不換紙幣（金・銀などの正貨と交換できない紙幣）を乱発して戦費にあてたので，赤報隊の約束は実行できません。さらに，引返しを命じたのに赤報隊が進軍したことで，偽官軍だとして相楽らを処刑してしまったのです。
　東征軍の接近に対して，前将軍徳川慶喜は新政府に恭順の意をあらわし，上野の寛永寺で謹慎生活に入ります。全権は，旧幕府陸軍総裁だった勝海舟にゆだねました。
　東征軍は3月15日に江戸城総攻撃を想定していましたが，その直前に勝が東征軍参謀の西郷隆盛（実質的な軍の最高権力者）と交渉し，江戸城をあけわたすことを条件に総攻撃を中止させました。
　同年4月，江戸城は無血開城されます。こうして江戸城は開城し，関東地方を制圧した新政府は，京都守護職として志士を取り締まってきた松平容保を藩主とする会津藩への総攻撃を決定します。ところが東北諸藩がその方針に反対して奥羽越列藩同盟を結び，新政府と敵対する姿勢をみせたのです。
　そこで東征軍は，同年7月から8月にかけて，同盟を結成した東北諸藩の抵抗を打ち破り，9月には会津若松城を攻め落とし，同盟の中心であった会津藩を降伏させました。
　しかしまだ，蝦夷地（北海道）の箱館の五稜郭を拠点に，榎本武揚ら旧幕臣の軍が，抵抗を続けていました。そこで翌1869（明治2）年5月，箱館を総攻撃して榎木らがこもる五稜郭を開城させました

1．戊辰戦争の勃発と新政府の成立

(箱館戦争)。こうして国内は新政府によって統一されたのです。この，鳥羽・伏見の戦いから箱館五稜郭の戦いまでの1年半近くにわたる内戦を戊辰戦争といいます。

当時の人びとは，江戸幕府が崩壊して新政府が成立したことを，政治が一新したという意味で御一新と呼びました。また，中国の古語をあてて維新と称する場合もありました。

よく明治維新といいますが，これは歴史用語で，ペリーの黒船来航に始まって，廃藩置県もしくは西南戦争までの激動の時代を総称したものなのです。

●五箇条の誓文と東京遷都●

戊辰戦争の最中，新政府は政治の刷新を進めていきます。

1868(明治元)年1月，新政府は諸外国に対して王政復古と外交主権掌握，つまり「旧幕府にかわって新政府が日本の政治と外交をおこなう」と宣言しました。

ついで3月に五箇条の誓文を公布して新政府の国策の基本を正式に発表しました。その要旨は，公議世論の尊重と開国和親です。

五箇条の誓文は，明治天皇が百官(公卿・諸侯・もろもろの役人たち)を率いて神々に誓約するというスタイルをとり，天皇親政を強調しました。

誓文にあるように，広く会議を開いて議論したことや世間の意見を重視していくこと，これまでの悪習，たぶん攘夷思想も含んでいると思いますが，そうした良くない慣行を改め，外国と積極的に交際することを，新政府は公言したのです。とても開明的な内容であることがわかりますね。

> 一　広ク会議ヲ興シ万機❶公論ニ決スベシ
> 一　上下心ヲ一ニシテ盛ニ経綸❷ヲ行フベシ
> 一　官武一途庶民ニ至ル迄各其志ヲ遂ゲ人心ヲシテ倦ザラシメン事ヲ要ス
> 一　旧来ノ陋習❸ヲ破リ天地ノ公道ニ基クベシ
> 一　智識ヲ世界ニ求メ大ニ皇基❹ヲ振起スベシ
>
> （『明治天皇紀』）
>
> ❶国家のまつりごと。　❷国家をおさめる施策。　❸悪習。　❹皇国の基。

　原文を載せておきますので、暗記するほど読み込んでおきましょう。

　この文章の原型をつくったのは、参与の由利公正（越前藩士）です。もともと誓文は、新政府が政策を決定する時の、審議の規則を示したものでした。それに参与の福岡孝弟が、諸大名の会議によって政治を運営するという内容を加え、天皇と諸大名が一堂に集まって、この規則を守ることを誓うという形式にかえました。

　しかしその後、公家たちがこの形式に反対し、天皇親政というかたちにこだわったため、木戸孝允がさらに修止して新政府の基本方針のかたちに直し、天皇が神々に誓うかたちで発布したのです。

　五箇条の誓文が発表された翌日、新政府は全国の民衆に向けて五種の立札を出しました。これを五榜の掲示と呼びます。それを読むと、五箇条の誓文を発布した同じ政権とは思えません。

　以下のような内容です。

　第一札　君臣や父子、夫婦間の儒教道徳を守ること。
　　　　　社会的弱者を憐れむこと。

1．戊辰戦争の勃発と新政府の成立　　27

殺人や盗みは厳禁とする。
第二札　徒党を組んでの強訴(請願行為)や逃散(田畑を捨てて逃亡)は許さない。
第三札　キリスト教などの邪教は絶対に信仰してならない。もし不審な者を密告すれば褒美を与える。
第四札　外国と交際することになったから，以後，みだりに外国人を殺したり，不心得の所業をしてはならない。
第五札　国民がみだりに本国を脱走することは許さない。

　いかがでしょうか。儒教的道徳を説き，徒党や強訴，さらにキリスト教も禁じるなど，旧幕府時代とかわらない民衆統治政策を引き継いでいることがわかりますね。庶民に対する新政府の姿勢を物語っていますね。また，五榜の掲示は，江戸幕府と同じように高札を立てて公布しています。

　それにしても，キリスト教を厳禁するというのは，開国和親の方針に反しますが，驚くことに新政府は，長崎の浦上村や五島列島のキリスト教信者(隠れキリシタン)3000人以上を逮捕して，諸藩へ配流する処分を断行しているのです。

　この事件は，幕末の1865(慶応元)年，大浦天主堂(教会)が落成したさい，フランス人宣教師に浦上村の人びとが隠れキリシタンであることを告白した事実が明るみに出て，1867(慶応3)年に幕府の長崎奉行所が隠れキリシタンを弾圧したことに端を発しています。幕府は，フランスとの外交関係を配慮して，捕らえたキリシタンを帰村させ，この件は落着していたのですが，新政府がふたたびキリシタンの大規模弾圧に乗り出したのです。

　新政府がキリスト教禁止の高札を取り除いて，キリスト教を黙認

するようになるのは1873(明治6)年のことです。この浦上教徒弾圧事件が明るみに出て、諸外国から猛烈な抗議をうけたのがきっかけでした。ただ、あくまで信仰は黙認であり、公認ではありません。信教の自由が認められるのは、1889(明治22)年に大日本帝国憲法が発布されてからのことです。

　1868(明治元)年閏4月、新政府は三職(総裁・議定・参与)を廃し、政体書を公布して新たな政治組織にきりかえます。太政官という中央政府に国家の権力を集中させ、行政・司法・立法という三権分立制を導入したのです。この太政官制(七官制)は、アメリカ合衆国憲法の内容を模倣したものです。高級官吏についても、4年ごとに互選によって交代させることに決めました。実際、一度だけ互選がおこなわれています。また現実には、太政官における行政と立法の区別がはっきりしていなかったようです。

　新政府内では、各藩の代表者で政治を進める(公議政治)という意識が強く、立法機関とされた議政官は当初、上局と下局の二つに

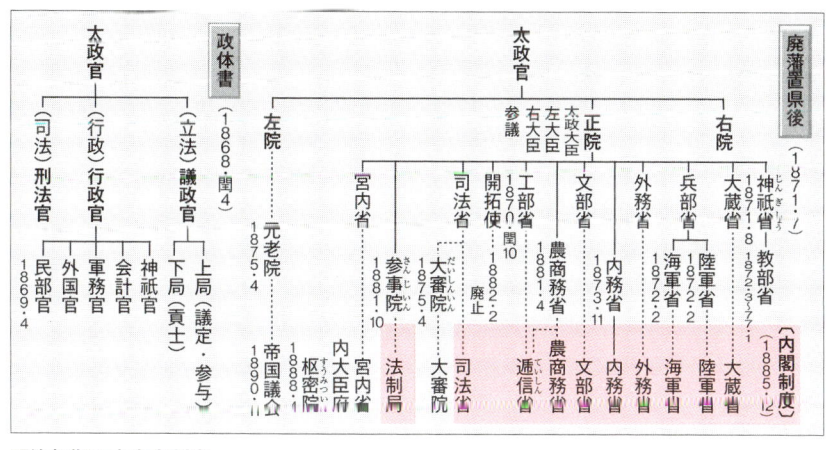

明治初期の中央官制表

分かれ，上局は**議定**・**参与**といった新政府の有力者で構成されていましたが，下局は各藩から選ばれた**貢士**(こうし)(代表者)でつくられ，両局は合議機関となっていました。

　議政官の下局は翌年に**公議所**(こうぎしょ)となり，ついで**集議院**(しゅうぎいん)に再編成され，その流れは**左院**(さいん)，さらに**元老院**(げんろういん)へと受け継がれ，公議政治の思想は，1885(明治18)年の**内閣制度**(ないかく)の誕生まで政府内に根強く残っていきます。

　関東地方を制圧した新政府は1868年7月に江戸を**東京**と改め，翌8月に明治天皇が**即位の礼**(そくいのれい)をあげ，さらに翌9月に元号(げんごう)を慶応から**明治**へと改め，以後元号は天皇が死ぬまで変えないことを決めました。ですから，天皇一代につき元号は一つだけになり，これを**一世一元の制**(いっせいいちげん)と呼びます。

　首都(しゅと)は京都から江戸(東京)へ移すことを決め，1869(明治2)年3月，天皇が江戸城(こうきょ)(現皇居)に入って遷都(せんと)が完了しました。

2　廃藩置県と徴兵令

●版籍奉還●

　戊辰戦争の過程で新政府は、取り上げた旧幕府領のうち、江戸や大坂・京都などの要地を「府」、そのほかを「県」としました。しかし、戦争後も270以上の藩は存続していたので、政治的統一のために諸藩をだんだんと直接統治する方針を立てました。

　1869（明治2）年1月、木戸孝允と大久保利通らが中心になって薩摩・長州・土佐・肥前の4藩主が、自主的に版籍を朝廷に返すという申し出をおこなわせました。これを版籍奉還といいます。

　版というのは版図（藩領）、籍は戸籍のことで、この場合、領民をさしています。ですから版籍奉還というのは、藩が有している領地と領民を天皇（新政府）に返還するという意味です。

　4藩主が版籍奉還を出願すると、木戸と大久保が意図したように、他藩も続々とこれにならいました。そうした状況を見はからって、新政府は同年6月、すべての藩に版籍奉還を命じたのです。

　新政府は形式上、全国の支配権を手にしたわけですが、領地と領民を返した藩主たちを旧領地の知藩事（地方長官）に任命し、旧領と旧領民の支配を任せました。つまり、版籍の奉還前とかわらずに、旧藩主は藩政をとることになったのです。

　ただ、大きく異なったのは、知藩事（旧藩主）には新政府から石高にかわる家禄（給与）が与えられることになった点です。これまで藩主の家計は、藩の財政と分離されていませんでしたが、これによって完全に藩財政と分かれたのです。

2．廃藩置県と徴兵令　*31*

ただ，知藩事は，徴税と軍事の権限をこれまで通りにぎっていたので，新政府は限られた直轄地(府県)からの収入で財政を運営しなければなりませんでした。そこできびしく年貢の徴収をおこなったため，各地で新政府に対する一揆が続発しました。また，長州藩では戊辰戦争で活躍した奇兵隊をはじめとする諸隊の旧隊士たちの一部が，藩の軍事力再編成に反発して挙兵し，武力で鎮圧されるという事件がおこりました。

　この時期，新政府はほとんど軍事力をもっていませんでした。戊辰戦争で戦った兵力は諸藩の士であり，多くが国元へもどってしまっていたからです。このため，こうした不安定な世相になると，ふたたび動乱がおこると考え，諸藩の中には藩政改革を断行して軍事力を強化する動きが出てきました。紀伊藩は，ドイツに範をとった徴兵制度を導入して軍事力を高め，薩摩藩も独自の軍事改革を進めていきました。

🔴廃藩置県の断行🔴

　新政府の**木戸孝允**と**大久保利通**は，このままでは政府は崩壊すると危機感を覚え，完全に藩を廃止しようと密かに計画します。彼らは薩摩藩の実力者である西郷隆盛の同意を取り付け，さらに土佐藩の板垣退助に協力を依頼します。

　こうして西郷・木戸・板垣が**薩摩・長州・土佐3藩**から合わせて約8000人の兵を引き連れて上京します。これを御親兵といいますが，この軍事力を背景にして，1871(明治4)年7月，東京にいた知藩事56名を皇居に集め，藩を廃止して県をおくという明治天皇の詔を示したのです。また，国元にいる知藩事に対しても，9月

までに東京に来るよう命じました。

　廃止した藩には新たに県をおき，中央政府から**府知事・県令**(地方官)を派遣し，一気に国内の政治的統一をなしとげたのです。この**廃藩置県**によって知藩事は免職となり，県令が地方行政にあたることになりました。

　廃藩置県後は，3府(東京・大阪・京都)302県となりました。しかし同年末には県の統合が進み，1使3府72県に整理されます。ちなみに使とは**開拓使**，すなわち北海道のことです。さらに1888(明治21)年までに**1道(北海道)3府43県**となり，この数は1943(昭和18)年までかわりませんでした。

　公職を離れた知藩事は，東京居住を命じられました。廃藩置県による騒動や反乱はあまりおこりませんでした。新政府が旧知藩事の優遇政策をとったこと，藩の借財や旧藩士の家禄(給料)を肩代わりしたことが効を奏したのかもしれません。

　廃藩置県で政治的統一をなしとげた新政府は，政治組織を大きくかえました。ここで，これまでの復習をしておきましょう。

　1867(慶応3)年12月に王政復古の大号令で新政府が樹立された時，**三職**(総裁・議定・参与)がおかれましたが，早くも1868(明治元)年閏4月，**政体書**が出され太政官制(七官制)となり，さらに版籍奉還後の翌1869(明治2)年7月になると，**神祇官**を**太政官**の上位におき，太政官のもとに各省をおくという形態にかわります。この改変は，**祭政一致**や**天皇親政**という復古的な考え方が政府内で強くなったためです。この職制を俗に**2官6省の制**といいます。

　廃藩置県後の1871(明治4)年7月，太政官を**正院・左院・右院**の**三院制**とし，正院の下に省庁をおくという制度にかえました。

正院は，**政府の最高機関**です。太政大臣・左大臣・右大臣（3大臣）と参議で構成され，現在でいえば内閣にあたります。

　左院は，官選の議員からなる正院の**立法諮問機関**で，正院が重要な法律を定める時，専門的な見解を左院に尋ねるのです。

　右院は，各省庁の卿（長官）と大輔（次官）が会合して，実際の政務について協議する機関です。

　神祇官は廃止され，**神祇省**に格下げされました。また，**民部省**も廃されています。

　正院の3大臣には，**三条実美**（太政大臣），**岩倉具視**（右大臣）など公家が就任しましたが，参議や卿（長官）などの要職は薩摩・長州出身者を中心に，残りを土佐・肥前出身者が分けあうかたちで独占しました。廃藩置県が薩摩・長州出身者によるクーデタに近い改革だったことで，両藩出身者の優位が確定したためです。こうして，薩摩・長州・土佐・肥前4藩の派閥（のちに薩長2藩）でつくられる**藩閥政府**と呼ばれる体制の基礎がほぼ固まりました。

　藩閥4藩の実力者たちを紹介しましょう。

　薩摩藩は**西郷隆盛**・**大久保利通**・**黒田清隆**。長州藩は**木戸孝允**・**伊藤博文**・**井上馨**・**山県有朋**。土佐藩は**板垣退助**・**後藤象二郎**・**佐佐木高行**。肥前藩は**大隈重信**・**大木喬任**・**副島種臣**・**江藤新平**。

●徴兵令●

　戊辰戦争後，ほとんど兵力をもたなかった新政府は，薩・長・土3藩から**御親兵**を集めましたが，これを天皇を警固する**近衛兵**としました。また，1871（明治4）年の廃藩置県のさい，政府は各藩の軍隊を解散しますが，旧藩兵の一部は兵部省（1869〈明治2〉年設置）

のもとで，反乱や一揆に備え，東京・大阪・熊本・仙台の鎮台に配属されました。

　兵部大輔で長州藩出身の大村益次郎は，国民（成人男性）すべてを兵にする（国民皆兵）というヨーロッパの徴兵制度を考えました。しかし，反対する武士（士族）に1869（明治2）年に暗殺されてしまいます。しかしその後，政府の兵権をつかさどる兵部省（1872年に陸軍省と海軍省に分離）の山県有朋兵部大輔（のちに陸軍大輔・卿）は1872（明治5）年，徴兵告諭を出して国民皆兵をつげ，翌年1月，徴兵令を発しました。山県は大村と同じ長州藩出身で，奇兵隊の指揮官だった人物です。

　以下に「徴兵告諭」の原文を載せておきますね。

徴兵告諭❶
　……然ルニ太政維新列藩版図ヲ奉還シ，辛未ノ歳ニ及ビ遠ク郡県ノ古ニ復ス。世襲坐食ノ士ハ其禄ヲ減ジ，刀剣ヲ脱スルヲ許シ，四民漸ク自由ノ権ヲ得セシメントス。是レ上下ヲ平均シ人権ヲ斉一ニスル道ニシテ，則チ兵農ヲ合一ニスル基ナリ。是ニ於テ，士ハ従前ノ士ニ非ズ，民ハ従前ノ民ニアラズ，均シク皇国一般ノ民ニシテ国ニ報ズルノ道モ固ヨリ其別ナカルベシ。凡ソ天地ノ間一事一物トシテ税アラザルハナシ。以テ国用ニ充ツ。然ラバ則チ，人タルモノ固ヨリ心力ヲ尽シ国ニ報ゼザルベカラズ。西人之ヲ称シテ血税ト云フ。其生血ヲ以テ国ニ報ズルノ謂ナリ。……

（『法令全書』）

❶告諭は1872（明治5）年11月に出された。

　ちなみに「徴兵告諭」の文中に「血税」とか「生血」という言葉が用いられていたために，兵役につくと生血を抜かれると恐れた人もいた

2．廃藩置県と徴兵令　　35

ようです。また，これから話すように兵役は大きな負担であり，反対一揆が発生しますが，それを**血税一揆**と呼ぶのは，徴兵告諭の「血税」の文言からきています。

　徴兵令により，20歳に達した男性は，士族や平民の区別なく徴兵検査をうけ，選抜された者が3年間兵士をつとめることになりました。これは**国民の義務**であり，兵士として勤務することを**兵役**と呼びます。「役」という字には「人民に労働を課すこと」という意味があり，兵役とは「国家が，国民に兵士として働くことを強制する」ということです。

　ただ，実際兵役につくのは，成人男性のごく少数でした。徴兵制度の確立期には，広範な**免役**規定があったからです。免役とは，兵役を免除するという意味です。当然，身体に障害をもつ人，重い持病がある人は兵役が免除されますが，それ以外にも次の人びとが免役になりました。**戸主（家の主）・嗣子（家を継ぐ人）・養子・官吏（国の役人）・学生**などです。さらに，**代人料270円**を払えば，兵役免除を認めました。その結果，実際に兵役についたのは，農村の次男以下がほとんどでした。

　兵役は大きな負担でしたので，逃亡して消息をくらます人も後を絶ちません。なかには，戸籍上だけ養子縁組をしてもらって兵役逃れをしたり，病をよそおってみたり，身体を傷つけて徴兵を避ける人もいました。こうした非合法の兵役逃れを**徴兵忌避**といい，その手段を書いた手引き書も出版されるほどでした。

　しかし，その後は何度も徴兵令が改正され，しだいに免役される条件は狭くなりました。

　いずれにせよ，この統一的な兵制が成立したことで，国家として

の軍制が整ったのです。

　同じ頃，警察制度も整います。当初，国内の治安は藩兵，ついで政府の兵士が担っていましたが，1871(明治4)年，首都がおかれた東京府でも刀のかわりに棍棒をもつ**邏卒**3000人が秩序維持にあたるようになりました。1874(明治7)年には**東京警視庁**がおかれ，邏卒は**巡査**と改称されました。

　一方，地方の警察については，1872(明治5)年に司法省に新設された**警保寮**が統括することになりました。翌年，警保寮は司法省から**内務省**(1873年に創設)の管轄に移ります。以後，日本が太平洋戦争に敗れて内務省が解体されるまで，警察は同省の管轄下にありました。近代的な警察制度を構築したのは薩摩藩出身の**川路利良**です。彼はヨーロッパに留学して警察福祉国家思想を学んで，それを日本に導入したのです。ちなみに川路は，東京警視庁の長官である**警視長**(のちに**大警視**)となっています。

　大久保利通を卿(長官)とする内務省は，殖産興業や地方行政を担当するなど，他の省庁に比較して大きな権限をもちました。

3　四民平等と地租改正

●四民平等の社会●

　廃藩置県後、四民平等政策が進んでいきます。

　四民とは士農工商のことですね。士とは武士、農とは農民、工とは職人、商とは商人をさし、江戸時代は武士が農工商を支配しました。

　新政府はこれを廃止し、武士にしか許されなかった苗字を誰でも名乗ってよいことにしました。また、旧身分間の結婚の自由・職業選択の自由・移転の自由なども認めたのです。

　1871（明治4）年に出された戸籍法にもとづき、翌1872（明治5）年、統一的な戸籍編成（壬申戸籍）がおこなわれます。

　この戸籍には、3つの族籍の別が記載されました。華族・士族・平民です。華族は、かつての藩主や上層公家階層。士族は旧藩士と旧幕臣などの武士階級。平民は農工商階級に属していた人びとです。

　えた・非人とされた人びとも、1871（明治4）年8月にいわゆる解放令（賤称廃止令）が出され、制度のうえでは平民と同様になりました。

　政府が解放令を出した意義は大きかったのですが、その後も結婚や就職などでの社会的差別は続き、現在にいたるまで完全に解消されていない現実があります。

　以下に1873（明治6）年の人口構成を紹介しておきます。

　全人口は3330万672人。その内訳は華族2829人、士族154万8568人、卒（足軽など下級武士を一時だけこのように称した）34万3881人、平

民3110万6514人。その他（僧侶や神職など）29万8880人。

平民が全人口の93.4％で，圧倒的多数を占めています。

四民平等政策により，男女の差別はあったものの，欧米同様に同じ義務をもつ「国民」が形成されたのです。

ただ当初は，平民にくらべて華族や士族（江戸時代の支配階級）が優遇されていました。その具体例が，禄制の存続です。廃藩置県後も華・士族には，減額されたとはいえ　いぜんとして政府から家禄（給料）が支給されていました。また，王政復古に活躍した人びとには，1871（明治4）年から賞典禄と呼ぶ特別な禄も支給されました。

家禄と賞典禄をあわせて秩禄と呼びますが，その額はなんと，国家の総支出の約30％を占めたのです。これは大きな負担ですから，政府としてもこのまま秩禄を華士族に支払い続けるわけにはいきません。

政府は，こうした優遇措置を改め，秩禄廃止に向けて動きはじめます。まずは1873（明治6）年，秩禄を返還する者に一時金を支給する秩禄奉還の法を定めたのです。しかし，これに応じる者はあまりおらず，うまくいきませんでした。

このため1876（明治9）年，ついに禄制を廃止します。これを秩禄処分といいます。具体的には，華士族に金禄公債証書を与えました。受給者の家禄5〜14年分に相当する金額を書きこんだ証書です。そして1882（明治15）年から年賦（分割して1年ごとに支払う方法）で支払うとしたのです。禄の少ない者ほど，割高で利率がよい公債証書が与えられましたが，1876（明治9）年の公債の額は，華族が平均6万円だったのに対し，士族はわずか平均500円でした。ですから

3．四民平等と地租改正　　39

小禄の士族は，生計を立てることができません。

　国の役人や教師・巡査に転身できた人は幸運でしたが，それはたったの2万人程度。他の士族たちは，生きるために公債を元手にして農業を始めたり，職人の道に入ったりして，暮らしが立つよう努力しましたが，現実にはその大半が経済的に苦しい生活を強いられました。

　商売に向かない人が，ヘタな経営をすることを「**士族の商法**」といいますが，これは，この時代に生まれた言葉なのです。金禄公債証書を元手に商売を始めたものの，損得勘定がわからず，客にへりくだることも知らない士族は，その大半が商売や事業に失敗して没落しました。このため「士族の商法」という慣用句が誕生したのです。もちろん，政府も士族の困窮を看過していたわけではありません。士族に事業の資金を貸し付けたり，北海道の防備や開拓事業（**屯田兵制度**），各地の開墾の労働力として雇用したりしました。これを**士族授産**といいますが，焼け石に水で，150万人以上いる士族の一部を救ったにすぎませんでした。

●地租改正という税制大改革●

　政府は，近代国家をめざして諸政策を進めていきますが，そのうえで財政の安定をはかる税制改革を断行する必要がありました。

　というのは，江戸時代の税制度は不安定だったからです。

　江戸時代は田畑からの年貢を基本としたものの，税率は各藩によってまちまちで，なおかつ，その年の作柄によって税収は大きくかわりました。大凶作になれば，前年の半分以下という状況もありえたわけです。これでは長期的な展望のもとで国家の予算を編成

するのは困難です。そこで政府は廃藩を機に，毎年安定した財源を確保できるよう，全国一律(いちりつ)の税制度をつくることにしたのです。具体的には，田畑の収穫にかけていた税を土地の価値にかけることにしたのです。

改革にあたって政府はまず，土地を自由化していきます。1871(明治4)年，田畑勝手作(かってづく)りを許可し，田畑でどんな作物(さくもつ)をつくってもよいことにしました。翌1872(明治5)年には，田畑永代売買(えいたいばいばい)の禁止令が解除され，土地の売買が認められます。この年から土地の所有者に地券(ちけん)が発行されはじめました。

政府は地方官に命じて，くまなく全国の土地の値段を査定(さてい)させ，地価(ちか)を決めていったのです。地価が決まると，土地の所有者に地券が与えられます。いまでいう土地の権利・保証書ですね。

地券には，土地の所在地・広さ・持ち主の氏名・地価・税率，そして最後に県名が記されています。こうした地券を土地所有者に発行し，地価に応じて税を課すことにしたわけです。

そして1873(明治6)年7月，地租改正条例(ちそかいせいじょうれい)が出されました。条例では，「地価の3％をお金(かね)で国に支払う」ことになりました。

納税者(のうぜいしゃ)は，地券を有する土地の所有者です。土地を貸与(たいよ)している場合も，税を納めるのは地券の保持者です。ですから田畑を地主(じぬし)から借りている小作人(こさくにん)，貸家(かしや)の住人などには，地租を払う義務はありませんでした。

この地租改正によって近代的な租税(そぜい)の形式が整い，政府には毎年安定した税収が入るようになり，政府財政の基礎が固まりました。

地租改正により，地主や自作農(じさくのう)の土地所有権が確立した面も理解しておきましょう。さらに，江戸時代のように物納(ぶつのう)(米納(べいのう))ではなく，

3．四民平等と地租改正　*41*

貨幣で税を納める**金納**が，農村への商品経済の浸透を促進することになりました。

　地租改正事業は，従来の税負担を減らさないという方針で進められました。ただ，各藩の税率はばらばらだったため，地租改正によって以前より税が軽くなった地域もあったようですが，重くなった地域もありました。

　入会地が奪われたことも，農民にとっては許し難い行為でした。入会地とは，農村が共同で所有する山林や原野のことでしたね。村人は，入会地から薪や肥料，山の幸をもらってきました。ところが地租改正事業にあたって，土地の所有権を立証できない入会地は，新政府が没収して**官有地**（国有地）にしてしまったのです。

　農民たちは税の軽減を期待していたのに，以前とかわらないどころか，場合によっては重くなり，さらに入会地まで没収されるということで，各地で地租改正に反対する一揆をおこすようになりました。

　地租改正反対一揆が勃発した地域は，江戸時代よりも税負担が重くなったところが大半でした。ちょうどこの年は，後述しますが，**不平士族の反乱**が続発した年でもあり，政府は危機感を強め，1877（明治10）年，地租の税率を3％から2.5％に引き下げました。ほんのわずかな値下げのように思えますが，これは約17％の減税にあたります。

4 殖産興業政策

●近代産業の育成●

　政府は，**殖産興業**に力を注いでいきます。殖産興業とは，国内に近代産業を移植し，これを政府の力で急いで育てることによって，早く日本を欧米のような**資本主義国家**にしようという政策です。

　資本主義の「資本」とは，事業や商売の元手になる財産や資金（お金）のこと。資本を所有する資本家は，仕事に必要な機械や道具をそろえ，労働者を雇って商品を生産し，それを売って利益をあげるのです。こうした社会を資本主義社会といいます。欧米では，18世紀後半にイギリスで始まった産業革命を機に，資本主義社会へとかわっていきました。

　政府が殖産興業に力を入れたのは，日本が列強の植民地に転落するのを防ぐためです。すでにインドや東南アジアの大半は植民地になり，清国（中国）も半植民地状態でした。日本が独立国家であり続けるためには，できるだけ短期間に資本主義国家へ転身して経済力をつけ，軍事力を強化する必要があると考えたのです。すなわち，殖産興業は，**富国強兵**をめざしてのものだったわけです。

　政府は殖産興業にあたって，関所や宿駅，助郷制度，株仲間などを廃止したり，身分にまつわる制約などを撤廃したりします。近代産業の育成を妨げる諸制度を取り除いたのです。

　殖産興業政策は1870（明治3）年につくられた**工部省**が中心となって展開されていきますが，ついで1873（明治6）年に創設された**内務省**に引き継がれ，さらに1881（明治14）年につくられた**農商務省**

に継承されていきました。

　政府は，欧米の技術者や学者など外国人教師（いわゆる**お雇い外国人**）を雇用して，その指導のもとに近代産業の育成をはかります。お雇い外国人はのべ3000人ほどで，ピークだった1875（明治8）年には527人が来日しています。彼らには高額な報酬が与えられました。政治の最高職になる太政大臣三条実美の給与は800円でしたが，キンダー（貨幣制度の確立に貢献）には月額1045円が支払われています。高額な報酬を出してまで海外の技術者・学者を招いたということでも，政府の殖産興業に対する並々ならぬ情熱や熱意がうかがえますね。

　工部省が力を入れたのが，鉱山開発と鉄道建設です。旧幕府が経営していた**佐渡・生野**などの鉱山や旧藩営の**高島・三池**などの炭鉱を**官営**（国営）とし，西欧式の掘削技術を導入するなど多額の資金を投入します。しかし，その見返りは少なく，官営鉱山の経営については十分な成果が出ませんでした。また，旧幕府の**長崎造船所・横須賀造船所**や旧藩営の**兵庫造船所**を接収して**官営事業**として経営しました。

　日本初の鉄道は，1872（明治5）年に**新橋・横浜**間で開通しました。資金は**イギリス**からの外債にたより，工事を指導した技師長モレルもイギリス人で，汽車やレールもイギリス製を用いるなど，イギリスの援助が大きいものでした。

　線路は最初，内陸部に敷設する予定でしたが，線路予定地の住人が立ち退きを拒否したり，鉄道敷設反対運動が発生したりしたので，鉄道建設の責任者だった**大隈重信**は，抵抗の強い地域については海上に石垣を築き，そのうえにレールを敷きました。

鉄道はその後，1874（明治7）年に神戸・大阪間，1877（明治10）年に京都・大阪間が開通し，大都市と開港場を結びつけました。

　1871（明治4）年には，江戸時代の飛脚制度にかわって，官営の郵便制度が始まりました。郵便制度は1840年にイギリスで始まった制度で，日本への導入の中心的な役割を果たした人物は前島密です。こうして日本各地に郵便局が生まれ，まもなく全国均一料金制がしかれ，郵便切手・郵便葉書も販売されるようになりました。1877（明治10）年，日本は万国郵便連合条約に加盟しています。

　1869（明治2）年には，東京・横浜間に電信線が架設されました。そしてわずか5年後には，長崎から北海道にまでのびています。長崎と上海のあいだにも海底電線がしかれ，結果，欧米と接続されました。電話については，1877（明治10）年に日本に輸入されています。

　政府は道路の改修にも力をいれ，荷車や馬車，人力車などでの輸送がスムーズにいくようにしました。

　海運では，土佐藩出身の岩崎弥太郎が経営する民間の三菱（郵便汽船三菱会社）に手厚い保護を与え，欧米の汽船会社に対抗させ，有事のさいの軍事輸送も担わせようとしました。

　政府はこのように，殖産興業政策を進める過程で特定の商人に特権を与えて近代産業の育成をはかりました。政府から特権を与えられて金融・貿易・海運などの分野で独占的な利益をあげた商人のことを政商と呼び，岩崎（三菱）のほか，三井・小野などが知られています。

　政府はまた軍備を強化するため，旧幕府が経営していた軍需産業を基礎とした東京・大阪の砲兵工廠や横須賀・長崎の造船所を払

大して，その経営に力をいれました。砲兵工廠というのは，兵器を製造する工場のことです。

●官営模範工場と開拓使●

　当時は貿易赤字だったので，これを解消するため，政府は輸出の中心だった生糸の生産拡大をはかります。1872(明治5)年に開業した群馬県の富岡製糸場は，よい生糸を生産するための官営模範工場(民間の手本となる国営工場)でした。工場にはフランスから輸入された300台の最新式製糸器械が設置され，フランス人ブリューナと4人のフランス人女工(女性工員)らが技術者として招かれました。この工場で製糸訓練をうけた日本の女工たちは，各地から応募した士族の子女で，「富岡工女」の名で知られました。やがて彼女たちは，各地の製糸工場で技術指導にあたりました。富岡製糸場の煉瓦造の洋風建築は，一部がいまも現存しており，2006(平成18)年に重要文化財に指定され，2014(平成26)年にはユネスコの世界遺産に登録されました。

　こうした軽工業分野で設置された官営模範工場は，民間工業の発達をうながしました。品川硝子製造所・愛知紡績所・深川工作分局(セメント製造)・札幌麦酒醸造所などが知られています。

　内務省が主催したものに内国勧業博覧会があります。1877(明治10)年に上野公園で1回目が開催され，以後，1895(明治28)年まで5回開かれました。海外でおこなわれる万国博覧会にヒントを得た催しで，近代産業や貿易の発達のために始められました。第1回内国勧業博覧会では，農業・園芸・機械など6分野に分けて8万4000点の物品が陳列され，102日間の会期中に45万人の参観者がありま

した。

　農業・牧畜については、**三田育種場**が開設されています。海外や国内の優良な種や苗を増やしたり、品種改良をおこない、農家などに売ったり配ったりしました。

　内務省はまた、海外から農学者を招いて洋式農業技術を教授する**駒場農学校**を開校しました。

　1869（明治2）年、政府は蝦夷地を北海道と改称し、北海道開発のために**開拓使**という省庁が新設されます。開拓使の本庁は、はじめ東京に設置されますが、1871（明治4）年に札幌へ移され、開拓使の指導のもと、本格的に開拓事業が進められました。

　北海道の住人の中心であるアイヌ人は人口が少なく、狩猟採取の生活をおくっていたので、広大な未開地が広がっていました。そこで開拓使はアメリカ式の大農場制度・牧畜技術の移植をはかります。その指導者としてアメリカから**クラーク**を教頭に招き、日本初の官立農学校である**札幌農学校**を創立しました。学校の卒業生は、卒業後5年間、開拓使で働くことが義務づけられていました。クラーク博士が学校を去るさい、農学校の生徒たちに「青年よ、大志をいだけ」という言葉を残したのは有名な話です。卒業生としては、のちに国際連盟で活躍する**新渡戸稲造**やキリスト教思想家の**内村鑑三**などがいます。

　開拓使は1874（明治7）年**屯田兵制度**を導入しました。士族を北海道の開拓民として土着させ、開墾のかたわら北辺の防備にあたらせる制度です。これは当初、没落士族を救う**士族授産**の意味合いがありました。制度が廃止される1903（明治36）年まで、その家族を含めて約4万人が入植しました。

4．殖産興業政策　　*47*

北海道の開拓が進み，和人(本土の日本人)の数が増えると，先住民であるアイヌの伝統や生活習慣は急速に失われていきます。そこで政府は，1899(明治32)年，**北海道旧土人保護法**を制定して，アイヌの生活や文化の破壊を止めようとしましたが，あまり効果はありませんでした。また，同法には，アイヌに対して差別的な条項も含まれていました。そこでのちの1997(平成9)年，**アイヌ文化振興法(アイヌ新法)**が制定されました。

　北海道の開拓事業が一段落した1882(明治15)年，役目を終えた開拓使は廃止され，函館・札幌・根室の3県がおかれましたが，1886(明治19)年に3県を廃して**北海道庁**を設けました。

●貨幣制度の整備●

　政府は，貨幣制度の整備にも着手していきます。

　1871(明治4)年，**新貨条例**を発布して幕府の金・銀・銭という三貨制度を改め，十進法の**円・銭・厘**を単位とする新硬貨をつくることになりました。翌年には，新しい単位にもとづいた政府紙幣も発行されています。

　新貨条例は，**金本位制**(金を正貨として1円を金1.5gと兌換する制度)をたてまえにつくられましたが，兌換制度は確立できておらず，実際の開港場では交易のさいに銀貨(1円貿易銀貨)が使われていましたから，どちらかといえば銀本位に近かったといえます。

　さて，金本位とか銀本位，兌換という言葉が出てきましたが，少し補足説明をしましょう。

　金本位制度というのは，貨幣の単位や価値を一定量の金と結びつけた制度のことです。また，**正貨**(貴金属の金や銀)と交換できる紙

幣を**兌換紙幣**，できない紙幣を**不換紙幣**といいます。

　兌換紙幣を発行するには，発行額と同じだけの金や銀をたくわえておく必要がありますね。これを**正貨準備**といいます。不換紙幣はそれが準備できておらず，金銀との交換が保証されないから，一般的に価値が低いのです。ただ，不換紙幣は信用が命です。発行元の国家の信用によって，その価値は上下します。発行元が信用のある，または将来性がある国家なら，紙幣相場（不換紙幣の価値）は実際の兌換紙幣とほとんどかわりありません。

　では，当時の日本はどうだったのか。

　明治政府はまだ誕生したばかりで，今後継続していくかどうかわかりませんでした。ですから発行した不換紙幣の信用は，とても低かったといえます。政府が新紙幣を発行したのは，1868（明治元）年に発行した**太政官札**（高額紙幣）と**民部省札**（小額紙幣）と呼ぶ不換紙幣などと引き替えるのが目的でした。

　政府は，戊辰戦争の戦費をおもに豪商からの御用金と不換紙幣でまかないました。京都の三井・小野組，大阪の鴻池などの豪商から300万両を御用金として徴発し，さらに，不換の太政官札と民部省札を大量に発行したのです。

　1872（明治5）年に発行した政府紙幣も不換紙幣でしたので，価値は低いままでした。そこで政府は，民間の資本を利用しようとします。

　民間の財力をもって政府の不換紙幣を回収させ，兌換紙幣を発行させようとしたのです。こうして1872（明治5）年に**国立銀行条例**を制定しました。制定の中心人物は，**渋沢栄一**です。

　この条例はアメリカのナショナル・バンクの制度を模倣してつく

4．殖産興業政策　　**49**

ったので，そのまま名称を直訳して国立銀行としましたが，「国立」とは国法(こくほう)にもとづいて設置するという意味です。あくまでこの条例は，資本家や富豪(ふごう)に民間の銀行をつくらせ，兌換紙幣を発行させようと制定したもので，国が銀行を設立するための法律ではありませんので，注意してくださいね。

　この法令によって，最初に設立されたのが第一国立銀行(だいいち)です。ところが，そのあとに続いたのはたった３行だけでした。というのは，銀行を創設しても利益が出ないことがわかったからです。この条例では「銀行は，兌換紙幣を発行しなくてはいけない」と義務づけられていたので，各銀行は兌換紙幣を発行しましたが，出すそばから紙幣がすぐに銀行に舞いもどってきて，正貨と交換されてしまうという現象がおき，備蓄(びちく)していた正貨が急激に底をついてしまい，どの銀行も経営難に襲われてしまったのです。これでは，誰も銀行なんか設立するはずがありません。

　そこで政府は仕方なく，兌換制度の確立はあきらめ，まずは金融市場の育成をはかろうと，1876（明治９）年，国立銀行条例を改正して兌換義務を廃止したのです。

　すると，資本をもつ商人や地主，金禄公債証書(きんろくこうさいしょうしょ)で出資する華(か)族・士族(ぞく)らが続々と銀行を設立。銀行の数が激増し，それらの銀行が不換銀行券（不換紙幣）を発行したためインフレーションが激しくなり，ついに政府は1879（明治12）年の第百五十三国立銀行を最後に，銀行の新設を禁止しました。

5 文明開化の風潮

●近代教育制度●

　富国強兵のため，政府は欧米の近代思想や生活様式を積極的に取り入れ，国民生活とその文化を近代化させようと努力しました。民間のジャーナリズムなどもその流れにのって，積極的に啓蒙活動をおこないました。その結果，東京などの大都市を中心に，庶民のあいだにも欧米の考え方や生活習慣がしだいに広がっていきました。こうした当時の風潮を**文明開化**と呼んでいます。

　思想界では，儒教や神道などは時代遅れで古い考え方だと排斥され，自由主義や個人主義など西洋近代思想が入ってきます。

　明治時代の初めは，英米系の自由・功利・個人主義などが伝わり，そうした思想をとなえるミルやスペンサーらの本がよく読まれました。ミルの『自由論』は**中村正直**によって『**自由之理**』という題名で翻訳され，出版されました。同じ中村の訳で『**西国立志編**』という本がありますが，これは，イギリス人のスマイルズの書いた『自助論』の翻訳です。自主自立の精神で成功した偉人たちの実例を列伝形式にしてまとめたものです。

　福沢諭吉も，庶民の啓蒙を目的に『**学問のすゝめ**』『**西洋事情**』『**文明論之概略**』などを書きましたが，こうした啓蒙書がいずれもベストセラーとなり，国民に大きな影響を与えました。

　ダーウィンの『進化論』やフランスのルソーの思想，ドイツの国家主義的な政治思想なども，少し遅れて入ってきました。

　日本にルソーがとなえる**社会契約説**を紹介したのは，土佐出身の

中江兆民という思想家です。彼はフランスに留学し，ルソーの思想に傾倒したといわれています。とくに，ルソーらのいう，「人は生まれながらにして自由・平等で，幸福を求める権利を天から与えられている」とする**天賦人権思想(論)**は，のちの**自由民権運動**を支える中心的な理論になりました。

　教育の面では，1871(明治4)年に**文部省**を設置し，国家の教育理念として翌1872(明治5)年にフランスの学校制度にならって，統一的な**学制**を公布しています。

　そんな学制の理念を示した「**学事奨励に関する太政官布告**」(被仰出書)で，政府は「人は身を立て，智を開き，産をつくるために勉強や学問をするのだ」という個人主義的，立身主義的な西欧の教育観をとなえ，立身出世のためには学問を学ぶことが重要であり，そのために学校を設けるのだといいます。そして，男女が等しく小学校に通う**国民皆学**という公教育の考えを打ち出し，**小学校教育**の普及に力を注ぐことにしました。

　ちなみにこの学制は，「天は人の上に人を造らず，人の下に人を造らずといえり」と書いた福沢諭吉の『学問のすゝめ』が，学制の理念に大きな影響を与えたといわれています。

　学制では全国を八つの大学区に分け，各大学区に大学校を1校，中学校を32校。各中学校区に小学校を210校設置するというものになっています。**フランス**の学区制をまねてつくられた統一的な制度ですが，そうすると全国の小学校はなんと5万3760校にのぼり，割合にすると約600人で小学校1校という数になります。

　現在の小学校数はおよそ2万1000校ですから，2倍以上になる計算です。あまりに膨大な数であるうえ，小学校設立の経費は住人の

負担とされ，授業料もとられましたので，国民の反対や抵抗は非常に大きく，**学制反対一揆**も発生しました。

　政府は1877（明治10）年，旧幕府の開成所や医学校などから始まる諸学校を統合し，専門教育機関を設立します。それが**東京大学**です。政府は東大に海外から多くの専門学者を招き（**お雇い外国人**），近代的な学問研究の確立をはかろうとしました。その結果，学問の各分野での専門的研究や教育が急速に進展し，学会も次々に創設され，学術雑誌も多数発刊されるようになり，国内の優秀な専門学者が育っていきました。

　専門教育に関しては，教員の育成をおこなう**師範学校**を設けました。1875（明治8）年には**女子師範学校**も創設されています。なお，女子教育といえば，1872（明治5）年に東京に初めて**女学校**が創設されました。

　私学も創設されます。**福沢諭吉**の**慶応義塾**，**新島襄**の**同志社**，**大隈重信**の**東京専門学校**などが有名です。東京専門学校は，のちに**早稲田大学**になります。

●文明開化●

　文明開化の波は，宗教界にもおしよせました。江戸時代は，**神仏習合**があたりまえの状態でしたが，新政府はこれを禁止したのです。

　江戸幕府は**寺請制度**を設け，仏教を半ば国教化して人びとを統治してきましたが，新政府は神道を国教化する政策を進めました。1868（明治元）年には，**神仏分離令**を発して全国の神社から仏像・仏画や仏具など仏教色のあるものをすべて取り除くことを命じました。

5．文明開化の風潮　　53

これまで神官たちは僧侶の下位におかれていましたが，そんな不満がこの法令によって一気に爆発したのか，神官や国学者たちは仏教寺院を弾圧したり，破壊したりしました。一般民衆も呼応します。この仏教弾圧運動を廃仏毀釈といいますが，経典や仏具を風呂や釜の焚きつけに使ったり，仏像を火あぶりにしたりする人びともいました。

　政府は過激な廃仏毀釈はいさめますが，1870（明治3）年には大教宣布の詔を出し，神道の普及につとめます。また，神社制度を整えました。しかし，思うように神道の国教化は進まず，結局断念します。

　長崎の浦上教徒弾圧事件について前にお話したように，キリスト教は明治初年まで弾圧をうけていました。五島列島の隠れキリシタンも弾圧されました。しかし，列国が抗議してきたため，1873（明治6）年にキリスト教は黙認されます。すると，幕末から日本に来て，在日外国人に教育や医療行為をおこなっていた宣教師たちが，日本人にも布教しはじめ，積極的な教育・社会福祉運動などによって信頼をかちえ，多数の信者を獲得していきました。

　明治時代になると，東京を中心に日刊新聞や雑誌が次々と創刊されました。それは，1869（明治2）年に本木昌造が鉛製活字の量産技術の導入に成功し，日本の活字印刷技術が急速に発達したからです。毎日発行される新聞では，事件・事故の報道のほか，政治問題を取り上げて批評したりと，活発な言論活動がおこなわれ，のちに自由民権運動の中心的なメディアになっていきます。

　江戸時代に引き続いて錦絵（浮世絵の一種）なども多く発売されましたが，学術書や啓蒙書の出版もさかんになりました。

1873(明治6)年には，森有礼・福沢諭吉・西周・加藤弘之・西村茂樹ら洋学者が明六社という啓蒙的思想団体をつくり，翌年から『明六雑誌』を発行するとともに，演説会などを開いて西欧の近代思想(啓蒙思想)を普及させ，古い封建的な考え方を排除しようと活動しました。明六社の名前の由来ですが，創設された1873年がちょうど明治6年にあたっていたので，「明六」としたのだそうです。

　政府は，西洋諸国にならって太陰太陽暦(旧暦)から太陽暦(新暦)へと暦法を改め，旧暦の明治5年12月3日を太陽暦の明治6年1月1日としました。また，1日を24時間とし，のちには日曜日を現在のように休日(日曜休日制)と決めています。さらに，祝祭日として紀元節と天長節を定めました。紀元節というのは，神武天皇の即位した日で，太陽暦に換算して2月11日にあたります。天長節は，明治天皇の誕生日にあたる11月3日で，のちに明治節と呼ばれるようになります。現在でも両日は，建国記念の日と文化の日として祝日になっていますね。

　こうして暦法は一新されましたが，農村や漁村などでは農耕作業の手順や潮の満ち引きを知る必要から，旧暦を手放すことはしませんでした。また，五節句などの祭りや年中行事などは，いぜんとして旧暦でおこなわれました。

　目に見える文明開化といったら，やはり銀座の町並みの変化でしょう。1872(明治5)年の大火を機に，東京銀座を不燃の近代都市にしようという国家プロジェクトが始まり，煉瓦造の洋館が次々と建てられました。夜は街路にガス灯がともされ，二頭立ての鉄道馬車が往来するなど，まさに文明開化を象徴した町へと変身したのです。

都会では洋服を着る風習も，官吏や巡査から始まって，しだいに民間へと広まってゆきました。ちょんまげを落としたざんぎり頭の男性も増え，「ざんぎり頭をたたいてみれば，文明開化の音がする」と歌われ，流行りました。
　日本人は獣肉をほとんど食べませんでしたが，この頃，牛肉に豆腐やネギを入れた牛鍋が，若者のあいだで流行します。
　ただ，こうした生活習慣の変化や近代化の波は都会が中心で，農村の人びとは，しばらくは江戸時代とかわらぬ生活を続けていました。それでもやがて，新聞の普及や交通の発達によって，だんだんと地方にも変化の波がおしよせていきます。
　一方，こうした文明開化の風潮の陰で，日本の古きよき伝統や生活習慣がうすれていき，同時に古典芸能や美術品が軽視され，貴重な文化遺産の多くが失われてしまいました。

6 新政府の初期外交

●岩倉使節団●

　明治時代の日本の外交は，欧米諸国との不平等条約の改正が最も大きな課題でした。そこで1871(明治4)年末，政府は右大臣の岩倉具視を大使として，条約改正を目的の一つとする遣外使節団(岩倉使節団)をアメリカ・ヨーロッパへ派遣します。

　使節団は，大久保利通・木戸孝允・伊藤博文・山口尚芳の各副使以下，政府の高官約50名に加え，留学生など約60名が参加する大規模なものでした。留学生の中には，津田梅子や山川(のち大山)捨松など5名の少女や若い女性もいました。津田梅子などはまだ8歳でした。彼女はのちに女子英学塾(津田塾大学の前身)を創立しています。

　使節団ははじめ，アメリカとの条約改正交渉をおこないます。安政の諸条約は，1872(明治5)年7月4日以降から正式に改正交渉ができることになっていました。そこで岩倉使節団は，最初の訪問国であるアメリカと，まずは予備交渉をおこなおうとしたのです。

　しかし，いざ交渉しようとして，使節団が政府からの全権委任状を持参していないことがわかり，大久保と伊藤があわてて委任状をもらいに帰国するといったハプニングもありました。新政府の欧米との外交デビューですから仕方ありませんね。結局，何度か日米会談がおこなわれたものの，両国の主張はかみあわず，交渉は不調に終わりました。同じくヨーロッパ諸国に対しても，条約改正の希望をつげましたが，いずれもうまくいきませんでした。

その後，1876（明治9）年に寺島宗則外務卿がアメリカと不平等条約の改正交渉をおこないます。このおりアメリカは，関税自主権の回復に同意してくれます。しかしイギリスとドイツが反対したので，無効となってしまいました。以後，歴代の外交担当者が条約改正に努力しますが，それについては，別項でくわしく紹介したいと思います。

　岩倉使節団のもう一つの目的は，欧米各国の近代的な政治や産業の発展状況，諸制度や文物を視察することでした。こちらのほうは，大きな成果をあげることができました。

　続いて，近隣諸国との外交について，みていきましょう。

　1871（明治4）年，政府は清国（中国）に使節を送り，日清修好条規を結びます。この条約は，日本が外国と結んだ初めての対等条約で，互いに港を開き，領事裁判権を認めあうというものでした。

　しかし日本は，この条約内容に不満をもっていました。本当は欧米列強と同じように，日本が有利となる不平等条約を結びたかったのです。そのため条約調印後も，日本政府はたびたび清国に内容の変更を申し入れますがうまくいかず，1873（明治6）年になって，ようやく条約に批准しました。批准というのは，その条約を国家として認め，最終的に確定する手続きのことです。

● 琉球処分 ●

　その後，日清関係は，琉球問題でにわかに悪化します。

　日本は廃藩置県のさい（1871年），琉球を鹿児島県に編入し，さらに翌1872（明治5）年，琉球藩をおいてこれを外務省の直轄とし，琉球国王の尚泰を琉球藩王としたのです。

すでに学んだように、1609(慶長14)年、薩摩藩(島津氏)は琉球王国に兵を派遣して支配下に組み入れました。ただ、琉球は清国と朝貢貿易をしており、薩摩藩は貿易の利益が目的で、琉球を独立国にみせかけていました。

　朝貢貿易とは、中国に貢ぎ物をもって挨拶にいくという形式の貿易でしたね。琉球は清国を主人(宗主国)とあおぐ関係にあったわけです。つまり琉球王国は、清国と日本(薩摩藩や幕府)の両方に属していたのです。このため日本が琉球藩を設置すると、清国は宗主権を理由に、この措置に抗議してきました。

　1871(明治4)年、台湾南部に流れ着いた琉球王国の漁民を、台湾の住人(高砂族)が殺害する事件(**琉球漂流民殺害事件**)がおこります。この時、日本政府は清国に強く抗議し、事件への賠償を要求しました。

　清国政府は、「台湾の住民の行為には責任を負わない」と回答したので、問題がこじれ、軍人や士族の強硬論をうけて日本政府は、台湾に出兵することに決めたのです。

　こうして1874(明治7)年、長崎で出兵の準備をしていた責任者の**西郷従道**(隆盛の弟)が、いよいよ台湾へわたろうとした時、列国がこの問題に干渉してきたため、自信がなくなった政府は、渡海の中止を命じます。ところが驚いたことに西郷は、政府の中止命令を無視して、兵を送って台湾を占領してしまいました(**台湾出兵・征台の役**)。やむをえず政府は、この行為を追認したのです。

　事件の後始末のため、**大久保利通**は清国へわたって交渉をおこないますが、うまく進展しません。この時イギリスのウェード駐清公使が調停をしてくれ、清国は日本の出兵を正当な行為と認め、日本

6. 新政府の初期外交

軍が台湾から撤退することを条件に，50万両(約75万円)を支払う(事実上の賠償金)という案がまとまり，事態は一件落着しました。

　琉球漂流民殺害事件で日本が清国に賠償を求めた時，清国は「琉球王国は日本の領土ではない」と主張しました。しかし，台湾出兵では賠償に応じたので，「清国は暗に琉球を日本領と認めたのだ」と判断した日本政府は，同1874(明治7)年，琉球藩を内務省の管轄下におき，翌年には，琉球に清国との国交を断絶させました。そして，1879(明治12)年，警察や軍隊の圧力のもとに，琉球藩を廃止して沖縄県とし，完全に日本の領土に組み込んでしまいました。これを琉球処分といいます。

　けれど清国は，琉球を日本領とは認めませんでした。そこでアメリカのグラント元大統領が仲介に入り，日清交渉の結果，日清修好条規を日本に有利な内容にすることを条件に，沖縄県の先島諸島を清国に割譲することが合意されたのです。しかし分島案は諸事情により実現しませんでした。こうして沖縄県は，日本の西端の領土となったのです。

　日本領となった沖縄ですが，土地制度や租税制度，地方制度において，旧制度が温存されることになりました。また，衆議院議員選挙が沖縄県で実施されたのは1912(大正元)年のことで，差別的な位置におかれました。さらに日本本土との経済格差も大きく，全体的に県民所得が低いこともあって，沖縄の人びとは本土へ出稼ぎに出たり，海外に移民として流出したりする割合が高かったことも知っておきましょう。

60　第2章　明治維新と富国強兵

●征韓論争と日朝修好条規●

　新政府が成立すると，日本は鎖国政策をとる朝鮮に国交樹立を求めました。しかし朝鮮は，日本の交渉態度を無礼だとして，その申し出を拒絶したのです。そのため国内では，「武力で朝鮮を開国させるべきだ」という征韓論を主張する人びとが増え，1873（明治6）年，留守政府首脳の西郷隆盛や板垣退助などもこれに同調するようになりました。ちなみに留守政府とは，岩倉使節団の留守中の政府のことをいいます。

　留守政府は，西郷隆盛を朝鮮に派遣して強引に開国を迫り，もし拒否した場合，戦争も辞さないという強硬策を決定します。

　一説によれば，西郷はわざと朝鮮人を怒らせ，自分が殺されることで，それを口実に日朝戦争を勃発させようとしたといわれています。そこまでして対外戦争を望んだのは，不平士族の不満をそらすためだったといわれます。次々と特権を廃止されていく士族たちは，新政府に大きな不満をもつようになっていました。西郷は彼らの反乱を防ぐため，朝鮮半島へ派遣する兵力として不平士族を使い，彼らの不満を解消させようと考えたとされます。

　この時期，岩倉使節団に参加していた政府の高官たちがもどってきます。大久保利通・岩倉具視らは，留守政府が征韓計画を主張していることに驚きます。大久保は，内治優先（国内の整備を優先）を主張して征韓論に強く反対し，ついに西郷の朝鮮への派遣を中止させました。

　そのため，激怒した征韓派参議（征韓論をとなえる参議）たちは，いっせいに政府を辞めてしまいました。これを下野といいます。

　下野した参議は，西郷隆盛・板垣退助・後藤象二郎・江藤新

6．新政府の初期外交

平・副島種臣らで、彼らを慕う政府の官僚や軍人たちも続々と政府を去って故郷へ帰ってしまいました。つまり征韓論がもとで、1873（明治6）年、政府は大分裂してしまったのです（明治六年の政変）。

その後も政府は、朝鮮へ使節を派遣して開港交渉をおこなっていました。しかし、はかどらなかったので、1875（明治8）年に日本は軍艦雲揚を朝鮮半島へ派遣し、演習だとして艦砲射撃をしたり、海路を調査するといって朝鮮沿岸を航行したりしました。この年の9月、雲揚は江華島付近に姿を現わします。江華島は、朝鮮の首都漢城（ソウル）を守る重要な要塞です。なのに雲揚の艦長は軍艦からボートをおろして江華島へ接近したのです。飲料水を求めたというのですが、朝鮮側には事前通告をしておらず、あきらかに挑発でした。

江華島にいた朝鮮軍は、島の砲台からボートへ向けて砲弾を放ちました。艦長は急いで軍艦にもどり、砲台を攻撃しました。ただ、江華島を占領するのは無理と判断、近くの永宗島（ヨンジョンド）の砲台を破壊し、兵隊を上陸させて同島を占領します。この軍事衝突を、江華島事件と呼びます。

日本政府はこの事件を機に、朝鮮に住む日本人を保護するという名目で、軍艦6隻と使節の黒田清隆を朝鮮へ送り、その軍事力を背景に開国を強く迫りました。そこで朝鮮政府は開国を決意し、1876（明治9）年、日朝修好条規を結びました。

条約の第一条には「朝鮮ハ自主ノ邦」という文言が入ります。朝鮮は清国の属国ではなく、独立国家であるという意味です。朝鮮も琉球と同じく清国と朝貢関係にあり、清国は朝鮮を属邦（属国）、逆に朝鮮は清国を宗主国とあおいでいました。この宗属関係をたち切り、

朝鮮国内から清国の勢力を追い払い，日本の勢力下におこうと考えていたので，この文言が挿入されたのです。

　条約では，釜山（プサン）のほか2港が開かれることになりました。仁川（インチョン）と元山（ウォンサン）がのちに開港されます。また，日本の領事裁判権や関税免除を認める条項が含まれており，日朝修好条規は列強諸国が日本におしつけたのと同じ不平等条約でした。

　次にロシアとの関係ですが，1854（安政元）年に日露和親条約が結ばれ，択捉島から南側を日本領，得撫島より北側をロシア領と決めました。樺太（サハリン）については，従来どおり両国人雑居の地として，とくに境界を定めないことになっていましたね。

　ところが明治時代初期，ロシアは積極的に樺太へ進出してきたのです。軍人や囚人を派遣して日本人居住区を圧迫したともいいます。このため政府内では樺太を放棄するかしないかをめぐり，意見が割れました。1872（明治5）年には200万円で樺太を購入しようとする計画まで出てきます。しかし結局は，北海道の開拓で手一杯だということで，樺太を手放すことにしました。

　政府は榎本武揚を全権使節としてロシアへ派遣し，1875（明治8）年，樺太・千島交換条約を結んで，樺太にもっていた日本の権利をすべてロシアへゆずり，かわりに千島列島すべてを領有することにしたのです。

　翌年，政府は小笠原諸島を南端の日本領にします。

　戦国時代まで，この島々には人が住んでいませんでした。そこで江戸時代初期，幕府が八丈島から移民を送って開拓にあたらせますが，結局失敗しました。

　19世紀に入ると，イギリス人・カナダ人・アメリカ人・フィリピ

6．新政府の初期外交　63

ン人・ハワイ人などが入植、イギリスとアメリカが領有を宣言したりします。そんな欧米系住人が多く暮らしていた小笠原諸島を、江戸幕府は1861(文久元)年に役人を派遣して領有を確認しますが、その後、役人は引き上げてしまいました。そこで、1876(明治9)年、政府は内務省の出張所をおいて統治を再開したのです。同時に領有を列強諸国に通告しました。

　このようにして、南北両方面にわたる日本の領土が確定されたのです。

●新政府への反乱●

　戊辰戦争の時、政府軍に属して戦った士族の中には、自分たちの主張が政府に反映されないことに不満をいだく者がいました。また、徴兵令がしかれたり、四民平等となったり、士族以外も苗字を名乗るようになったり、廃藩により主家を失い、禄が減るなど、士族のプライドを傷つけ、困窮させる政策が次々と打ち出されました。

　1873(明治6)年におこった**征韓論争**は、これら**不平士族**に支えられたものでした。前述のように、征韓論に敗れた西郷隆盛ら征韓派参議たちはいっせいに下野し、翌1874(明治7)年から、これらの不平士族の不満を背景にして政府を非難するようになりました。

　同年、**板垣退助**や**後藤象二郎**らは、**愛国公党**を設立し、イギリスから帰国した知識人の助けを借りて**民撰議院設立の建白書**を作成し、政府の立法機関である**左院**に提出しました。その内容は、政府の**有司専制**(高級官僚による独裁)を批判し、「国会を開設して自分たちを政治に参加させろ」というものでした。これは新聞に掲載され、

大きな反響を呼び，**自由民権運動**のきっかけになりました。

　自由民権運動についての詳細は，また別のところで話しますね。

　まもなく，言論による政府攻撃ではなく，実際に政府に対して反乱をおこす者も現われてきました。政府の司法卿であった下野した前参議で，民撰議院設立の建白書にも名を連ねた**江藤新平**が，地元佐賀の不平士族のリーダー（征韓党の首領）におされ，反乱をおこしています（**佐賀の乱**）。

　政府は，すばやく軍隊を投入して乱を徹底的に鎮圧しましたが，江藤は佐賀を脱して西郷のいる鹿児島まで逃げ，西郷に挙兵を求めました。しかし西郷は同調せず，江藤は逮捕・処刑されました。

　1876（明治9）年，**廃刀令**が出されます。軍人や警察官以外は，刀をさして外を歩いてはならないという規則です。長い刃物を腰につけて町を歩くのは，近代国家としてはふさわしくないと考えたのです。実際，外国人には不評でした。しかし刀は武士の魂。それを否定されたことに，士族は誇りを傷つけられました。また同年，士族の禄制が廃止（**秩禄処分**）されます。この結果，**不平士族の乱**が続発することになりました。

　熊本県の**敬神党**（神風連）は，復古的攘夷主義をとなえる不平士族の集まりです。敬神党の**太田黒伴雄**ら百数十名は，**熊本鎮台**（政府の軍事拠点・軍隊基地）のおかれている熊本城へ攻めかかり，熊本県令と熊本鎮台司令長官を殺害したうえ兵営を襲いました（**神風連の乱**）。

　これに呼応して福岡県の旧秋月藩の不平士族である**秋月党**二百数十名が，**磯淳**や**宮崎車之助**らに率いられて反乱をおこします（**秋月の乱**）。彼らは征韓論など国権の拡張をとなえ，士族の解体に反対

6．新政府の初期外交　　**65**

していました。前参議の前原一誠も，神風連の乱に呼応して，同志三百数十名(旧長州藩士)と山口県萩で武装蜂起しました(萩の乱)。

　政府はこれら不平士族の乱を，政府軍を投入して鎮圧することに成功しました。

　政府に抵抗したのは，士族だけではありません。農民もまた，1873(明治6)年には，徴兵制度や学制が大きな負担になることがわかると，各地で蜂起(血税一揆)しましたね。

　1876(明治9)年になると，米価低迷のもとで，過去の高い米価も含めて平均した地価をもとに地租を定めることに反対し，茨城県で，ついで三重・愛知・岐阜・堺の4県にわたって大規模な地租改正反対一揆が発生します。政府は一揆を鎮圧するために軍隊を出動させるほどになりました。

　翌1877(明治10)年，鹿児島県の西郷隆盛を首領として，私学校生らの鹿児島県士族が反乱をおこします。

　実は征韓論に敗れた西郷隆盛は鹿児島へ帰り，1874(明治7)年に私学校を設立します。私学校は，西郷を慕って帰郷した鹿児島県士族(旧薩摩藩士)を受け入れる組織でした。しかし入学希望者が県内から殺到し，在籍者は3万に達しました。しかも私学校の運営費は，西郷一派の私的な組織なのに鹿児島県から支出されていたのです。県令の大山綱良が西郷の理解者であり，また，西郷が県内で絶大な人気をもっていたからです。

　1877(明治10)年，ついに西郷隆盛は私学校生とともに挙兵します。九州各地の不平士族がこれに呼応し，最大規模の士族反乱になりました(西南戦争)。

　西郷軍は熊本城を攻撃しますが，政府の鎮台兵はよく城を守り，

西郷軍が城で足止めされているうちに，続々と政府軍が九州へ上陸，両軍は全面衝突します。最大の激戦となった**田原坂の戦い**では，一日平均なんと30万発以上の銃弾が発射されたといいます。

　西南戦争で戦った政府兵の多くは，農民出身者でした。武器弾薬は，政府軍のほうが圧倒的に豊富でしたが，鹿児島県士族の勇敢さに震え上がってしまうことも多かったようです。そこで政府は，士族兵を募集し，戦線に投入するなど巻き返しをはかり，ついに半年後，西郷隆盛を自殺に追い込んで，この最大の不平士族の乱は鎮圧されました。

第3章 立憲国家の成立と日清戦争

1 自由民権運動の高まり

●民撰議院設立の建白●

　自由民権運動は，前述のとおり，1874(明治7)年の**民撰議院設立の建白書**の提出をきっかけに始まります。
　板垣退助・後藤象二郎らが政府の左院に提出した建白書の原文を紹介しましょう。

民撰議院設立の建白

　臣等伏シテ方今❶政権ノ帰スル所ヲ察スルニ，上帝室ニ在ラズ，下人民ニ在ラズ，而シテ独リ**有司**❷ニ帰ス。……而シテ政令百端朝出暮改，政情実ニ成リ，賞罰愛憎ニ出ヅ，**言路壅蔽**❸**困苦告ルナシ**。……臣等愛国ノ情自ラ已ム能ハズ，乃チ之ヲ振救スルノ道ヲ講求スルニ，唯**天下ノ公議ヲ張ル**ニ在ル而已，天下ノ公議ヲ張ルハ**民撰議院**ヲ立ルニ在ル而已。則有司ノ権限ル所アツテ，而シテ上下其安全幸福ヲ受ル者アラン。請フ遂ニ之ヲ陳ゼン。

（『日新真事誌』）

❶現在。❷上級の役人。❸言論発表の道がふさがれている。

　上の史料を要約しますね。
　「私たちは，新政府の政権をにぎっているのは誰かとよく考えて

みた。それは，天皇家でもないし，国民でもない。有司が独占してしまっている。彼らの政策はしばしばかわるし，賞罰や人事なども公平ではなく，藩閥（政府内の藩の派閥）の利害や私情によって決まってしまう。言論の自由もふさがれてしまって，意見発表の方法もない。私たちは国を愛しているからいうのだが，こうした状態を救うには，公議世論を尊重した政治をする必要がある。そのためには，国会を開くしかないのだ。これだけが，有司の権力をおさえ，天皇家も国民も安全で幸福に暮らせる道なのだ。どうか，国会を開設してほしい。」

　このように板垣らは，「有司専制」によって言論発表の道がふさがれている現状を批判し，「民撰議院」＝国会を開設して天下の公論にもとづく政治をすべきだと主張したのです。

　建白にある「有司」は政府の上級役人（参議など）をさします。政府の上級役人は当初，ほとんど薩長土肥4藩の出身者で占められていました。しかし征韓論争によって，土佐と肥前出身者の多くが政府を去り，この建白が出された当時は，薩摩の大久保利通を中心とする薩摩・長州出身者に上級役人が独占されていました。

　つまり板垣らは，この大久保政権を批判して，この建白書を提出したのです。征韓論争に負けた参議たちは，国会を開かせて自分たちも政治に参加しようというねらいがあったと思われます。

　ただ，民撰議院設立の建白書は，政府に受け入れられませんでした。しかし，民撰議院設立の建白書の全文が日刊新聞の『日新真事誌』に掲載されたのです。この新聞はイギリス人ブラックが経営する邦字新聞でした。建白書が世間に公表されると，大きな反響が巻きおこりました。

同1874（明治7）年，板垣退助は郷里の高知県（土佐）にもどって，仲間とともに立志社をおこします。立志社は，国会開設を求める政治運動をおこなうとともに，世間に自由民権思想を広めることを目的に設立された組織です。次代を担う若者の育成もおこなっています。社員205人全員が士族でした。このため職を失った士族を助ける活動もおこなっています。立志社の初代社長には板垣ではなく，片岡健吉が就任しました。

　立志社のように政治活動を目的につくられた団体を政社といい，全国に次々と結成されていきました。

　そこで板垣らは，立志社を中心に民権派の全国組織をつくろうと呼びかけ，自由民権家たちを大阪に集め，愛国社を設立したのです。ただ，愛国社が本格的に活動する前に，板垣が政府の参議に復帰してしまったため，愛国社は自然消滅してしまいました。

●大阪会議と地方三新法●

　板垣が政府にもどったのには理由があります。

　この時期，政府は不安定な状態におちいっていました。自由民権運動の盛り上がりだけでなく，江藤新平の佐賀の乱，鹿児島県の西郷隆盛ら私学校勢力の不穏な動き，徴兵制度に反対しての農民たちの血税一揆などです。さらに，政府の参議だった木戸孝允も，台湾出兵に反対して政府を下野し，山口県（長州）へ帰ってしまいました。

　こうした状況を打開するため，政府の大久保利通は，1875（明治8）年，大阪において木戸・板垣と三者会談をおこないました。これを大阪会議といいます。そして，時間をかけて憲法にもとづく議

70　第3章　立憲国家の成立と日清戦争

会政治にかえていくことで合意し、結果、木戸と板垣は参議として政府にもどることになったのです。

　こうして同年4月、明治天皇の言葉という形式をとって、政府は漸次立憲政体樹立の詔を出すとともに、政府内に元老院と大審院を設置しました。

　元老院とは、左院を廃止して新設した立法機関です。元老院では翌1876(明治9)年から、立憲政体の樹立に向けて憲法の草案(下書き)の起草が始まります。数次の案を経て1880(明治13)年には「日本国憲按」として完成します。しかし、草案はイギリス風の立憲君主制を参考にしたものだったので、保守的な岩倉具視らが、この憲法は日本の国体にふさわしくないと反対し、結局、廃案になってしまいました。

　大審院は、いまでいう最高裁判所にあたる司法権の最高機関です。

　このように、大阪会議によって政治の三権分立が進みました。

　また、全国の県令・府知事からなる地方官会議が設置されることになり、同年、木戸孝允を議長に第1回の地方官会議が開催されました。会議では民会の設置が中心的な議題となりました。民会とは、地方議会のことです。この頃、県令の判断で民会を設置する県もあり、この民会議員を公選にするか、政府や県側で選定する官選にするかで白熱した議論がなされました。結局、第1回地方官会議では官選民会とすると決まりました。

　第2回の地方官会議は、1878(明治11)年、伊藤博文を議長として開かれ、地方三新法についての議論がかわされました。地方三新法とは、郡区町村編制法・府県会規則・地方税規則の総称です。

　これにより、地方制度は、府会・県会を通して地域住民の民意を

1. 自由民権運動の高まり　71

ある程度組み入れるものにかわりました。これまで政府は，強力に中央集権化を進め，中央が強力に地方の統制をおこなってきましたが，自由民権運動の高まりや農民一揆の続発をうけ，修正することにしたのです。地方にはそれぞれの慣習があり，それらをふまえることを前提に，地方三新法は制定されました。

では，地方三新法について具体的に説明しましょう。

郡区町村編制法は，廃藩置県後に設置された大区・小区という画一的な行政区画をやめ，旧来の郡町村を行政上の単位として復活させました。府県下の行政区画は，市街地は区，そのほかを郡とし，郡のもとで旧来の町や村を行政の末端組織とし，一部自治を認めたのです。

府県会規則は，府県に府県会を設置し，統一規則を定めたものです。制限はついてはいたものの，選挙によって府県会の議員を選出することになりました。また，府県の予算を府県会が審議する権利も部分的に与えられました。

地方税規則は，府県税や民費など複雑なさまざまな税を地方税に統一し，府県などの地方政治を財政面で保障した法律です。

●自由民権運動の展開●

政府は大阪会議のあと，板垣や木戸が政府にもどったことに安心し，政府を攻撃する自由民権運動をおさえるため，同1875（明治8）年，**讒謗律**と**新聞紙条例**を制定します。

讒謗律は，名誉保護に関する初めての法律です。讒謗とは，讒毀と誹謗という語を短縮したもの。讒毀は「他人の名誉が傷つくようなことを公然と指摘すること」，誹謗は「公然と他人の悪口をいった

り，ののしったりすること」。つまり讒謗律とは，人の名誉を傷つけたり，非難中傷したりした者を罰する法律です。政府はこの法律で，国の役人や政治家の悪口をいう自由民権家を取り締まりました。

新聞紙条例は，政府を攻撃した新聞や雑誌を発行禁止にしたり，編集者や執筆者を処罰すると定めたものです。新聞や雑誌を弾圧したのは，新聞や雑誌の記事が民権運動を盛り上げていたからです。このように政府は言論の自由を奪い，民権運動をおさえようとしたのです。森有礼らが発行していた『明六雑誌』は，この二つの法律に触れることを嫌い，廃刊を決めています。

民権運動は讒謗律や新聞紙条例で打撃をうけ，さらに西南戦争で勢いが衰えます。民権家の中には西郷軍に投じて戦死する者が少なくなかったからです。立志社にも，反乱軍に加担して捕まった幹部が出ました。

しかしその一方で，西南戦争の最中に片岡健吉を総代とする立志社の人びとは，国会開設を求める建白書（立志社建白）を天皇へ提出しようとしています。残念ながらそれは政府に却下されてしまいますが，あくまで言論活動で戦おうとした民権家たちもいたわけです。

西南戦争での西郷隆盛を首領とする鹿児島県士族の敗北で，武力で政府を打倒することは不可能と考えた立志社は，民権家に再結集を呼びかけ，12県13社がこれに応じ，1878（明治11）年9月，大阪で愛国社の再興大会を開きました。

この頃から，民権運動は士族だけでなく，地主や都市の商工業者，府県会議員にも広まっていきます。1879（明治12）年に植木枝盛が

1．自由民権運動の高まり　73

『民権自由論』などの自由民権思想を記した啓蒙書を刊行しますが，こうした書籍も運動の拡大に影響を与えたといわれます。また，四民平等になった明治の世において，経済力をもつ階層が政府に参政権を求めてゆくのは当然の動きだったと思います。

やがて彼らは，立志社や不平士族の保守的な考え方に不満をもつようになり，1880（明治13）年3月に大阪で開かれた愛国社第4回大会で，愛国社とは別に，各地の政社（自由民権運動の政治的結社）を基盤とする国会期成同盟を結成しました。

国会期成同盟はその名のとおり，国会の開設要求を運動の中心として，同盟に参加した各地の政社の代表が，明治天皇宛の国会開設請願書を政府の太政官や元老院に提出しました。最終的に元老院へ提出された建白書は42通，請願書は12通にのぼり，これにかかわった人びとが約25万人に達しました。

けれど政府はこれらの請願書を受理せず，民権運動を弾圧するため，同年4月に集会条例を発令します。その内容は，「政治演説会・政治集会の開催や政治結社の結成は，事前に警察署の許可を必要とし，もし問題があると警察が判断した場合，これを許可しないこと。演説会には必ず警察官が立ち会い，中止と解散を命じるケースもあること。軍人・警察官・教員・学生の集会参加は，これを禁止する。」というものです。

同年11月，国会期成同盟は東京で第2回大会を開きますが，その運動方針がまとまらず，とりあえず翌1881（明治14）年10月にそれぞれが憲法草案をもって集まることだけを決めて散会しました。ただその後，参加者の一部が別に会合を開き，政党をつくることを決めたのです。こうして1881（明治14）年10月，板垣退助を総理（党首）と

する**自由党**が結成されました。

●明治十四年の政変と私擬憲法●

　この時期の政府ですが，征韓論で西郷ら征韓派参議が下野した後，薩摩出身の大久保利通が政権をにぎりますが，西南戦争の翌1878（明治11）年，大久保は暗殺されてしまいます。以後，政府内には大久保にかわる強力な指導者はいませんでした。

　そうした中，政府の高官で肥前藩出身の**大隈重信**が，1881（明治14）年3月，左大臣の有栖川宮熾仁親王に意見書を提出し，「今年中に憲法を制定し，来年から議会を開いてイギリス流の議院内閣制度を導入してゆくべきだ」と主張したのです。

　保守派の中心人物だった右大臣**岩倉具視**はこの意見に反発，激しく大隈と対立します。そんな岩倉に協力したのが，大隈とならぶ政府の実力者で長州出身の伊藤博文でした。

　大隈は伊藤のように，長州閥という強力なバックをもっていませんでしたが，薩摩閥と親密にしていたうえ，慶応義塾の福沢諭吉と関係が深く，慶応出身者を中心とする開明的な官僚と連携していました。

　ちょうどこの頃，政府は**開拓使官有物払下げ事件**で世間の批判をうけていました。薩摩出身の**開拓使長官黒田清隆**が，開拓使の所有する官有物や経営する諸事業を同郷の政商（政府と結びついた商人）**五代友厚**へ不当に安い値段で払い下げようとしたことを，マスコミに激しくたたかれたのです。

　伊藤は，この事件の背後には大隈がいるとし，窮地に立たされた黒田ら薩摩閥と手を結び，密かに大隈排除のクーデタをもくろみ

1．自由民権運動の高まり　　75

ます。そして1881(明治14)年10月11日，薩長閥は**御前会議**(天皇が参加する重要会議)を開き，大隈の参議職を罷免し，政府から追放することを決定したのです。

さらに世間の批判をかわすため，開拓使官有物の売りわたしを中止すると発表，同時に**国会開設の勅諭**を出して，1890(明治23)年に国会を開くと国民に約束したのです。

この薩長閥によるクーデタ事件を**明治十四年の政変**と呼びます。これにより，政府内では薩長専制体制が確立され，伊藤博文が政府の主導権をにぎり君主権の強い立憲君主制の確立に向けて動きはじめます。国会開設の勅諭で政府は，**欽定憲法**を作成する方針を公表します。欽定憲法というのは，天皇が定めて国民に与えるという性格の憲法です。

これに対して民間では，民権派が中心になって，さまざまな憲法私案がつくられていきます。これらを**私擬憲法**と呼びます。

まず，1881(明治14)年，福沢諭吉系の**交詢社**が発表した**「私擬憲法案」**があります。同案には，議院内閣制と国務大臣の連帯責任制度が盛り込まれており，1889(明治22)年につくられた大日本帝国憲法より，現在の日本国憲法に近いものになっています。

急進的なのは**植木枝盛**の**「東洋大日本国国憲按」**です。交詢社の「私擬憲法案」がイギリスの穏健な制度を参考にして作成したのに対し，植木の「東洋大日本国国憲按」にはフランスの影響が強くみられ，一院制・連邦制を取り入れています。さらに「政府が悪政をしたら，これに抵抗して革命をおこし，政府を倒してもかまわない」という抵抗権や革命権が盛り込まれました。**立志社**が発表した**「日本憲法見込案」**はこれと同系統に属します。

戦後，歴史家の色川大吉らが発見した「五日市憲法草案」は，東京の五日市の農村青年で組織された学芸講談会（学習サークル）のメンバー千葉卓三郎が起草しました。「日本帝国憲法」というのが正式名称で，国民の権利が重視されています。

　民権思想にかかわる出版物も増え，論争も展開されていきます。中江兆民は，有名なフランスの思想家ルソーの『社会契約論』の一部を漢訳し，『民約訳解』を出版します。そのため中江は「東洋のルソー」と呼ばれましたが，民権思想に対する反発もありました。加藤弘之は社会進化論の立場をとり，『人権新説』を刊行して民権派の天賦人権論を批判しています。そうすると中江は『天賦人権論』を出し，また植木枝盛も『天賦人権弁』を出して加藤に反論しました。

　国会開設の勅諭の6日後，板垣退助を総理とする自由党（日本初の全国的政党）が誕生します。よく勘違いされますが，国会開設の勅諭を知って，国会に備えるために結党したわけではありません。前述のとおり，すでに前年に結成の方向は決まっており，準備も進んでいたのです。

　自由党盟約の第1章には「吾党（自由党）は自由を拡充し，権利を保全し，幸福を増進し，社会の改良を図るべし」とあり，その目的を達成するため，憲法の制定と国会の早期開設を政府に要求し，立憲政体の確立をめざして活動していきます。自由党は急進的な共和制（フランス流）を主張しましたが，翌1882（明治15）年に成立した立憲改進党は，「人民の幸福」と「王室の尊栄」を達成するために，イギリス流の立憲君主制と議会政治の実現をめざしました。党首（総理）は明治十四年の政変で失脚した大隈重信です。

　立志社・愛国社の流れを受け継ぐ自由党は地方農村を基盤にしま

1．自由民権運動の高まり

したが, 立憲改進党は**都市の実業家**や**知識人**に支持されました。

　急進的な自由党に対し, 立憲改進党は漸進主義・現実主義をとなえて, やがて自由党と対立していきます。

　政府側も**福地源一郎**らを中心に**立憲帝政党**をつくらせましたが, 自由党や立憲改進党とは立場が違い, 政府首脳部が関与して旗揚げさせた政府与党の性格をもちました。だからその主張は**天皇主権の実現, 欽定憲法の制定, 制限選挙の実施**など保守的で, 支持層も**官僚**や**士族・神官**などが中心でした。このため立憲帝政党は, 民衆の支持をえることができず, 翌年, 解党してしまいます。

　明治時代初期の三大政党の比較図を載せておきますね。

明治時代初期の三大政党

	自 由 党	立憲改進党	立憲帝政党
結党	1881年10月	1882年4月	1882年3月
代表者	総理　板垣退助	総理　大隈重信	党首　福地源一郎
性格	フランス流 急進的な自由主義	イギリス流 漸進的な立憲主義	保守的　政府寄り
政策	一院制・主権在民 普通選挙	二院制・君民同治 制限選挙	二院制・主権在君 制限選挙
おもな党員	片岡健吉・大井憲太郎・河野広中・星亨	矢野龍溪・犬養毅・尾崎行雄	丸山作楽ら
基盤	士族や地主・自作農	都市の実業家や知識人	神官・僧侶・官僚・士族
機関紙	『自由新聞』	『郵便報知新聞』	『東京日日新聞』
	1884　解党	1884　大隈ら脱党	1883　解党

2　松方財政と民権運動の激化

●松方デフレ●

　1877(明治10)年に西南戦争が勃発すると、ばく大な戦費が必要になり、政府は**不換紙幣**を乱発しました。

　これに加え前年の1876(明治9)年、国立銀行条例が改正されて銀行の兌換義務が取り除かれたことで、商人や地主、それから金禄公債証書で出資する華族や士族が続々と国立銀行をつくるようになります。あまりの多さに1879(明治12)年、政府は**第百五十三国立銀行**で打ち切りにしましたね。しかし各銀行は、それぞれが不換銀行券(不換紙幣)を発行したので、西南戦争の戦費とあいまって、不換紙幣が急増して貨幣(円)の価値は一気に下がり、これに反比例して物価が急上昇し、すさまじい**インフレーション**となったのです。

　貿易取引などで用いられる銀貨に対する紙幣の価値も下落します。

　政府の収入の大半は、定額の地租です。地租は紙幣(貨幣)で納められます。つまり、紙幣の価値が下落したことで政府の歳入は実質的に減ってしまい、結果として財政難におちいりました。

　また1867(慶応3)年頃から輸入超過に転じたこともあって、正貨(金・銀)の保有高が底をつきはじめます。

　当時、政府の財政を担当していた大蔵卿は**大隈重信**でした。大隈は、1873(明治6)年10月から1880(明治13)年2月まで財政を担っていました。彼は西南戦争で不換紙幣の乱発を余儀なくされましたが、1880(明治13)年から積極的に**紙幣整理**に着手します。紙幣整理とは、物価高状態を止めるため、ちまたにあふれる不換紙幣を市

場から集め，それを処分してしまうことです。

　そのため酒造税などを値上げします。さらに同年，**工場払下げ概則**を公布し，もうけの少ない官営事業を民間商人に売りわたそうとしました。回収した利益で紙幣整理をおこなうのが目的ですね。ただ，政府は投資額をみな回収しようと考え，払下げ条件をきびしくしたので，買い手が集まらず，結局うまくいきませんでした。

　この財政手法は，大隈の部下で大蔵卿に就任した**佐野常民**に引き継がれ，さらに1881（明治14）年に**大蔵卿**になった**松方正義（薩摩閥）**へと受け継がれていったのです。

　松方の紙幣整理は大隈に比較して徹底していましたから，紙幣の価値はみるみる上がり，物価は下がっていきました。経済用語でいうデフレーションですが，**松方財政**によるデフレーションを俗に**松方デフレ**と呼びます。

　松方は，酒造税・煙草税などの増税や新税による増収分，それに徹底的な経費節減によって浮いたお金を，紙幣整理と正貨の備蓄にあてました。**軍事費以外**の歳出も徹底的にカットしました。こうして数年間で約4000万円を処分することに成功し，政府の財政は好転していきます。

　1882（明治15）年には銀行の銀行（中央銀行）といわれる**日本銀行**を設立し，翌年には国立銀行から紙幣（銀行券）発行権を取り上げました。そして正貨（この時は銀貨）と不換紙幣の価値がほとんど同じになった1885（明治18）年，日本銀行は銀と兌換できる**銀行券（紙幣）**を発行しはじめます。

　翌年からは，1872（明治5）年に発行した政府紙幣も銀と兌換するようにし，ようやく**銀本位**の貨幣制度が確立しました。ちなみに，

最初の日本銀行兌換銀券 日本銀行は兌換銀行券条例により，100円・10円・5円・1円の4種類の銀兌換の銀行券を発行しました。

初めての日本銀行の紙幣の肖像は，大黒天だったといいます。

上に写真をかかげておきますね。

松方のデフレ政策は，政府の財政を好転させた一方，多くの農民を苦しめました。米価や繭価など農作物の価格が急落し，農民の収入は激減します。地租は定額の金納なので，デフレの進行により実質的に重くなっていきました。さらに松方が増税や新税を設けたこともあり，結果として多くの農民が土地を担保に高利貸から金を借り，返済できずに土地を手放して小作農に転落したり，都市に出て貧しい労働者となりました。

下級士族も貧窮して，社会に不穏な空気が蔓延する状態になりました。

一方で成り上がった農民もいました。その多くは豪農層で，自作農が手放した土地を安く買いあつめ，一部はみずから耕作したものの，大半は小作人に貸し付けて高率の現物小作料を取り立て，そのかたわらで貸金業などを営みました。

●激化事件の続発●

松方財政下での農村の動揺は，自由民権運動を激化(過激化)させていきます。運動の支持層であった地主・農民は，生活難や経営難

2．松方財政と民権運動の激化　**81**

で運動から手を引いていきましたが，かたや同様の事情で政治的に急進化し，過激な事件のリーダーとなっていった人びともいます。

このような中で1882(明治15)年，政府は**集会条例を改正**して，政党の支部設置を禁止するなど弾圧の手を強めました。

一方，伊藤博文や井上馨といった政府高官が，自由党の指導者層に接近し，政商の三井から資金を出させ，板垣退助や後藤象二郎に洋行を援助するなど，懐柔策をとったのです。誘いにのった板垣らの行動は，自由党内でも批判の対象とされ，党の結束が弱くなりました。立憲改進党も，板垣らの洋行旅費が政商三井から出されたことを攻撃しました。すると自由党はこれに対抗し，大隈と政商三菱との関係を『自由新聞』にあばき，「**偽党撲滅**」を主張したのです。

他方，政府の弾圧と不況下の重税に対し，自由党員や農民が各地で反発して過激な直接行動をとるようになります。

1882(明治15)年には**福島事件**がおこります。
三島通庸は，福島県令になると会津に大道路工事(県道)を計画し，不況下の農民たちを無理やり工事にかり出そうとしました。怒った農民たちは，会津に3000人が集結して工事中止を求める抗議行動に出ます。三島は警察を使ってこれを徹底的に弾圧するとともに，裏で糸を引いているのは自由党員だと決めつけ，県内の**河野広中**をはじめとする自由党員を大量に捕まえたのです。福島自由党は，訴訟など間接的に支援したにすぎませんでした。

三島は「火付け強盗と自由党員は管内(県内)には一人もおかぬ」と断言したといい，大の自由党嫌いの保守主義者でした。

ちなみに逮捕された河野はのちに出獄し，衆議院議員として活躍

し，さらに衆議院議長，ついで第2次大隈内閣の農商務相をつとめました。

これ以後，こうした激化事件が続発します。以下にその概要を紹介しますね。

高田事件(1883年3月)…新潟県高田地方の自由党員らが，政府高官の暗殺を企てたとして逮捕された事件。

群馬事件(1884年5月)…自由党員が農民を率いて妙義山麓で政府打倒に立ち上がり，逮捕された事件。

加波山事件(1884年9月)…茨城・福島・栃木県の自由党員らが，栃木県令三島通庸の暗殺を計画し，茨城県加波山で蜂起し，鎮圧された事件。

秩父事件(1884年10月)…自由党員をリーダーとして，農民多数が埼玉県秩父地方で蜂起し，鎮圧された事件。（この事件の直前に自由党は解散しています。）

大阪事件(1885年11月)…旧自由党左派の大井憲太郎が，礒山清兵衛・景山英子らと朝鮮の保守的政府を倒し，その勢いを借りて日本の改革をうながそうとしたが，事前に計画が発覚して検挙された事件。

自由党中央執行部は，党員が党の方針にしたがわず，激化事件を次々とおこしていったことで，党員を統率する自信を失い，1884(明治17)年10月，**自由党は解党**します。解党の直接のきっかけは，茨城でおこった**加波山事件**です。

激化事件で最大の規模は秩父事件です。この事件は，松方デフレで困窮した農民たちが，**困民党・借金党**をつくって集団で高利貸や役所に押しかけ，利子減額の嘆願運動を展開してきましたが，そ

2．松方財政と民権運動の激化　*83*

の甲斐なく,とうとう実力行使に出たものです。

　3000人の蜂起によって,秩父地方は困民党に制圧されます。困民党は武装して,高利貸だけでなく警察署や役所も襲撃しました。この激化事件は,警察や憲兵隊だけでは鎮圧できず,ついに鎮台兵(政府の正規軍)を出動させるまで発展します。困民党は1カ月近く抵抗しますが,鎮圧されました。逮捕され有罪となった人びとは3400人に達しました。その規模の大きさがわかりますね。

●大同団結運動●

　大阪事件は,ほかとは性質の違う激化事件です。対象が日本ではなく朝鮮国なのです。

　日本は日朝修好条規を結んだのち,朝鮮を日本の勢力下におこうと考えていました。しかし,朝鮮から親日勢力が駆逐されていきます(この過程については後述します)。そこで旧自由党左派の**大井憲太郎**たちは,親清派の朝鮮政府の高官を暗殺して独立党(親日的勢力)の政権を樹立させようと計画したのです。他国でクーデタをおこし,その勢いで国内改革をするという発想は,自由民権運動の理念とはかけ離れています。この企ては事前に発覚し,大井らは大阪で検挙されました。

　いずれにせよ,1884(明治17)年に自由党は解党し,立憲改進党も大隈重信が離脱したことで休止状態となります。また,激化事件は政府に鎮圧され,10年続いた自由民権運動は衰退してしまいました。

　しかし,憲法発布と議会(国会)の開設が近づくと,民権運動は息を吹き返します。**大同団結**をとなえ民権運動の再結集をはかったのです。「小異を捨てて大同につく」ということわざのとおり,自

由党と立憲改進党がこれまでの反目を捨て，一致団結して国会に備えようと主張しました。

1887(明治20)年，**地租軽減，言論・集会の自由，外交失策の回復（三大事件）**をかかげ，全国の民権家たちは建白書をたずさえ，結束して政府の諸機関に激しい陳情活動をくり返していきます(**三大事件建白運動**)。

三大事件のうち外交失策の回復は，**井上馨**外務大臣の不平等条約改正交渉の不手際を批判したものです。これについては条約改正交渉の項で詳述しますね。

こうした自由民権運動の再結集に，政府は弾圧をもって対抗します。同年末に**保安条例**を公布したのです。

この弾圧法には「国家を乱そうとたくらんだり，それをけしかけたりする危険人物は皇居から**3里（12km）以内**に最長3年間，入ってきてはならない」という条文があります。これにより，**星亨・尾崎行雄・中江兆民・片岡健吉・中島信行**など在京の有力な民権家たちが保安条例の適用をうけて首都から追い払われてしまったのです。その数は570名におよび，なかには14歳の子どもまで含まれて

言論の弾圧(『トバエ』22号)　この風刺画はフランス人ビゴーの描いたもので，警察官が民権論をとなえる新聞人を取り締まっているところです。

いました。保安条例によって大きな痛手(いた で)をうけた東京における民権運動ですが、その後も運動は東北地方で継続し、1889(明治22)年の憲法発布により、政党の再建に向かっていきます。

さて、最後に、20年続いた自由民権運動の過程を表にまとめておきますので、流れをしっかり確認してください。

自由民権運動と立憲体制の成立

年代	民権運動	政府の動き
1874	1．民撰議院設立の建白書。4．立志社創立	
1875	2．大阪で愛国社結成	1〜2．大阪会議。4．漸次立憲政体樹立の詔。元老院・大審院設置。6．第1回地方官会議。讒謗律・新聞紙条例。9．出版条例改正
1876	（農民一揆激しくなる）	9．元老院，憲法草案起草
1877	6．立志社建白（却下）	
1878	9．大阪で愛国社再興	7．地方三新法公布
1880	4．国会期成同盟の請願（不受理）	4．集会条例
1881	7．開拓使官有物払下げ事件、問題化。10．自由党結成	10．大隈罷免。明治十四年の政変（国会開設の勅諭）
1882	3．立憲改進党結成。4．岐阜事件。11〜12．福島事件	3．伊藤、憲法調査のため欧州へ出発。立憲帝政党結成。11．板垣退助ら渡欧
1884	5．群馬事件。9．加波山事件。10．自由党解党。10〜11．秩父事件。12．大隈、立憲改進党離脱	3．制度取調局設置。7．華族令
1885	11．大阪事件	12．内閣制度発足
1886	10．星亨ら、大同団結を主張	この年、政府、憲法起草に着手
1887	9〜12．三大事件建白運動	12．保安条例
1888		4．枢密院設置。6．憲法草案審議開始
1889	5．大同団結運動分裂	2．大日本帝国憲法発布

3 大日本帝国憲法の制定

●内閣制度の成立●

　明治十四年の政変で伊藤博文ら薩長閥は，大隈重信一派を政府から追放しましたが，このおり，国民に「1890年に国会を開き，憲法を制定する」と約束しました。これに向けて政府は，政治組織や地方制度・法制度を整備し，立憲国家としての体裁を整えていきました。

　翌1882(明治15)年には，政府は**伊藤博文**をヨーロッパに派遣して，**憲法調査**にあたらせます。ただ，渡航前から皇帝の権限が強いドイツ流の憲法を参考に日本の憲法をつくろうと考えていたようで，駆け足でヨーロッパ諸国をまわったあと，**グナイスト**(ベルリン大学の法学者)や**シュタイン**(ウィーン大学の法学者)から徹底的にドイツ流の憲法理論を学んで，翌年帰国します。

　1884(明治17)年には**華族令**が制定されました。これまでの旧大名や公卿に加え，国家に功績のあった者(明治維新で活躍した人物や現政府の高官)を新たに華族に組み入れました。華族には世襲の**爵位**(公・侯・伯・子・男の5段階)を与えています。伊藤は，華族を将来の上院(貴族院)の土台にしようと考えたのです。しかも上院を政府の支持基盤にするつもりだったので，旧大名や公卿だけでは心許ないと判断し，明治維新の功労者や政府高官を華族にしたのです。

　1885(明治18)年には**内閣制度**を定め，行政組織(中央官制)を大きくかえました。現在に続く内閣制度は，この時誕生しました。

最初の内閣の一覧表をみてみましょう。

第1次伊藤博文内閣

総理大臣	伊藤博文	長州・伯爵
外務大臣	井上 馨	長州・伯爵
	伊藤博文（臨時兼任）	
	大隈重信	肥前・伯爵
内務大臣	山県有朋	長州・陸軍中将・伯爵
大蔵大臣	松方正義	薩摩・伯爵
陸軍大臣	大山 巌	薩摩・陸軍中将・伯爵
海軍大臣	西郷従道	薩摩・陸軍中将・伯爵
	大山 巌（兼任）	
	西郷従道	
司法大臣	山田顕義	長州・陸軍中将・伯爵
文部大臣	森 有礼	薩摩
農商務大臣	谷 干城	土佐・陸軍中将・伯爵
	西郷従道（兼任）	
	山県有朋（兼任）	
	土方久元	土佐・子爵
	黒田清隆	薩摩・陸軍中将・伯爵
逓信	榎本武揚	幕臣・海軍中将
書記官長	田中光顕	土佐・陸軍中将
法制局長官	山尾庸三	長州・宮中顧問官
	井上 毅	熊本

見事に薩摩出身者と長州出身者のバランスがとれていますね。当時の政府が薩長閥に独占されていることが一目瞭然です。それは，このあとの総理大臣をみてもわかりますよ。

日清戦争後まで総理大臣は，**長州（伊藤博文）**，**薩摩（黒田清隆）**，**長州（山県有朋）**，**薩摩（松方正義）**，**長州（伊藤博文）**，**薩摩（松方正義）**，**長州（伊藤博文）**といった具合に，規則正しく進んでいきます。

内閣制度を説明する前に，29ページの図も参照して，明治政府の政治組織の変遷を確認しておきましょう。

三職制…1867年12月（王政復古の大号令の時）
↓

88　第3章　立憲国家の成立と日清戦争

太政官制(7官)…1868年閏4月(政体書により)
↓
太政官制(2官6省)…1869年7月(版籍奉還後に改正)
↓
太政官制(三院制)…1871年12月(廃藩置県後に改正)
↓
内閣制度…1885年12月(初代総理大臣伊藤博文)

　明治時代の内閣制度は，現在とはかなり異なっています。とくに，各国務大臣(各省の長官)は，自分の省庁の仕事に関してだけ，天皇に直接責任を負うというところです。いまは天皇ではなく，国会に対して責任を負っていますよね。国務大臣は，総理大臣のもとに閣議に参加し，国の政治全体にもかかわる決まりになっていました。

　太政官制から内閣制度になり，これまで不明確だった行政組織と宮中の区別があきらかになりました。宮中の事務をつかさどる宮内省(宮内大臣)は，内閣の外におかれたのです。太政官制(三院制)では，宮内省と同じような仕事をする神祇省は，太政官組織の内部に組み込まれていましたね。

　宮中には新たに内大臣と呼ばれる職がおかれました。内大臣の仕事は，側近として天皇を常侍輔弼(全責任をとる覚悟で常に補佐すること)し，御璽(天皇の印)・国璽(国家の印)を保管することです。詔書・勅書(天皇が出す文書)や宮中の文書に関する事務もつかさどりました。

　このように行政と宮中は分離されたものの，実際は初代内閣総理大臣となった伊藤博文が宮内大臣を兼任しており，そうともいえない現実がありました。なお，初めての内大臣は，太政大臣だった三

条実美がついています。

　地方制度の改革もドイツ人のモッセの協力を得て，山県有朋が中心になって進められていきます。1888(明治21)年に市制・町村制が，1890(明治23)年に府県制・郡制が公布されます。

　これらの法律は，ドイツ(とくにプロイセン)の影響が大きいものになっています。

　市制・町村制では，人口2万5000人以上の都市を市とし，市を郡と対等な行政区域としました。また，市制・町村制が公布されたさい，内務大臣が訓令で各地方長官(府知事・県知事・北海道長官)に市町村の合併を指示したことから，江戸時代以来の村の統合が進み，1888(明治21)年から1889(明治22)年までに市町村数は7万1314から1万5859に減少しています。平成の大合併以上ですね。

　市長については，市会の推薦する候補者から内務大臣が任命することとし，市参事会が行政を担いました。町村長は町村会で公選されましたが，無給の名誉職とされました。

　郡制では，郡長と郡参事会を郡の行政機関と定め，郡の議決機関である郡会の議員は，町村会議員の投票と大地主の互選によって選ばれました。府県制で定められた府県会も郡会議員の投票による間接選挙でした。

　こうして，政府中央の統制が強いものでしたが，地域の有力者を担い手とする地方自治制が制度的に確立しました。

● **憲法の制定過程** ●

　次に，憲法の制定についてみていきましょう。
　政府は国会開設の勅諭で欽定憲法を制定する方針を出し，翌

1882(明治15)年に伊藤博文を憲法調査のためヨーロッパに派遣したわけですが，本格的な憲法草案の作成作業は1886(明治19)年の末頃になりました。
　伊藤は，井上毅・伊東巳代治・金子堅太郎とともに，神奈川県横浜市の金沢にある東屋旅館にこもり，ドイツ人ロエスレルに助言をもらいながら，極秘に草案作成作業を進めていきます。
　しかし，草案の作成中に珍事件がおこります。憲法草案がカバンごと旅館から盗まれてしまったのです。新聞記者や反政府主義者の手にわたったら大失態です。ただ幸いにも，カバンは近くの畑で発見され，金目のものは抜き取られていましたが草案は無事でした。金目当ての犯行だったようです。しかしこれを機に，場所を東屋旅館から伊藤の別荘のある神奈川県夏島に移しました。
　こうして苦労して出来上がった憲法草案は，枢密院で天皇臨席のもと，何度も審議が重ねられていきます。
　枢密院とは，憲法・特別な法律・会計・条約などのさまざまな問題に関して，天皇の諮問(意見をたずね求めること)に答える機関として，1888(明治21)年に新設された組織です。枢密院議長には，総理大臣を薩摩出身の黒田清隆にゆずった伊藤博文が就任しました。
　のちに枢密院は，制定された憲法の第56条によって，天皇の最高諮問機関となり，枢密顧問官にはおもに藩閥政治家や官僚が任命され，保守派の牙城となりました。そのため，政党内閣としばしば対立することがありました。
　ともあれ，枢密院での審議のうえで，1889(明治22)年2月11日(紀元節)，大日本帝国憲法が明治天皇によって発布されました。

●憲法の内容●

　これから日本で初めて制定された近代憲法の性格や内容についてくわしく話していこうと思いますが，その前にまずはおもな条文を紹介しましょう。

大日本帝国憲法

第一条　**大日本帝国ハ万世一系ノ天皇之ヲ統治ス**

第三条　天皇ハ**神聖ニシテ侵スベカラズ**

第四条　天皇ハ**国ノ元首**ニシテ**統治権ヲ総攬シ**此ノ憲法ノ条規ニ依リ之ヲ行フ

第八条　天皇ハ公共ノ安全ヲ保持シ又ハ其ノ災厄ヲ避クル為，緊急ノ必要ニ由リ**帝国議会閉会ノ場合ニ於テ法律ニ代ルベキ勅令ヲ発ス**……

第一一条　天皇ハ**陸海軍ヲ統帥ス**

第一二条　天皇ハ陸海軍ノ編制及常備兵額ヲ定ム

第二九条　日本**臣民**ハ**法律ノ範囲内ニ於テ**言論著作印行集会及結社ノ自由ヲ有ス

第三三条　帝国議会ハ**貴族院衆議院ノ両院**ヲ以テ成立ス

第五五条　**国務各大臣ハ天皇ヲ輔弼**シ其ノ責ニ任ス……

第七〇条　公共ノ安全ヲ保持スル為緊急ノ需用アル場合ニ於テ，内外ノ情形ニ因リ政府ハ帝国議会ヲ召集スルコト能ハザルトキハ勅令ニ依リ財政上必要ノ処分ヲ為スコトヲ得……

　この憲法は天皇が定めて国民に与える形式をとる**欽定憲法**で，条文をみてわかるように，天皇と行政府(内閣)の権限が強いものになっています。

　憲法第１条がいきなり，「**大日本帝国ハ万世一系ノ天皇之ヲ統治ス**」となっていることからも，天皇の存在の大きさがわかりますね。「万世一系」というのは，昔からずっと絶えずに続いてきたという意

味です。

　第 3 条では「**天皇ハ神聖ニシテ侵スベカラズ**」と続き，以後に続く十数条の主語はみな「天皇ハ」です。

　主権は国民にではなく，天皇にあります。**主権在君**ですね。憲法の第 4 条には天皇が**国家の元首**と明記されています。元首というのは，国を代表する国家機関のことをいいます。

　同じく第 4 条に，天皇は**統治権の総攬者**（一手ににぎる者）と規定されています。憲法上の天皇は，行政に関するさまざまな組織を定め，文官（官僚）や武官（軍人）の任免権をもち，国防（外敵の侵略に対して国を守る）方針を決めたり，**宣戦**（相手国と戦争状態に入ることを意思表示すること）や**講和**，そのほかさまざまな条約を結ぶといった，絶大な権限が与えられました。

　国の軍事力もすべて天皇のもとに集中するようになっています。憲法第11条に「**天皇ハ陸海軍ヲ統帥ス**」とありますね。統帥とは，軍隊をまとめ，支配することを意味します。陸海軍の統帥権は，内閣からも独立して天皇に直属したのです。これを**統帥権の独立**といいますが，実際に天皇個人が兵隊を指揮することはありません。天皇を輔弼（補佐）して兵を指揮する機関が設置されていきます。陸軍は**参謀本部**，海軍は**海軍軍令部**（のち軍令部）です。

　こうした強大な権限を**天皇大権**といいます。

　ところで文官に関してですが，政府は1886（明治19）年の帝国大学令により，大学を官吏養成機関として明確に位置づけ，翌1887（明治20）年，文官高等試験の制を定めて官僚制度の基礎を固めています。

　大日本帝国憲法は，このような君主権の強い内容であったのに，

発布された時，国民は大歓迎していたということです。

ドイツ人の医者(お雇い外国人)ベルツはこの様子をみて，「みんな大喜びをして馬鹿騒ぎしているが，誰も憲法の内容を知らないのは滑稽なことだ」と冷笑しています。

また，憲法発布を「絹布の法被」だと信じこみ，政府から上等な絹の服を配布してもらえるのだと喜んだ人びともいたそうです。そういう庶民の無知も事実でしたが，憲法の内容が国民の前にあきらかにされてからも，これに反対する人がいなかったのです。

自由民権家などは攻撃しそうなものですが，不思議ですね。

実は，憲法発布は民権家の長年の夢であったし，彼らはもっと保守的な憲法が出されると予想していたのです。ところが，思った以上に民主的な色彩が強かったようです。

第28・29条では，法律の範囲内という制限はついているものの，国民(憲法では国民を臣民と表記します)の信教の自由，言論・出版・集会・結社の自由がきちんと認められていますね。

また，所有権の不可侵も明記されていました。

憲法では天皇主権のもと，立法・行政・司法の三権が分立し，それぞれが天皇を補佐するものとされましたが，議会の権限が大きく制限されたのと比較すると，政府(内閣)の権限は非常に強いものでした。

憲法に明記された内閣制度ですが，前述のとおり，内閣の各国務大臣は現在のように議会ではなく，天皇に対して責任を負うものとされました。ただし，内閣全体としてではなく，国務大臣が個別に責任をもつことに注意しましょう。現在と異なり，国務大臣の任免権も総理大臣にありません。どちらかというと，内閣総理大臣と各

国務大臣は対等に近い関係でした。

🔴帝国議会🔴

　次に，**帝国議会**(国会)について説明しましょう。

　議会は対等の権限をもつ**衆議院**と**貴族院**からなっていました。

　大日本帝国憲法と同時に**衆議院議員選挙法**が出されました。きびしい制限があるものの，同法では，国民の選挙で衆議院議員が選ばれることになりました。しかも憲法には，帝国議会(国会)の衆議院議会の場で，予算案・法案の審議をおこなうことが盛り込まれ，国民が国の政治に参加する道が開かれました。とくに予算案については，**衆議院に先議権**が与えられました。

　これも長らく民権家たちが待ち望んできたことです。

　予算案について補足すると，これは憲法で天皇大権の一つと規定され，第67条では，議会は政府の同意なく予算案を削減できないと定められ，予算案が不成立な場合には，政府は前年度の予算をそのまま新年度の予算とすることができました。

　上院にあたる**貴族院**は，選挙によって選ばれた国民で構成されるものではありません。**皇族**や**華族**と，天皇が任命する**勅任議員**からなります。この勅任議員は，学識のある満30歳以上の男子である**勅選議員**と**多額納税者**(各府県より１名)で構成されました。

　ですから，政府寄りの議院でした。しかも憲法には貴族院・衆議院どちらか一方が法案を否決したら，もうその会期のあいだには法案が提出できない仕組みになっていました。だから，たとえ衆議院で反政府派が多数を占め，政府が困るような法案を可決したとしても，それが貴族院で否決されてしまえば，その法案は成立しないの

3．大日本帝国憲法の制定

です。

　政府が嫌う衆議院の可決法案は，決して貴族院で通過しない，つまり，立法権が行使できないシステムになっているわけです。実際，貴族院は衆議院で可決された減税案や普通選挙法案などをたびたび否決し，明治政府の防波堤の役目を果たしました。

　しかし，こうした問題はあったにせよ，日本はアジアで初めての近代的立憲国家となったのです。

　憲法公布と同時に，議院法・貴族院令が公布され，**皇室典範**も制定され，皇位の継承や摂政の制などが定められました。ただ，皇室典範については「臣民の敢て干渉する所に非ざるなり」という理由によって，官報で公布されることはありませんでした。

　大日本帝国憲法下の国家機構は，けっこう複雑なので，最後にそれが理解できる図を載せておきます。

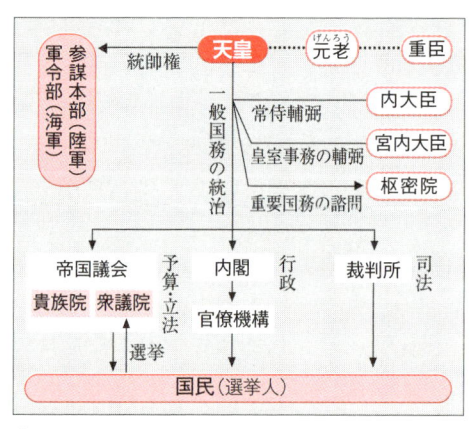

大日本帝国憲法下の国家機構

●諸法典の整備●

　憲法制定と前後して，さまざまな法典が公布され，法制度が着々

と整備されていきます。

　主たる法典の名称と公布年を一覧表で確認しておいてくださいね。

おもな法典の制定(＊印は六法)

法典名	公布年	施行年
刑法＊	1880	1882
治罪法	〃	〃
大日本帝国憲法＊	1889	1890
皇室典範		(1889)
刑事訴訟法＊	1890	1890
民事訴訟法＊	〃	1891
民法＊	〃	延期
商法＊	〃	1893
(修正)民法	1896・98	1898
(修正)商法	1899	1899

　この中で，注目を集めて大きな話題になり，最後は論争にまで発展し，なおかつ施行が延期になり，大幅に修正されてしまった法律があります。

　それが**民法**です。

　この民法を中心になって編纂したのは，フランス人法学者の**ボアソナード**です。彼は明治初年から始まった法典の編纂作業の主力となり，1880(明治13)年には刑法(天皇・皇族に対する犯罪である大逆罪・不敬罪，内乱罪を厳罰とする規定を含む)や治罪法を憲法に先行して公布し，さらに多くの法律を手がけていきます。

　そのうち民法は，商法・民事・刑事訴訟法とともに1890(明治23)年に公布され，施行は3年後とされましたが，その間に論争がおこったのです。

　というのは，ボアソナードはフランスの民法を参考にして日本の

民法をつくったため，キリスト教思想にもとづく家族観(家制度)が導入されたのです。

　これに反発する声は制定以前から一部の法学者のあいだでありましたが，本格的に論争に発展したのは，帝国大学教授穂積八束が「民法出デ、忠孝亡ブ」という論文を1891(明治24)年に法律雑誌に発表し，ボアソナードの民法に大反対したのがきっかけでした。

　論文中で穂積は「民法出デ、忠孝亡ブ」，つまり「日本は天皇制の家父長中心の家族の国なのに，こんなヨーロッパ風の個人尊重の法律では，これまで日本がはぐくんできた祖先や目上の人を敬う良さがそこなわれてしまう」と民法に激しい攻撃を加えました。

　これに対して，同じ帝国大学教授の梅謙次郎が「この民法はたいへん近代的だ」とボアソナード民法を擁護し，支持する姿勢をとりました。この1891(明治24)年前後に盛り上がった民法をめぐる論争を民法典論争と呼びます。

　結局，民法は，前述のとおり，1892(明治25)年の第三議会において，やはりボアソナードが編集した商法とともに手直しをすることを前提に施行が延期となりました。そして，前民法を大きく修正したうえで，1896(明治29)年と1898(明治31)年の2回に分けて公布されました。ただ，ボアソナード民法の原型はとどめていません。新民法は，戸主の家族に対する絶大な戸主権(支配権)を認めたり，家督相続制度を明記するなど，家父長制的な家制度を存続させる内容となりました。

　以上のように政府は，明治20年代から30年代にかけて，諸法典を公布・施行し，近代的法治国家としての体裁を整えていったのです。

4　衆議院議員総選挙と初期議会

●第1回衆議院議員総選挙●

　1890(明治23)年の衆議院議員総選挙を前に，ふたたび旧自由民権派の人びとが結集していくようになります。

　大日本帝国憲法と同時に制定された**衆議院議員選挙法**では，有権者(選挙人)と認定されるには，きびしい条件がありました。選挙権は**満25歳以上の男性**のうち，直接国税(地租と所得税。のちに営業税が入る)を**15円以上**納めている者。つまり富裕層(中農以上の農民や都市の上層民)に限られたのです。ですから有権者は，国民全体のたった**1.1%**でした。数にして45万人です。

　立候補者(被選挙人)のほうも納税資格は有権者と同じでしたが，年齢は**満30歳以上**とされました。

　憲法が発布された翌日，**黒田清隆**首相は「政府は常に一定の方向を取り，超然として政党の外に立つ」と演説しています。

　つまり「議会で政党(政府の反対政党をさす)が力をもってきても，政府としては相手にせず，無視して政治を進めてゆく」という傲慢な宣言です。こうした，政府の政策は政党の意向に左右されてはならないという考えを，**超然主義**といいます。

　そうした中で1890(明治23)年7月，**第1回衆議院議員総選挙**が実施されました。結果は，あれだけきびしい制限をつけ，富裕層にしか選挙権を与えなかったにもかかわらず，なんと政府反対派である旧民権派が総選挙に大勝し，当選議員の過半数を占めたのです。当時の総議席は300，そのうち**立憲自由党が130**，**立憲改進党が41**，

あわせて171議席でした。両党のように自由民権思想の流れをくむ政府反対政党を民党と呼びます。

もちろん政府寄りの政党もありました。これを吏党といい，大成会(79議席)がそうです。そのほか，国民自由党が5議席，無所属が45議席を獲得しました。

●初期議会と選挙干渉●

こうして衆議院は，最初から民党が制する事態になり，第1回帝国議会(第一議会)では，政府が出した予算案に対し，民党は「政費節減(もっと政府の経費を節約して支出をおさえよ)・民力休養(地租を減らしたり，地価を修正したりして，国民を少しでも楽にせよ)」をとなえ，予算の削減を強く政府に迫ったのです。

時の首相は山県有朋でしたが，議会の場で最初に，軍事費の増額については，「日本は主権線(国境)だけでなく，利益線(朝鮮半島)も防衛しなくてはいけないから」と，増額の必要性を強く訴えました。しかし，民党は納得せず，「予算のうち800万円を削れ」と主張してゆずりません。

困った山県は，表向きは黒田前首相の超然主義をつらぬくそぶりをみせつつ，裏工作(具体的には買収)で立憲自由党土佐派を切り崩し，どうにか600万円の削減で了解させ，予算案を通過させたのです。

この時，衆議院議員で立憲自由党員の中江兆民は，土佐派の寝返りに激怒し，「(議会は)無血虫の陳列場」だと罵倒して議員を辞職しています。

続く第二議会(1891年)でも，民党は「政費節減・民力休養」をとな

え，時の松方正義内閣と激しく対立，予算案約8000万円のうち約900万円を削減してしまいます。とくに軍艦2隻建造のための予算と製鋼所の設立費を削りました。

こうした動きに樺山資紀海軍大臣は「海軍の拡張は，国家の安全のためにも絶対に必要である。あなたたちはすぐに薩長藩閥政府だといって我々を攻撃するが，誰のお陰で国民の安全が守られているのだ。」と，暗に薩長の功績を主張する演説をしてしまいます。

この高慢な言い方に民党の議員が激怒，場内に罵声が飛びかうなど大混乱となり，樺山の演説（のちに蛮勇演説といわれます）をきっかけに，衆議院では軍艦建造などを削った民党の予算改定案を可決してしまったのです。ここにおいて松方首相は，ついに議会に解散を命じます。初めての解散です。

翌1892（明治25）年2月に総選挙がおこなわれることになりましたが，松方内閣としては何としても民党に過半数をとらせたくありません。そこで松方内閣の内務大臣品川弥二郎が中心となり，警察や地方官僚を動員して徹底的な選挙妨害をして，民党候補者の当選を防ごうとしたのです。

全国各地で，民党の立候補者が暴漢に襲われたり，有権者が白刃をふりかざした男たちに「民党候補者に投票したら殺す」とおどされたりしました。この選挙干渉によって死者25名，負傷者388名が出ています。しかし，選挙で民党の優位をくつがえすことはできず，品川内相は引責辞任をしました。その後，品川は，西郷従道（西郷隆盛の実弟で薩摩閥の実力者）とともに，政府を支持する議員を集めて国民協会（吏党）をつくり，民党と対立していきます。松方内閣も，議会対策に自信を失い，第三議会終了後，退陣しました。

ついで，第2次伊藤博文内閣が成立します。この内閣を元勲内閣と呼んだり，元勲総出と評したりすることがあります。明治維新の功労者である薩長出身の元勲が多数入閣したからです。山県有朋・井上馨・黒田清隆・松方正義・大山巌・西郷従道ら，そうそうたる顔ぶれです。

　当初，伊藤は元勲を集めた強力な内閣で，超然主義をつらぬいて民党と対決し，軍備拡張(軍艦建造費)や条約改正を実現しようと考えていました。しかし，第四議会で民党と対立してみて超然主義を維持するのは困難だと悟り，方針を転換して自由党に接近します。第2次伊藤内閣の陸奥宗光外務大臣は，自由党と太いパイプをもっており，彼を通じて自由党を切り崩す作戦に出たのです。

　また，明治天皇に「和衷協同」の詔書を出してもらいました。それは「自分は軍艦建造費のために，今後6年間，毎年宮廷費を節約して30万円ずつ出そうと思う。また，文武官の給料も10%を削る。だから，議会も政府に協力してほしい」という内容でした。

　こうした工作が功を奏し，強く反対された海軍軍備拡張案を第四議会で通過させることに成功しました。

　ところが，内閣と自由党の癒着に反発した立憲改進党など残存民党が，政府側だった国民協会と連合(対外硬派連合)して，議会で過半数を制してしまいます。対外硬派連合は，条約改正問題で徹底的に伊藤内閣を攻撃し，第五議会で伊藤首相は，非常に苦しい立場に立たされました。こうしたきびしい状況は，1894(明治27)年の日清戦争直前の第六議会まで続いていきました。

　なお，対外硬派連合は，国民協会を除いた諸会派を中心に，日清戦争後の1896(明治29)年に，進歩党を結成しました。

5　不平等条約改正の交渉の流れ

●条約改正交渉と鹿鳴館外交●

　江戸幕府が欧米列強と結んだ**日米修好通商条約**には，大きな不平等がありました。

　協定関税制度になっていて日本に**関税自主権が欠如**していたこと，**領事裁判権**（**治外法権**）を認めてしまっていたことのおもに2点ですね。この**税権の回復**と，**法権の回復**（領事裁判権の撤廃）が，国家の独立と富国強兵をめざす政府にとって最大の外交課題となりました。

　これから，**岩倉使節団**の交渉失敗以後，改正に成功するまでの流れを説明しましょう。

　まずは担当者7人を以下に記します。

岩倉具視→寺島宗則外務卿→**井上馨**外務卿（外務大臣）→**大隈重信**外務大臣→**青木周蔵**外務大臣→**陸奥宗光**外務大臣→**小村寿太郎**外務大臣

　すでに寺島の交渉については簡単に記しましたが，ここではさらにくわしく話していきましょう。

　初めて本格的な条約改正交渉にのぞんだのは，薩摩出身の**寺島宗則**外務卿です。1878（明治11）年，寺島は**税権回復**に的をしぼって，交渉経験があったアメリカを相手に改正交渉を開始します。その結果，アメリカは改正に同意し，「日米約書」（吉田・エヴァーツ条約）が締結され，日本はアメリカとのあいだで税権を回復することになりました。

ただ，この条約の発効には「他国も同意する」という前提条件がついていました。残念ながら**イギリス・ドイツ**が日本の税権回復に反対したため，改正にはいたりませんでしたね。

　寺島を引き継いだのは，長州出身の**井上馨**外務卿です。井上の交渉は1882〜1887(明治15〜20)年の長きにおよんでいて，その途中で内閣制度ができ，外務卿から外務大臣にかわっている点に注意しておきましょう。

　井上は1882(明治15)年，列強諸国の代表を東京に集めて**予備会議**を開きます。会議の席で井上は，日本側の改正案を発表し，翌年各国の了解を取り付けています。井上がこのように，いっせいに改正交渉をしようと考えたのは，個別交渉では，ある国が改正に同意しても，他国が反対すれば，せっかくの苦労が寺島外務卿の時のように水の泡になってしまうと考えたからだと思います。

　井上は1886(明治19)年5月から正式会議に入っています。やはり列国の集団会議方式をとりました。

　井上外相は第1に**法権の回復**を求め，翌年，改正案が欧米諸国からほぼ了承されます。

　列国が改正案を認めたのは理由があります。

　領事裁判権を廃止する代償として，政府が次の条件を提示したからです。

①欧米同様の法典を編纂する。ただし，法典を公布する前に諸外国に法律の内容を知らせる。

②2年以内に外国人に対して完全に日本国内を開放する(**内地雑居**)。

③外国人を被告とする裁判には，過半数の**外国人判事**を採用する。

当時日本は，外国人の行動範囲を居留地内に制限していました。井上は，この撤廃を確約したのです。また，領事裁判権を廃止してもらうかわりに，裁判所でたくさん外国人判事を雇い，外国人を裁くさい便宜をはかることを伝えました。

　井上は，極端な**欧化政策**をとって条約の改正交渉を有利にしようと，国民に欧米風の生活を奨励したのです。彼はヨーロッパへの留学経験があり，「日本人をヨーロッパ人のようにすることが，日本が生き残る道である」と考えていました。欧化政策の影響で，洋服や靴などが都市を中心に広がりはじめ，パンとミルクを飲食する人びとも増えてきました。

　欧化政策としては**鹿鳴館外交**が知られています。**鹿鳴館**と称する外国の要人接待用の立派な社交場を東京の日比谷につくり，政府が主催して舞踏会やチャリティーをたびたび開催，わが国がいかに文明国であるかを外国人にアピールしたのです。政府の高官たちは，外国人のダンス講師のもとで練習にはげんでおり，真剣だったことがわかります。

　現在，鹿鳴館は残っていませんが，1883（明治16）年に**コンドル**

鹿鳴館　明治政府が東京の日比谷に建てた外国の要人や外交官を接待する社交場。イギリス人コンドルが設計しました。

5．不平等条約改正の交渉の流れ　　**105**

（イギリスの建築家）の設計で完成した宮殿風の豪華建築で，2階の中央にダンスホールがありました。

　井上の交渉が続いていた1886(明治19)年10月，国民が領事裁判権を屈辱に思い，不平等条約の撤廃を切望させる事件がおこりました。

　横浜港を出港して神戸港へ向かったノルマントン号が，和歌山県沖で座礁して沈没しました。このさい船長のドレークをはじめイギリス人・ドイツ人は全員救命ボートに乗り移り，無事救助されました。ところが，日本人の乗客25名は全員溺死したのです。

　当時，この事故は神戸のイギリス領事ツループによって海難審判がなされ，その結果「乗組員たちは船を離れることを拒んだ日本人を救助しようと力を尽くした。彼らには落ち度はない」と，ドレーク船長ら乗組員全員を無罪としたのです。

　しかし，国内では「イギリス人は日本人を救う気はなく，領事裁判権をいいことに冷酷に見捨てたのだ」とする非難が巻きおこり，一気に排外的な雰囲気が高まりました。

　こうした世論におされ，政府は内海忠勝兵庫県知事にノルマントン号の船長ら乗組員の出港を差し止めさせ，船長らを殺人罪で兵庫イギリス領事庁に告訴させました。このため神戸のイギリス領事庁での予審を経て横浜のイギリス領事庁で本審がなされ，裁判長ジョン＝ハーネンは，救命ボートに人員を配置していなかったことや救命ボートの使用について乗組員の訓練がなされていなかったこと，遭難したさい乗客を救うため十分な人数を派遣しなかったことをあげ，船長に対して禁錮3カ月を申し渡しました。

　これにより，世論も多少落ち着きましたが，このノルマントン号

事件は，当時の国民に領事裁判権という不平等を痛切に感じさせるきっかけになったのです。

井上の交渉内容は，国粋主義者や再結集された自由民権家の批判の的になりました。とくに高知県の民権結社代表の**片岡健吉**が**三大事件建白書**（地租の軽減，言論・集会の自由，外交失策の回復を要求した内容）を元老院に提出すると，全国から民権家の代表が上京して激しい陳情活動を繰り広げました。これを**三大事件建白運動**と呼びましたね。そのスローガンの一つ外交失策の回復は，「井上の改正交渉は失敗である。対等条約を結べ」というものでした。

政府内からも井上のやり方に反対の声があがります。

政府の法律顧問だった**ボアソナード**は，「条約改正の前提条件は，国家主権の侵害であり，現条約よりはるかに害がある」と反対。土佐出身の農商務大臣**谷干城**も，「内地雑居は時期尚早で，ほかの条件も外国人の干渉を許すことになり，こんなものは認められない」と大臣を辞任してしまったほどです。

こうした内外の反対に，ついに井上も改正交渉の継続を断念，欧米諸国に交渉の無期延期を通告し，1887（明治20）年，外務大臣を辞任しました。

そのあとをうけた**大隈重信**外務大臣は，改正内容を極秘にし，日本に好意的な国から**個別に交渉**する方針をとりました。そしてアメリカ・ドイツ・ロシアとのあいだに新条約の調印にこぎつけました。

ところが，箝口令をしいていたはずの条約正文以外の約束内容が，イギリスの**ロンドンタイムズ**にすっぱ抜かれてしまうのです。それは，「条約が発効したら，**大審院**（いまでいう最高裁）における**外国人判事の任用**を認める」というものでした。これによりふたたび政

府内外で強い改正反対論がおこり，1889（明治22）年，大隈は激怒した玄洋社（頭山満が組織した対外硬派団体）の社員である来島恒喜から爆弾を投げつけられ，片足を失う重傷を負ってしまいます。この結果，条約改正交渉は中断。大隈も外相の地位をおりざるを得ませんでした。

●条約改正交渉の成功●

　次の青木周蔵外務大臣ですが，彼は改正交渉にあたって付帯条項をつけるのをやめました。国民が納得しないと考えたからです。こうして一切条件をつけず法権にしぼって交渉を始めました。しかも最初の交渉相手にイギリスを選んだのです。

　当時イギリスは，シベリア鉄道を計画しているロシアの南下を恐れていました。自国が有する中国にもつ利権をおびやかされるからです。ですからこれを牽制するため，ロシアに隣接する日本と友好関係をつくっておきたいと考えていたのです。

　そのためイギリスは，相互対等を原則とする条約改正に同意する態度をみせたので，青木は精力的に改正交渉をおこないました。ところが，対等条約の締結がうまくいくかに思われた1891（明治24）年，大津事件が発生してしまいます。

　同年に来日したロシア皇太子ニコライ（のちの皇帝ニコライ2世）が，琵琶湖遊覧の帰途，滋賀県大津で警備担当の津田三蔵巡査に切りつけられて負傷したのです。

　ロシアといえば，当時は日本と比較にならない大国です。しかもさかんに南に勢力を拡張しようとしていましたから，「この事件を機にロシアと戦争になるかもしれない」と国内が動揺しました。

第1次松方正義内閣は，大事態を引き起こした犯人津田三蔵を死刑にして，ロシア側の慰撫につとめようと考えます。当時，日本の皇族に対して危害を加えた者は**大逆罪**(刑法第116条の皇室に対する罪)で死刑になりました。ロシア皇太子は外国の皇族ですが，政府は大逆罪を適用するよう裁判所に圧力をかけたのです。しかし，時の**大審院長児島惟謙**は，外国の皇族に大逆罪は適用されないとして拒み，津田の行為は普通謀殺未遂罪にあたるとし，無期徒刑(無期懲役)を適用させたのです。こうして児島は司法権の独立を守りました。ちなみに津田は，判決からわずか3カ月後，監獄の中で肺炎により急死しました。

　この外交事件の責任を負って青木外相は辞任，せっかく成功しかけていた対英交渉も頓挫してしまいました。

　青木の後任に任じられたのは**榎本武揚**です。榎本外相は青木案を踏襲して改正交渉を進めようとしましたが，議会は条約改正交渉を延期して国内諸法典の修正を優先すべきだと主張。結局，榎本のもとでは交渉は進捗しませんでした。

　次の**陸奥宗光**外務大臣も青木案を引き継ぎました。ただ，実際に交渉を中心になって進めたのは，イギリス公使に就任した青木周蔵自身でした。

　1894(明治27)年，イギリスとのあいだで法権の回復と税権の一部回復(関税率の引き上げ)，相互対等の最恵国待遇を内容とする**日英通商航海条約**の締結に成功しました。ついで他国とも調印に成功し，1899(明治32)年から新条約はいっせいに施行されていきました。

　残された関税自主権も，1911(明治44)年，**小村寿太郎**外務大臣のもとで**日米新通商航海条約**が結ばれたことで回復され，不平等条約

5．不平等条約改正の交渉の流れ

の締結以来半世紀を経て，日本はようやく欧米諸国と対等な立場に立つことができました。

では，最後に条約改正交渉を表にまとめておきますので，もう一度復習しておきましょう。

条約改正への歩み

年代	担当者	改正案の内容	経過・結果
1872	岩倉 具視	おもに法権回復	米欧巡回，米で改正交渉に入るが，中途で断念
1878	寺島 宗則	税権回復	米，賛成，英・独などの反対により失敗
1882～87	井上 馨	法・税権の一部回復を主眼，外国人判事任用，内地雑居	欧化政策（法典編纂・鹿鳴館）。改正予備会議，国内の反対で失敗
1888～89	大隈 重信	外国人判事を大審院に限る	国別交渉，外国人判事の大審院任用問題で挫折
1891	青木 周蔵	法権の回復・税権の一部回復	英は同意。大津事件で引責辞任，挫折
1894	陸奥 宗光	法権の回復・税権の一部回復	日英通商航海条約締結
1899	青木 周蔵		改正条約発効（有効期限12年）
1911	小村寿太郎	関税自主権の回復	条約満期にともない新条約締結

6 日清戦争と三国干渉

●朝鮮問題●

　日本は1876(明治9)年に日朝修好条規を結んで朝鮮を開国させます。以後、朝鮮国内では、日本に学んで近代国家になろうという親日派勢力が台頭してきます。朝鮮政府内でも国王高宗(コジョン)の外戚閔氏(ミン)一族が、日本に接近をはかっていきます。

　ところが1882(明治15)年、閔氏に失脚させられていた大院君(テウォングン)(国王の実父)を支持する一部の軍隊がクーデタをおこしたのです。この時、一般の民衆も反乱に呼応して日本公使館を包囲し、襲撃しました(壬午軍乱、または壬午事変)。

　民衆がこうした行動に出たのは、日本の商人や商社が進出してきて、国内の経済に打撃を与えたことが一因でした。とくに三菱会社などは、免税特権を利用して日本製のマッチやイギリス製の綿布を大量に販売し、朝鮮の米や大豆などの穀物を買い占めました。もともと朝鮮では、「豊臣秀吉が朝鮮を侵略して民を苦しめた」という悪感情があり、反日感情が急速に広まっていったのです。

　しかし、壬午軍乱は、清国軍の介入によってすみやかに鎮圧され、大院君は清国に連れ去られました。乱後、日本政府は朝鮮に賠償を要求、「賠償金の支払いと日本守備兵の公使館駐留」を認める済物浦条約を締結しました。

　ただ、清国によって政権に復帰できた閔氏は、親日派から親清派へと立場をかえ、日本の朝鮮における影響力は低下してしまいました。

1884(明治17)年，清国はフランスとの戦争(清仏戦争)で敗北しました。この結果を改革の好機だと判断したのが，金玉均(キムオッキュン)ら親日改革派(独立党，開化派)です。彼らは日本公使館の支援を得て漢城でクーデタをおこし，閔氏一派(事大党)を追放しようとしたのです。ところが，事変にまたも清国軍が介入して反乱は制圧され，独立党の政権樹立は失敗に終わってしまいました(甲申事変)。金玉均らは，日本に亡命しました。

　これにより日本は朝鮮半島における主導権を完全に清国に奪われ，日清関係は極度に悪化しました。これ以上事態が悪くならないよう，翌1885(明治18)年，政府は実力者の伊藤博文を清国へ派遣して交渉にあたらせ，相手国の実力者李鴻章とのあいだで天津条約を結ぶことに成功しました。

　この条約の内容は，大きく次の二つがあげられます。
　①日本と清国の軍隊は，朝鮮半島から撤兵すること。
　②今後朝鮮に出兵する時は，あらかじめお互いに通知すること。
　こうして日本は，清国との軍事衝突を防ぐことができ，朝鮮半島が清国軍によって軍事的に制圧されるという最悪の事態も回避することもできたのです。

　しかし2度の事変によって，日本の朝鮮に対する影響力は著しく失われ，逆に清国の影響力は強まりました。同時に，清国や朝鮮に対する日本国内の世論が急激に悪化しました。

　ここで一つ，思い出してください。

　「激化事件の続発」の項で紹介した大阪事件。実はあれは，この甲申事変によって親清派政権ができてしまったことに憤慨した旧自由党左派の大井憲太郎らが，朝鮮の政府高官(閔氏一派)をテロによっ

て殺害し、親日派（独立党）政権を樹立しようということだったのです。国内情勢だけをみていると、なぜ民権家が朝鮮でテロなのかと不思議になりますが、国内の民権運動も世界の動きと連動しているのです。

こうした中で、**福沢諭吉**が**「脱亜論」**を発表します。1885（明治18）年3月16日の**『時事新報』**の社説の文章で、当時大きな話題になった論説です。福沢はこれまで朝鮮を近代的な独立国家にしようと、独立党などの改革・親日グループを支援してきたのですが、甲申事変の結果、親清派政権が強固になると、朝鮮に大きく失望し「脱亜論」を発表したのです。

その内容はいささか過激です。「朝鮮や清国の近代化を待って、いっしょにアジアを繁栄させる猶予はない。日本はむしろアジアから脱して、欧米諸国と同じように朝鮮や清国に接するべきだ」と述べ、日本も欧米諸国とともに東アジアの植民地競争に加わるべきだと主張しています。

日本人すべてがこのような気持ちをもったわけではありませんが、国民の権利を伸張する**民権論**より、国家の発展をめざし、領土の拡大も肯定する**国権論**に共鳴する人びとが増えていきました。その後日本は、まさに福沢が提案したように、欧米諸国同様、東アジアの分割競争に参加していくことになるのです。

●日清戦争の勃発●

天津条約以後、朝鮮に対する影響力を拡大しようと、日本政府はすさまじい軍事力増強を開始します。

1888（明治21）年には、国内の治安対策に主眼をおいていた鎮台を

6．日清戦争と三国干渉　*113*

師団に改編し、翌年、徴兵令の免役規定を撤廃して事実上国民皆兵制度を確立しました。こうして数年のあいだに清国をしのぐ軍事大国になり、戦争準備も整っていきます。清国と戦争しても勝てるという確信も出てきます。

それがよくあらわれているのが、朝鮮政府の**防穀令**をめぐる一連の動きでしょう。

防穀令は、朝鮮政府が米や大豆などの穀物の価格上昇を防ぐため輸出を禁止した法令です。朝鮮の開国後、日本人商人が大量に朝鮮の穀物を日本へ輸出するようになりました。そのため朝鮮の穀物価格が急騰してしまったのです。そこで1889（明治22）年から翌年にかけて、防穀令を出して物価を下げようとしたのです。

閉口した朝鮮の日本人商人は、日本政府に廃止を嘆願しました。このため日本政府は、朝鮮政府に抗議して防穀令を廃止させたうえ、禁輸中の損害賠償を要求、1893（明治26）年に**最後通牒**を突きつけたのです。すでにこの時点で日本は、清国が介入してきて日清戦争がおこってもよいと覚悟していたと思われます。

結局この混乱は、清国が仲介に入り、朝鮮が日本に賠償金を払うことで解決しました。

第2次伊藤博文内閣が、**対外硬派連合**（**対外硬六派**）の条約改正案反対により議会運営に苦しんだことは前に述べました。伊藤は議会に条約励行建議案を提出してきた対外硬派連合に対し、議会の解散で対抗しました。ところが、総選挙の結果、与党である自由党の議席は増加したものの過半数にいたらず、1894（明治27）年5月の第六議会で内閣弾劾不信任上奏案（いまでいう内閣不信任決議のようなもの）が可決されてしまいます。伊藤は仕方なく6月2日、またも

衆議院を解散させました。このピンチを切りぬける一縷の望みが，伊藤にはあったからです。

　それが，朝鮮半島で急速に広まっていた甲午農民戦争でした。

　これは農民の反乱ですが，別名を東学の乱といいます。東学は新興宗教団体の名で，キリスト教を西学と呼んだのに対してつけられた名称で，その教義は仏教・儒教・道教を混淆したようなものでした。その東学の指導者全琫準（チョンボンジュン）らが，農民を扇動して蜂起させたのが大規模な反乱に発展したのです。

　反乱は官僚の腐敗糾弾と西欧・日本勢力の駆逐，外国人商人の行商禁止，封建制度改革など多様な要求をかかげて朝鮮南部の全羅道一帯を占拠するまでに大きくなり，ついに朝鮮政府は清国に出兵の要請をします。そこで清国は，天津条約にしたがって出兵を日本に通告します。

　主戦派の外務大臣陸奥宗光は，在留邦人保護の名目で出兵すべきだと提案。その意見がとおり，日本軍も対抗して朝鮮半島へ上陸しました。

　反乱軍はこれをみて朝鮮政府と和解したので，首都の治安も回復しており，日本軍はすべきことはありませんでした。そこで朝鮮の大鳥圭介公使は，「これ以上日本軍が滞在していると，欧米諸国が疑念をいだきます」と外務省に撤兵要請の打電をしました。ところが逆に陸奥外相は，大鳥に対し「どんな手を使ってでも，戦争をおこせ」と命じたのです。同時に，条約改正交渉の相手国イギリスからも好意的中立を取り付けることに成功しました。

　日本政府（陸奥）は，清国に「朝鮮政府を共同で改革しよう」と提案します。清国が「他国の政治に干渉すべきでない」と断ると，ただ

6．日清戦争と三国干渉　　*115*

ちに断交しました。

　一方,朝鮮政府に対しては,大鳥公使を通じて期限付きの改革案を突きつけ,欧米諸国が干渉してこないと判断した7月23日,日本軍は首都ソウルに乱入し,**大院君**を奉じて朝鮮政府(閔氏政権)を倒し,大院君に「清国軍を追い払え」という要請を日本軍に出させたのです。

　これにより日本軍は25日,牙山(がざん)(アーサン)に駐留していた清国軍に戦いをしかけ,同時に海上でも**豊島沖の海戦**をおこし,日清戦争が開始されました。

　伊藤内閣が意図したように戦争の勃発で,議会は内閣攻撃を中止し,第七議会では政府が出した戦争に関する臨時予算案や法律案を

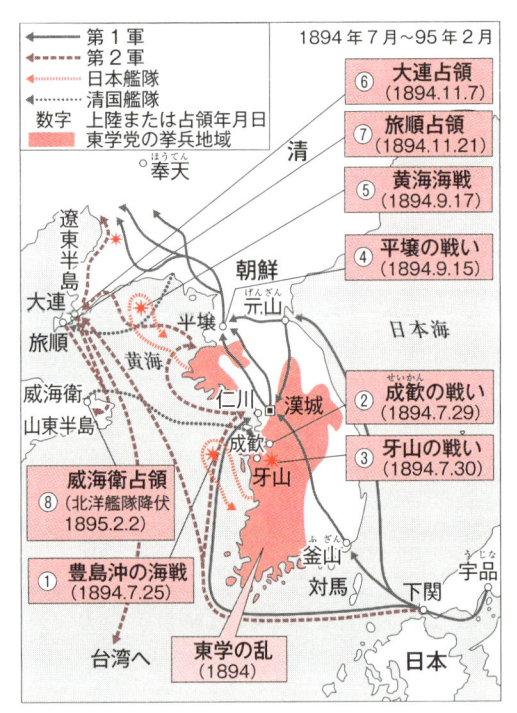

日清戦争の経緯

116　第3章　立憲国家の成立と日清戦争

すべて通過させました。日清戦争の戦費は約2億円余りで，当時の国家歳入の約2倍強でした。

伊藤内閣は崩壊の危機を脱したのです。

戦局は，日本軍の圧倒的有利な状況のもとで進んでいきました。兵器の新旧，軍隊の練度や規律，兵士の志気において，日本軍が格段に勝っていたからです。日本軍はすさまじい速さで清国軍を打ち破りながら朝鮮半島を北上，清国内(満州)にまで進攻し，**遼東半島**の**大連・旅順**を占領，山東半島も占拠しました。

海戦においても，豊島沖の海戦で勝利した後，**黄海海戦**に勝って制海権をにぎり，清国北洋艦隊が基地にしている**山東半島**の**威海衛**を水陸から攻めて占拠し，艦隊を壊滅させました。

●下関条約と三国干渉●

清国は緒戦において日本軍にかなわないと判断，早期休戦をめざしてイギリスに仲介を依頼しますが，日本は戦いに大勝しているのに，すぐに和平交渉に応じるのは損だとそれを拒み，イギリスも調停をあきらめました。

結局，講和条約が締結されるのは，1895(明治28)年4月のことでした。

条約交渉は山口県の下関でおこなわれたので，**日清講和条約**を**下関条約**と呼びます。日本の全権は，**伊藤博文**と**陸奥宗光**，清国の全権は**李鴻章**でした。

下関条約のおもな内容は，以下の4点です。

①清国は，**朝鮮の独立**を認める。
②清国は日本に，**遼東半島**および**台湾・澎湖諸島**をゆずる。

6．日清戦争と三国干渉　　*117*

③清国は日本に，**2億両**の賠償金を払う。

④清国は日本に，新たに**沙市・重慶・蘇州・杭州**の4港を開く。

2億両というのは，当時の日本の金額にして**約3億1000万円**になります。日本の国家歳入(収入)が約1億円弱だったので，これはばく大な額です。

日本は戦争で2億円使いましたが，十分おつりがくる大金でした。さらにその後，3000万両を追加されます。日本円にして4600万円。このお金は日本が清国に遼東半島を返す代償(還付報償金)でした。

それにしてもなぜ日本は，半島を返してしまったのでしょうか。

実は下関条約の調印が済んだ直後，**ロシア**が**フランス**と**ドイツ**を誘って遼東半島の返還を日本に要求したため，返すことにしたのです。

ロシアの言い方は婉曲でした。

「日本が遼東半島を所有すると，清国の首都北京は常に脅威にさらされることになります。朝鮮の独立も有名無実になってしまいます。極東の永久的な平和を考えると，日本が半島を領有するのは好ましいと思えません。わが国は，誠実な友情の気持ちから日本国

東アジアの国際関係 フランス人ビゴーが描いた風刺画です。左が日本人，右が中国人，橋の上にいる真ん中の人物がロシア人。そしてねらっている魚は朝鮮半島です。

政府に遼東半島の返還をお願いするのです。」

　もちろん，遼東半島の返還要求は，誠実な友情からではありません。日本が半島を支配すると，ロシアの南下政策に支障をきたします。ロシアは不凍港（冬に凍らない港）が欲しくて，昔から領土を南へと拡張してきました。いずれは遼東半島を含む満州地域，さらには朝鮮半島へと勢力を広げてゆくつもりでした。それが日本に遼東半島を制圧されてしまっては，南下政策は進みません。だから，阻止しようとしたのです。

　日清戦争に勝ったとはいえ，当時の日本は軍事大国のロシアに勝つ力はありません。そのためロシアら三国の要求にしたがい，3000万両を代償に遼東半島を清国に返還したのでした。この出来事を**三国干渉**といいます。

　それから3年後，ロシアは租借（借用）という名目で，遼東半島の大連と旅順を清国からゆずりうけ，半島全体を支配下においたのです。

　その後，「**臥薪嘗胆**」という標語に代表される国民のロシアに対する敵意の増大を背景に，政府は軍備の拡張につとめました。日清

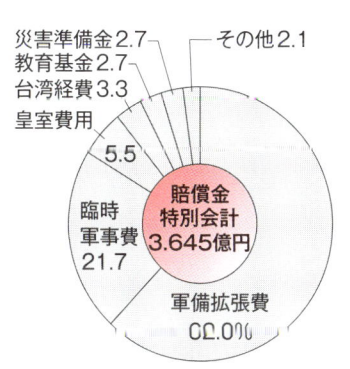

```
災害準備金 2.7 ─── その他 2.1
教育基金 2.7
台湾経費 3.3
皇室費用
　　　5.5
臨時
軍事費        賠償金
21.7         特別会計
             3.645億円

             軍備拡張費
             62.0％
```

日清戦争の賠償金の使途（『明治財政史』より）

6．日清戦争と三国干渉　119

戦争の賠償金の62.0％は軍備拡張費，21.7％が臨時軍事費，あわせて8割以上が軍備に投入されましたが，ロシア憎しに燃える国民は反対しませんでした。

　初めての植民地である台湾ですが，1895（明治28）年に海軍軍令部長の**樺山資紀**を**台湾総督**に任命し，抵抗する住民を徹底的に武力で制圧しました。その後も台湾総督には，陸海軍の大将・中将が任じられ，軍事指揮権だけでなく，行政・立法・司法の三権をもちました。1898（明治31）年以後，**児玉源太郎**台湾総督のもとで，民政局長の**後藤新平**は民政に力を入れ，土地調査事業に着手して土地制度の近代化をはかります。さらに**台湾銀行**や台湾精糖会社が設立され，産業の振興がはかられました。

　台湾の統治は，富裕層（地主や豪商）などを懐柔しながら進められていきました。こうして近代化をとげた台湾ですが，貧しい農民などの民衆は，日本の支配に抵抗してたびたび武装蜂起し，それは植民地支配が終わる1945（昭和20）年まで続きました。

第4章

日露戦争と国際関係

1 日清戦争後の政治

●政党内閣の成立●

　日清戦争によって政府と政党の関係は大きくかわりました。内閣と議会の激しい対立は、日清戦争の勃発によって解消されてしまったからです。

　国民が団結せねば勝てないという危機意識が、政党を内閣に協力させたのでしょう。前述のとおり、第2次伊藤博文内閣が提出した戦争時の軍事拡張予算、これを民党は第七議会ですんなり通してしまっています。全会一致の臨時予算案の通過です。

　さて、戦後です。

　自由党は伊藤内閣に接近、第九議会では政府の予算案や法案に全面的に賛成し、政府の与党になったも同然でした。伊藤首相のほうも、1896(明治29)年、公然と**自由党**の**板垣退助**を**内務大臣**として入閣させました。

　同年、第2次伊藤内閣は退陣し、**松方正義**が第2次内閣を組織します。松方首相は、第2回衆議院議員総選挙で選挙干渉をおこない、民党の恨みを買った薩摩出身の政治家ですね。そんな松方も、**進歩党**と提携して**大隈重信**を**外務大臣**として入閣させ、軍備を拡張

したのです。もはや政党を無視しては，政治ができない時代になってきたわけです。第２次松方内閣には大隈が入閣したので**松隈内閣**と呼ばれました。

　松方首相は蔵相も兼任し**金本位制**を確立しますが，やがて地租増徴をめぐって進歩党と対立，大隈は下野してしまいます。そのため自由党と提携しようとしますが拒否され，第十一議会で内閣不信任決議が可決され，松方は議会を解散したものの事態収拾の見込みが立たず，1898（明治31）年１月に総辞職しました。

　かわって成立した第３次伊藤博文内閣は，総選挙で伸び悩んだ自由党との提携をあきらめ，超然主義にもどりました。

　当時は日露戦争に向け軍事力を大幅に増強していたので，陸海軍は予算の増額を強く内閣に要求してきました。そこで伊藤首相も松方同様，地租の率を上げて，その財源をひねり出そうと決意，第十二議会に**地租増徴案**を提出しました。地租2.5％から４％に増やすという提案です。

　これには自由党と進歩党は強く反対しました。地租増徴案の反対で一致した両党は同案を議会で否決するとともに，合体して**憲政党**を創立しました。こうして衆議院の中に，絶対多数を有する巨大政党が誕生したのです。

　伊藤首相は議会を解散して対抗したものの，議会運営の見通しを失い，総辞職してしまいました。

　藩閥政治家の中には，憲政党に対抗して巨大な政府政党をつくろうとか，憲法を停止して地租増徴をしてしまえといった意見も出ましたが，伊藤首相は辞職のおり，明治天皇に「憲政党の大隈重信と板垣退助に内閣を組織させてほしい」と上奏したといいます。明治

天皇は政党の手に政権がわたることを心配したようですが，結局，伊藤の言い分がとおりました。
　こうして内閣総理大臣兼外務大臣に大隈重信が，内務大臣に板垣退助が就任し，そのほか陸・海軍大臣以外はすべて憲政党員が国務大臣をつとめる，日本で初めての政党内閣が誕生したのです。
　第1次大隈内閣は，大隈重信と板垣退助の一字をとって，俗に隈板内閣といいます。しかし隈板内閣は，わずか4カ月で退陣してしまいました。
　保守的な貴族院が内閣に抵抗したことに加え，かつての自由党系と進歩党系とのあいだで派閥抗争，仲間割れがおこったのです。
　分裂の直接のきっかけは，共和演説事件です。
　文部大臣の尾崎行雄は，帝国教育会の夏期講習会の席で，政治の金権体質を痛烈に批判し，「絶対ありえないと思うが，もし日本で共和政治が実現したら，きっと三井や三菱のような金持ちが大統領候補になるだろう」と口をすべらしたのです。天皇制を絶対視する明治の世にあって，その言動は不用意すぎました。
　藩閥勢力（枢密院・貴族院・宮中）は絶好の機会が到来したとばかりに，尾崎の発言を非難しました。また，尾崎は旧進歩党に属していたので，憲政党内の旧自由党の人びとからも批判の声があがりました。さらに，政党内閣を好まなかった明治天皇も，侍従を大隈首相のもとに遣わし尾崎を免職にするよう求めました。
　さすがに天皇の意向には逆らえず，尾崎は文部大臣を辞任しました。憲政党の分裂は，その文部大臣のポストをめぐって発生します。進歩党系と自由党系が熾烈な争いを演じ，旧進歩党系の犬養毅が文部大臣に任じられると，旧自由党系は勝手に憲政党大会を開き，

1．日清戦争後の政治　　123

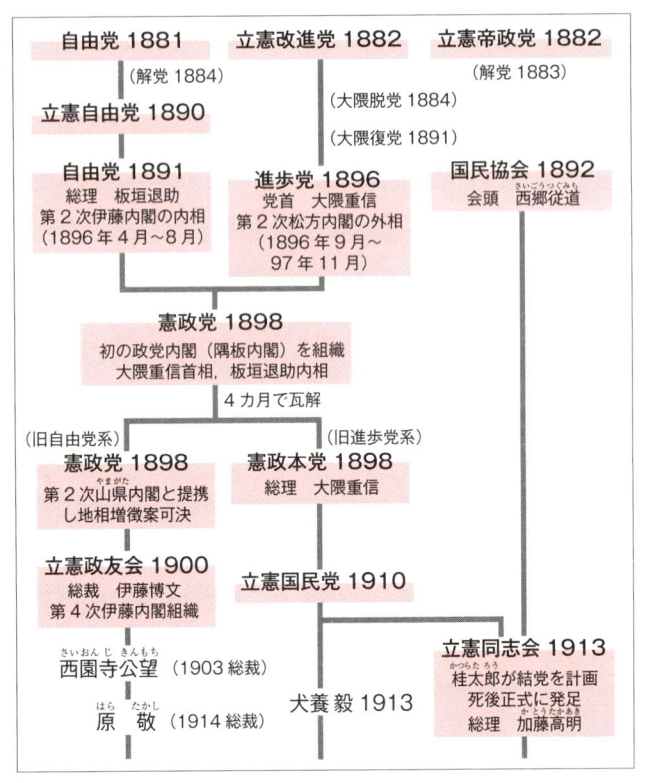

```
自由党 1881      立憲改進党 1882    立憲帝政党 1882
  │(解党 1884)        │                  (解党 1883)
立憲自由党 1890      │(大隈脱党 1884)
  │                  │(大隈復党 1891)
自由党 1891        進歩党 1896         国民協会 1892
総理 板垣退助      党首 大隈重信       会頭 西郷従道
第2次伊藤内閣の内相 第2次松方内閣の外相
(1896年4月〜8月)   (1896年9月〜
                   97年11月)
        │            │
       憲政党 1898
       初の政党内閣(隈板内閣)を組織
       大隈重信首相, 板垣退助内相
            4カ月で瓦解
    (旧自由党系)        (旧進歩党系)
   憲政党 1898         憲政本党 1898
   第2次山県内閣と提携   総理 大隈重信
   し地租増徴案可決
   立憲政友会 1900     立憲国民党 1910
   総裁 伊藤博文
   第4次伊藤内閣組織
                                   立憲同志会 1913
   西園寺公望(1903総裁)              桂太郎が結党を計画
              犬養 毅 1913         死後正式に発足
   原  敬  (1914総裁)               総理 加藤高明
```

政党の流れ

憲政党の解党を宣言するとともに，新たな憲政党の創設を決定してしまったのです。こうして大隈内閣は瓦解し，日本初の政党内閣は短い寿命を終えたのでした。

●立憲政友会の誕生●

　政党内閣が短命に倒れた後，政権をにぎったのは陸軍閥や官僚閥に力をもつ山県有朋でした(**第2次山県有朋内閣**)。そんな内閣の性格を知りながら，**憲政党(旧自由党系)**は閣外協力を表明，以前は反対だと主張していた**地租増徴案**を，憲政本党(進歩党系)の反

124　第4章　日露戦争と国際関係

対をおさえて議会で通過させたのです。地租は2.5％から3.3％と小幅な増徴で，かつ5年間の時限立法だったとはいえ，憲政党の大きな方向転換であったことは確かです。

やはり，与党であり続けたいと思い，こうした方針変更をおこなったのでしょう。

しかし山県は，政党の影響が官僚・武官層におよばないよう，法律を改正・新設していきます。

1899（明治32）年には**文官任用令が改正**されました。一般の官僚は，任用制度が決まっていましたが，各省次官などの高級官僚である**勅任官**については，何の規則もありませんでした。そのため閣僚が自分の気に入った人物を，勅任官に取り立てることが多かったのです。

隈板内閣時代も，憲政党員の多くが高級官僚に採用されました。

このように，政策を遂行する官僚の頂点に立つ人びとが政党員であれば，政党の影響力は官界全体におよびます。そこで山県は，勅任官も文官高等試験に合格していなくてはいけないという任用資格規定を設け，政党内閣が誕生しても専門の知識・経験のない政党員が，高級官僚になることがないよう法改正をしたのです。

同時期に制定された**文官分限令・文官懲戒令**も同じ目的から出されたものでした。これにより，国務大臣以外の行政官の身分保障を強め，政党の影響から官吏を守ろうとしたのです。

ただ，大臣・知事・公使などの**親任官**と呼ばれるさらに上級の官僚は，文官任用令に該当しませんので，覚えておいてくださいね。

翌1900（明治33）年の**軍部大臣現役武官制**も，政党の力が軍部におよぶのを防ぐねらいで制定されたもので，内閣の軍部（陸・海軍）大

1．日清戦争後の政治　*125*

臣は，現役の大将・中将以外は認めないことを明記しました。つまり政党員は軍部大臣には就任できないことになったのです。

この制度が成立したことで，陸海軍は後任の陸・海軍大臣の推薦を拒否し，組閣を妨害したり，内閣を倒すことが可能になり，のちに大きな問題に発展します。

さらに労働運動・農民運動・社会主義運動を弾圧するために，同1900（明治33）年に治安警察法を制定しました。

結社・集会の届け出義務化，軍人・警察官・教員・学生・婦女子などの政社加入と政治演説集会参加の禁止，労働者・小作人の団結と争議行為の制限・禁止などが内容として盛り込まれ，違反すると処罰されるというものです。

こうした山県の一連の政党弾圧的な政策に批判的になった憲政党は，閣外協力をやめました。山県首相が憲政党員を入閣させなかったことも離脱の原因でした。

下野した憲政党は，憲政本党と結んで倒閣に動くとともに，伊藤博文が新政党の創設を志向していることを知り，1900（明治32）年，解党して伊藤派の官僚とともに，伊藤博文を総裁とする立憲政友会を結成しました。

自由党系の憲政党が，仇敵だった藩閥の代表的政治家のもとに結集したことに対し，野合（合流）をなげいた社会主義者幸徳秋水は，『万朝報』に「自由党を祭る文」を載せ，憲政党員の変節を批判しました。

伊藤は，立憲政友会を率いて第4次伊藤内閣を組織します。立憲政友会が組織されるとすぐに，山県が内閣を総辞職し，次の首相に伊藤を推薦したからです。立憲政友会に政権を任せたのは，結党

まもない立憲政友会にうちわもめを起こさせ、党をつぶそうという策略でした。

　第4次伊藤内閣は、外務大臣の加藤高明、陸・海軍大臣以外はすべて立憲政友会員で占められる政党内閣でした。

　そして、貴族院が砂糖消費税・酒税など、伊藤内閣の提案した増税案をことごとく否決します。貴族院は、かつて伊藤自身が藩閥（官僚・軍人閥）勢力を維持するため、華族を中心に組織した議院です。それが皮肉にも、自分を苦しめることになったわけです。さらに、貴族院に憲政本党が接近し、内閣を攻撃します。

　結果、伊藤内閣は翌1901(明治34)年に退陣しました。

　次に内閣を組織したのは桂太郎です。長州出身で山県有朋の後継者。つまり官僚・軍人・貴族院勢力を背景にしています。

　対して伊藤の後継者となった西園寺公望を総裁とする立憲政友会も、桂の勢力と政界を二分する力をもつようになります。

　伊藤や山県は政界の表舞台から去って元老となります。これは、天皇の補佐役です。正式な法律や規定があるわけではなく、議会が開設された頃、明治天皇が非公式に「何か重要な件がある時は私の諮問に答えてくれ。国家有事のさいは私の補佐をしてほしい」と勅をくだし、国家の元勲として優遇したのが始まりです。

　元老は、最終的に9名。伊藤博文(長州)、黒田清隆(薩摩)、山県有朋(長州)、松方正義(薩摩)、井上馨(長州)、西郷従道(薩摩)、大山巌(薩摩)、桂太郎(長州)、最後に西園寺公望(公家)が大正天皇から元老に任じられます。

　西園寺以外はみな薩摩・長州出身者で、元老が薩長藩閥の実力者で構成されていることがわかります。

元老一覧

人　物	期　　間	出身	元老以前の役職
伊藤博文	1889〜1909	長州	参議・内務卿・首相
黒田清隆	1889〜1900	薩摩	参議・開拓使長官・首相
山県有朋	1891〜1922	長州	参議・陸軍卿・首相
松方正義	1898〜1924	薩摩	参議・大蔵卿・首相
井上　馨	1904〜1915	長州	参議・外務卿・外相
西郷従道	？〜1902	薩摩	参議・海相・内相
桂　太郎	1911〜1913	長州	台湾総督・陸相・首相
大山　巌	1912〜1916	薩摩	参議・陸軍卿・陸相
西園寺公望	1912〜1940	公家	首相・政友会総裁

　元老は，元老会議を開いて首相候補者を天皇に推薦するのが慣例となり，首相の選任権をにぎり，内閣の背後から影響力を行使しました。また，のちの日英同盟や日露戦争の開始でも，大きな権限をもちました。

2 中国分割と日露戦争

●中国分割●

　日清戦争後，清国の弱体ぶりを知った欧米列強は，領土を租借（借りる）するという名目で清国内に勢力範囲を設定していきます。これを**中国分割**と呼んでいます。

　以下に，列強諸国の中国租借地を列記しておきます。

ドイツ：**山東半島**の**膠州湾**（1898年）
ロシア：**遼東半島**の**旅順**・**大連**（1898年）
イギリス：**九龍半島**・**威海衛**（1898年）
フランス：**広州湾**（1899年）

　列強は租借地に積極的に鉄道建設を進め，ヨーロッパ風の町をつくっていきました。

　日本も日清戦争で獲得した台湾を拠点にして対岸の**福建省**へ勢力を広げていき，欧米列強と同じように中国分割に参加しようとしました。

　この時期，急速に力をのばしてきたアメリカは，中国分割を目にして外交姿勢を変えていきます。

　1823年，アメリカ大統領モンローは「アメリカはヨーロッパの事態には干渉しないので，ヨーロッパ諸国の介入も拒否する」と宣言（**モンロー宣言**）。以後，**不干渉・孤立主義**の立場をつらぬいてきました。ところが1899（明治32）年，国務長官**ジョン＝ヘイ**は，日本を含めた列国に対し，「清国における通商の自由を保障し，門戸を開放してもらいたい」（**門戸開放・機会均等**）という通告書を送り，中

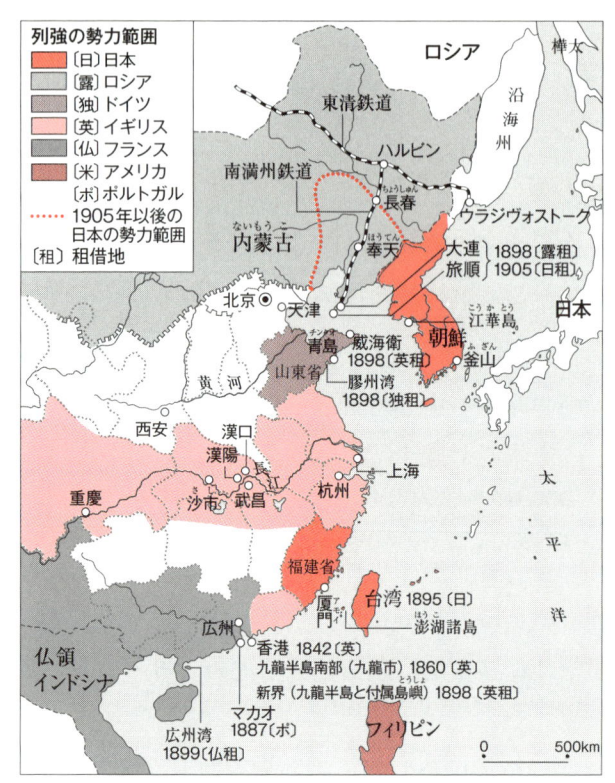

列強の勢力範囲
〔日〕日本
〔露〕ロシア
〔独〕ドイツ
〔英〕イギリス
〔仏〕フランス
〔米〕アメリカ
〔ポ〕ポルトガル
⋯⋯ 1905年以後の日本の勢力範囲
〔租〕租借地

列強による中国の分割

国大陸への経済的進出を明言したのです。

　その前年の1898（明治31）年，アメリカはハワイ諸島を併合しており，ついでフィリピン群島を領有するなど，太平洋に進出していました。

　清国の民衆は自国の悲惨な状況に，屈辱といきどおりを感じており，これを背景に1900年，義和団が立ち上がりました。

　義和団は，新興の排外主義的宗教集団です。呪文をとなえ呪符を焼いた灰を飲むと，鉄砲弾に当たっても死なないと信じ，独自の運動で身体を鍛えました。義和団は「扶清滅洋」をとなえました。「清

国を扶けて、西洋諸国を滅ぼせ、追い払え」という意味です。日本もこの「洋」に含まれています。

　義和団は山東省を制圧し、やがて首都北京に乱入して欧米列国の公使館を包囲しました（義和団事件）。

　すると清国政府は、乱を鎮圧するどころか、義和団に同調して列国に宣戦布告（北清事変）したのです。

　これに対して列国は、日本をはじめイギリス・ロシア・フランスなど8カ国が軍隊を派遣、連合軍は北京の義和団を鎮圧し、清国を降伏させました。この時、日本はイギリスの要請で2万2000人を派遣しており、連合軍のうち最大数でした。

　1901年、列国は、清国とのあいだで北京議定書を結び、清国から多額の賠償金をとり、北京の公使館の所在地域における治外法権と公使館守備隊の駐留などを承認させました。つまり清国は、外国軍の駐留を許してしまったのです。

●日英同盟の締結●

　この頃から日露関係は急速に悪化します。日本に圧力をかけて返還させた遼東半島にある旅順・大連の港を、ロシアは1898年に25年間契約で清国から租借したのです。さらに北清事変以後、ロシアは大軍を満州（現、中国東北部を占める東北3省の旧称）に駐屯させたまま撤兵しようとせず、やがて清国に対し、満州におけるロシアの独占的権益を認めさせたのです。

　日清戦争は朝鮮半島にも影響を与えました。下関条約で日本は、清国に朝鮮が独立国であることを認めさせましたが、宗主国であった清国の敗北により、朝鮮政府は独立国であることを主張し、ロシ

2．中国分割と日露戦争　　*131*

アと親密になることで日本の影響下から逃れようとしたのです。

実は三国干渉の直後，朝鮮で政変がおこり，日本軍が擁立した大院君政権は倒れ，閔妃一派がふたたび政権の座についていたのでした。

日本の駐朝公使三浦梧楼は，朝露両国の緊密化を防ごうと，大院君の擁立を企て，1895年，日本公使館の守備兵に朝鮮王宮を占拠させ，朝鮮宮廷の実力者閔妃を殺害しました。しかしこの行為は朝鮮国民の強い怒りを買うとともに，朝鮮国王高宗はロシア公使館に逃げ込み，結果として朝鮮に親露政権が誕生してしまったのです。親露政権は日本に対抗する意味もあって，1897年，国号を大韓帝国(韓国)と改め，朝鮮国王も皇帝を名乗るようになりました。

こうした状態になったうえ，朝鮮半島のすぐ北に位置する満州に，ロシアの大軍が駐屯するという事態は，日本政府のロシアに対する協調政策の転換を迫りました。

しかし，政府内には伊藤博文のように，満韓交換を主張する者もいました。満とは満州，韓とは韓国です。つまり，ロシアに満州経営の自由を認めるかわりに，ロシアに韓国における日本の優越権を認めさせる交渉をおこなうとする日露協商論です。しかし，伊藤のロシアとの交渉はうまくいきませんでした。

第1次桂太郎内閣は，イギリスと軍事同盟を結んで，韓国における日本の権益を守るという方針をとりました。

1902(明治35)年に日英同盟協約が締結されました(日英同盟)。

イギリスは特定の国と同盟を結ばず，「栄光ある孤立」を自賛していました。そんなイギリスが同盟を締結したのは，ロシアの南下を防ぐためでした。東アジアでのロシア勢力が強くなり，イギリスの

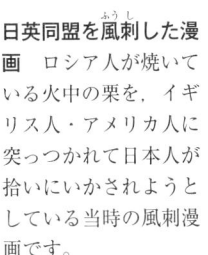

日英同盟を風刺した漫画 ロシア人が焼いている火中の栗を，イギリス人・アメリカ人に突っつかれて日本人が拾いにいかされようとしている当時の風刺漫画です。

利権が侵害される危険が出てきました。ロシアは完成しつつあったシベリア鉄道で，すばやく大軍を極東に送り込めます。しかしイギリスはそれが不可能なので，利害関係を同じくする日本と同盟を結び，ロシアを牽制しようとしたのでしょう。

以下が日英同盟協約のおもな内容です。

①互いに清国および韓国の独立と領土の保全を認めあう。
②互いに清国における両国の利益と韓国における日本の政治・経済・産業上の利益を認めあう。
③同盟国の一方が他国と交戦した場合，他の同盟国は厳正中立を守る。第三国が相手側として参戦した場合には，他の同盟国も参戦する。

とくに③の規定によって，日本は他国の干渉を心配せず，ロシアとの戦争を遂行できることになりました。

日英同盟の締結後もロシア軍が満州に駐留し続けたので，政府はロシアとの外交交渉を続けるとともに，戦争の準備も進めていきました。

国民のあいだでは日英同盟が結ばれると主戦論が高まり，『国民

新聞』の徳富蘇峰など多くの新聞社がこれを盛り上げていきます。1903（明治36）年には，決戦をさけぶ対露同志会（近衛篤麿や頭山 満らが組織）や戸水寛人・富井政章を中心とする東京帝国大学の七博士が強硬な主戦論をとなえ，世論を先導していきました。

　日本国内の一部では，非戦論・反戦論もみられました。

　キリスト教の人道主義の立場から内村鑑三が非戦論を，また社会主義の立場から幸徳秋水・堺利彦らが非戦論や反戦論を展開しました。もともと幸徳や堺は『万朝報』の記者で，同紙にそうした持論を発表していました。しかし，1903（明治36）年に『万朝報』が主戦論に転じると，新聞社を退社して平民社をつくり，週刊誌『平民新聞』を創刊して非戦論をとなえ，開戦後も戦争に反対し続けました。

　歌人の与謝野晶子は，出征（戦争に赴くこと）する弟に「死なないで生きて帰って来てほしい」という心のさけびを歌にした「君死にたまふこと勿れ」を，1904（明治37）年，詩歌雑誌の『明星』に発表しています。同じく詩人の大塚楠緒子も，戦時中の1905（明治38）年，『太陽』に「お百度詣で」という反戦詩を発表しました。

●日露戦争とポーツマス条約●

　1904（明治37）年初め，日露交渉は決裂。同年2月，両国は互いに宣戦布告をして日露戦争が始まりました。

　今度の戦争は日清戦争と違い，機関銃や速射砲といった新兵器が投入され，本格的な近代戦，前代未聞の物量戦となったので，日本は総力戦を強いられました。

　日本はイギリスに加え，ロシアの満州占領を嫌うアメリカ（実はアメリカは満州に進出したがっていた）の支持を取り付けることに

も成功し，両国民にばく大な公債(外債)を購入してもらい，戦費を調達しました。17億円の戦費のうち7億円分は外債でした。

戦争は激しい衝突をくり返しながら，基本的に日本軍の優勢のうちに展開していきます。おもな戦いと地図をあげておきますね。

＜陸戦＞
遼陽会戦(1904年8月～9月)
沙河会戦(1904年10月)
旅順総攻撃(1904年8月～翌年1月)
奉天会戦(1905年3月)

＜海戦＞
旅順港閉塞(1904年2月～5月)

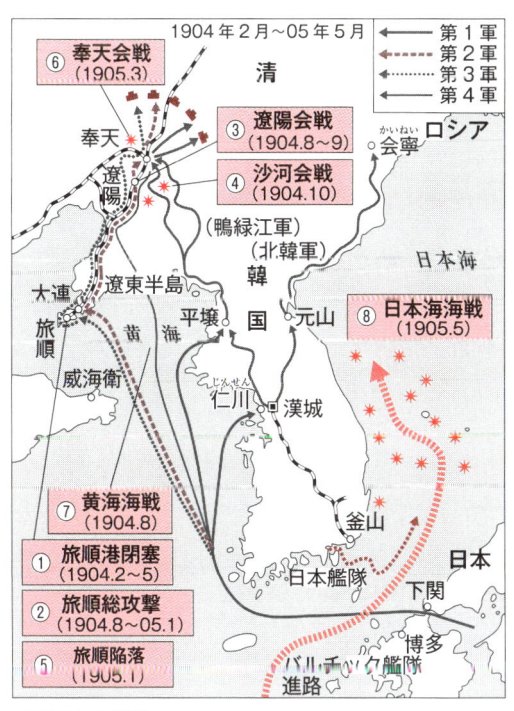

日露戦争の経緯

2．中国分割と日露戦争　　*135*

黄海海戦（1904年8月）

日本海海戦（1905年5月）

　1905（明治38）年3月に奉天会戦で辛勝した時点で，陸戦での軍配はほぼ日本側にあがりました。それでもロシア皇帝ニコライ2世が和平に応じようとしなかったのは，バルチック艦隊に期待していたからです。ロシアは，自国の艦隊をアジアの太平洋艦隊とヨーロッパのバルチック艦隊に二分しており，すでに太平洋艦隊は日本の連合艦隊にほぼ全滅させられていましたが，日本の連合艦隊と同規模のバルチック艦隊がヨーロッパからアジアに向かっていたのでした。この艦隊が極東ロシア領のウラジヴォストーク港に入れば，戦況はかわってきます。

　陸軍についてもロシアには予備軍がありました。疲弊していた日本陸軍とは異なり，数十万の無傷な兵がヨーロッパ大陸に健在だったのです。

　バルチック艦隊は，大海のどこからウラジヴォストークに入るかはわかりません。しかし東郷平八郎率いる連合艦隊は，対馬沖に的をしぼって待ち伏せ，そのねらいが当たり，同年5月，日本海海戦で敵を全滅させることができました。

　ここにおいてロシア皇帝ニコライ2世も講和を結ぶのもやむを得ないと考えました。ロシア国内で革命運動が高まっていたことも，戦争継続を困難にさせた一因でした。もちろん日本も，長期にわたる戦争は，国力の許すところではありませんでした。

　1905（明治38）年9月，アメリカ大統領セオドア゠ローズヴェルトの斡旋によって，ワシントン近くの軍港ポーツマスで日露講和条約（ポーツマス条約）が結ばれました。

日本の全権は小村寿太郎。ロシアの全権はウィッテ。

交渉の結果成立したポーツマス条約の内容は，以下のとおりです。

①ロシアは，韓国における日本の指導・監督権を全面的に認める。

②ロシアは，旅順・大連の租借権と長春以南の鉄道とそれに付属する利権を日本にゆずる。

③ロシアは，北緯50度以南のサハリン（樺太）と付属の諸島を日本にゆずる。

④ロシアは，沿海州とカムチャツカの漁業権を日本に認める。

この条約により，日本は朝鮮半島を勢力下におき，ロシアの南下を阻止できたわけですから，当初の戦争目的は達成されたといえるでしょう。

ところが国民は，条約の内容に不満でした。日清戦争同様，多額の賠償金を獲得できると考えていたからです。日本軍の勝利を政府やマスコミが誇大に報じたことも原因です。

「臥薪嘗胆」を合い言葉に，国民はロシアに勝つために10年間も軍拡に協力。戦時中は増税で3億2000万円の戦費がまかなわれました。そのうえ国民は国債を積極的に買いました。それが約6億円。さらに郵便貯金をして国に協力したのです。

人的犠牲も膨大な数でした。出征者110万人のうち約9万人が死に，約13万人が負傷しています。国民の多くは戦地の兵士に物資を寄付しました。さらに，兵士の留守家族の面倒は，農村や町が全体で協力してみました。

そうした犠牲のうえに立って，日本は勝利を手にしたのです。

なのに1円もロシアから賠償金を引き出せなかったわけで，国民の怒りは当然でした。かくして講話条約調印の日（9月5日），日比

2．中国分割と日露戦争　*137*

谷公園で開かれていた講和反対の国民大会は大暴動に発展，内務大臣官邸や交番，政府系新聞社が破壊されたり，放火されたりしました（**日比谷焼打ち事件**）。その規模の大きさに，政府は**戒厳令**をしいて軍隊を出動させましたが，こうした暴動は，全国各地で約1カ月間も続きました。

3 韓国併合と日露戦後の中国

●韓国併合●

日露戦争後の日本は、勝利で得た大陸進出拠点を維持することにつとめます。

韓国については**ポーツマス条約**で、日本の指導・監督権をロシアに全面的に認めさせましたね。

実は日露戦争中より、韓国を保護国、あるいは植民地とすべきだという主張が強くなっていきました。日本政府は、**韓国の保護国・植民地化**を進めていきます。

日露戦争が始まってすぐの1904(明治37)年2月、日本は韓国と**日韓議定書**を締結します。日露戦争の遂行にさいし、日本軍に必要な便宜を与えることを韓国政府に約束させる内容で、韓国の領土の保全を約束するという文言が含まれていたものの、事実上の戦争への協力の強要でした。

さらに、同1904(明治37)年8月、**第1次日韓協約**を結びます。これにより韓国政府は、**日本政府が推薦する財政・外交顧問**をおき、重要な外交案件については事前に日本政府と協議することになりました。

戦後、韓国の保護国化に関して、日本政府は三国干渉の失敗をくり返さないよう、事前に列国に了承を取り付けていきます。

1905(明治38)年7月、アメリカとのあいだで非公式に**桂・タフト協定**(桂太郎首相と米国特使陸軍長官タフトとのあいだの覚書)を結びます。アメリカが領有するフィリピンへの野心が日本にな

いことを明言し，かわりにアメリカに日本の韓国指導権を認めさせる内容です。

同年8月，政府は日英同盟協約を改定し，イギリスのインド支配を認め，同盟の範囲をインドにまで広げることで，イギリスに日本の韓国保護国化を了承させました。

このような承認を取り付けたうえで，ポーツマス条約が調印された2カ月後の1905（明治38）年11月，日本は韓国に圧力をかけて第2次日韓協約に調印し，韓国から外交権を奪い，韓国皇帝のもとに統監をおいて外交に関する事務をつかさどらせることにしました。統監府は漢城（ソウル）におかれ，初代統監には伊藤博文が就任しました。

日本の支配強化に反発した韓国皇帝の高宗は，1907（明治40）年，オランダのハーグで開かれていた第2回万国平和会議に密使を送って日本の不当支配を訴えようとしましたが，すでに列国は日本の韓国保護国化を承認していたので，韓国には外交権がないという理由で，その主張を無視しました（ハーグ密使事件）。

統監の伊藤博文はハーグ密使事件を知って厳しく追及し，高宗を退位させ，同年，第3次日韓協約を結んで内政権も奪い，さらに軍隊を解散させました。かくして韓国は，完全に日本の保護国となりました。

韓国の国民は日本の支配に抵抗し，散発的に義兵運動を展開していましたが，韓国軍が解散させられたことで，元軍人がこの義兵運動に加わり，反日活動は激しさを増しました。

日本政府は1909（明治42）年，軍隊を増派して義兵運動を鎮圧しましたが，その最中に前統監の伊藤博文が，ハルビン駅頭でピストル

で撃たれて死亡しました。犯人は，安重根という韓国人の青年民族運動家です。統監在任中の伊藤の韓国支配の強引さを憎んでの犯行でした。

　しかし日本政府はいっそう韓国の支配を強化し，憲兵隊を派遣・常駐させ，韓国の司法権を剝奪。翌1910(明治43)年6月には，警察権も奪いました。そして同年8月，日本政府は韓国とのあいだに韓国併合条約を強要して韓国を植民地(韓国併合)にしたのです。

　韓国併合条約の第1条に「韓国皇帝陛下ハ韓国全部ニ関スル一切ノ統治権ヲ完全且永久ニ日本国皇帝陛下ニ譲与ス」とあるように，韓国皇帝純宗は，明治天皇にすべての統治権を永久にゆずりわたしました。

　韓国を植民地にした日本は，その統治機関として朝鮮総督府を京城(漢城を日本側が改称)におき，初代総督に陸軍大将寺内正毅陸相をすえました。

　また，韓国という国号を廃し，朝鮮にもどしました。

　総督府では武断政治を展開して，徹底的に義兵運動を弾圧し，人びとの自由を制限し，反日的言動をきびしく取り締まりました。

　また，土地の所有権を明確化し，地税徴収を確実にするために，

朝鮮総督府(右)　1995年まで現存しましたが，韓国の人びとにとっては植民地時代の悪い思い出なので，結局取り壊されました。

3．韓国併合と日露戦後の中国　*141*

朝鮮全土で測量や所有権の確認など**土地調査事業**をおこない，1918（大正7）年に完了させました。

ただ，申告制で土地調査を進めたため，所有権が不明確などの理由で，広大な田畑や山林が没収され，多くの朝鮮農民が土地を失い，没落する結果を招きました。困窮した人びとの一部は，職を求めて日本に移住するようになりました。

接収地の一部は，**東洋拓殖会社**や日本人地主に安く払い下げられました。

日朝関係の推移

年代	事項
1873	征韓論高まる。西郷隆盛ら征韓派敗北
1875	江華島事件
1876	日朝修好条規（江華条約）
1882	壬午軍乱（壬午事変）
1884	甲申事変
1885	天津条約
1889	防穀令（米穀・大豆など輸出禁止）
1894	甲午農民戦争（東学の乱）。清国・日本，出兵。日清戦争始まる
1895	下関条約。日本守備隊，閔妃殺害
1904	日韓議定書。第1次日韓協約
1905	桂・タフト協定。第2次日韓協約（韓国保護条約）。統監府設置
1907	ハーグ密使事件，韓国皇帝の譲位。第3次日韓協約。義兵運動高まる
1909	伊藤博文，ハルビンで暗殺される
1910	韓国併合条約（韓国併合）。大韓帝国を朝鮮に改称。統監府を朝鮮総督府とする

●日露戦後の中国●

ポーツマス条約で獲得した旅順・大連を含む遼東半島南端の租借地ですが，日本はこの地域を**関東州**とし，1906（明治39）年，**旅順**に**関東都督府**を設けて統治しました。また，ロシアから獲得した**長春・旅順**間の**旧東清鉄道**やその線路沿いの炭鉱（撫順炭鉱や煙

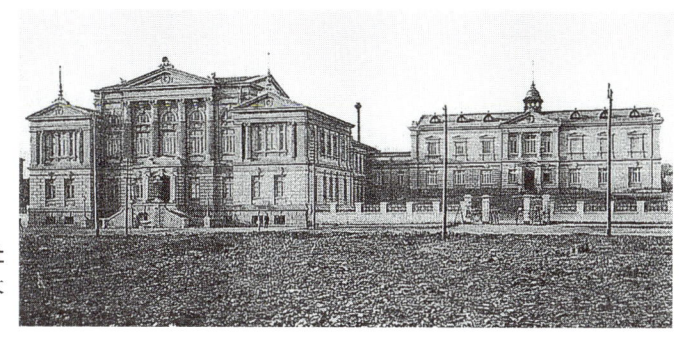

初代の満鉄本社
(『南満州写真大観』より)

台炭鉱)などを経営するため，大連に**半官半民**の**満鉄**(**南満州鉄道株式会社**)を新設しました。

　満鉄が設立されたことで，日米の仲は悪化します。

　アメリカの鉄道王ハリマンは，日露戦争中に日本の国債を買って，日本の戦争遂行を助けました。ポーツマス条約が結ばれた直後，ハリマンは桂太郎首相と「日本政府がポーツマス条約で得た満州の鉄道をハリマンが買収して，日米で共同経営をする」という覚書をかわしました。

　しかし，ポーツマス条約を結んで帰国した小村寿太郎外相が日本の単独経営を主張したため，日本政府は約束を破棄して，満鉄をつくったのです。

　アメリカが日露戦争中，日本に好意的で，講和条約の仲介を申し出たのは，中国進出が遅れた同国が満州の利権にあずかれると期待したからです。

　このためアメリカ人は日本に反感をいだき，1906(明治39)年，**サンフランシスコ**で大地震がおこったさい，日本人移民の子ども(日本人学童)を公立学校からしめだす人種差別政策をとりました。このようにカリフォルニア州を中心にアメリカ合衆国内で**日本人移民**

3．韓国併合と日露戦後の中国　*143*

排斥運動が激化しました。

　アメリカは日本に満州の門戸開放を要求，1909年，列国に満鉄の中立化を提唱し，かつ，清国にお金を貸して，満鉄を買いもどさせるか，あるいは満鉄に並行して鉄道を敷設させようとしました。

　清国内でも，満州権益の返還を求める声が高まりました。

　しかし日本は，第2次日英同盟協約を結んでイギリスを味方につけ，さらに1907（明治40）年，第1次日露協商（協約），ついで1910（明治43）年に第2次日露協商を結んで，ロシアの外蒙古に関する権益を認めることで，日本の南満州の権益を認めさせたのです。日露協約は，第4次（1916年）まで改定され，満州および内蒙古における両国の勢力範囲を確認しました。

　ちょうどこの頃（1911年）辛亥革命がおこり，翌年，清国が崩壊して三民主義をとなえる革命指導家孫文を臨時大総統とする中華民国が誕生しました。日本では革命に加担して南満州の権益を強化しようという意見も出ましたが，結局，欧米列国と同様，不干渉の立場をとりました。

　孫文は，軍閥のリーダー袁世凱の圧力によって臨時大総統の地位をゆずります。そして，中華民国は近代国家にはならず，列国の支援をうけた軍閥政権が各地に生まれ，互いに争う不安定な状態になりました。

　ポーツマス条約でロシアから割譲させた南樺太ですが，政府は1906（明治39）年に樺太庁をおいて，本格的な経営に乗り出しました。

4 桂園時代

●閥族と政党●

　第1次桂太郎内閣は，1901（明治34）年から1906（明治37）年におよぶ長期政権で，日露戦争後に退陣しました。

　次に内閣を組織したのは，このあいだ，野党の地位にとどまっていた立憲政友会総裁の西園寺公望です。立憲政友会は鉄道や港湾の拡充をかかげるなど，地方の有力者の支持を獲得して力をのばしてきました。

　桂は前に述べたように，山県有朋の後継者で，その背後には官僚・軍人・貴族院など保守的な閥族がいます。対して西園寺は伊藤博文の後継者といえるでしょう。

　第1次西園寺内閣のあと，今度はまた桂が閥族を背景に首相となり，その後はまた西園寺が内閣を組織し，次に桂が第3次桂内閣を組織します。このように，明治時代の終わりに10年以上にわたって桂（藩閥勢力）と西園寺（立憲政友会の政党勢力）が交互に内閣を担当したので，この時期を桂と西園寺の一字をとって桂園時代といい

桂太郎　　　　　西園寺公望

ます。

　ただし，こうした政治体制の陰で大きな力をもっていたのは山県有朋や伊藤博文ら元老でした。

　それでは，桂園時代の政策や事件をまとめておきます。

　これまで勉強したところもたくさんありますよ。

① **第1次桂内閣**(1901〜1906)
　北京議定書の調印(1901)，日英同盟協約の締結(1902)，日露戦争の勃発(1904)，日韓議定書の締結(1904)，ポーツマス条約の調印(1905)，日比谷焼打ち事件(1905)，第2次日韓協約の締結(1905)。

② **第1次西園寺内閣**(1906〜1908)
　日本社会党の成立(1906)，鉄道国有法の制定(1906)，ハーグ密使事件(1907)，第3次日韓協約の締結(1907)，第1次日露協約の締結(1907)

③ **第2次桂内閣**(1908〜1911)
　戊申詔書の発布(1908)，地方改良運動(1908〜)，帝国在郷軍人会の発足(1910)，大逆事件(1910)，工場法の制定(1911)，韓国併合(1910)，日米新通商航海条約の調印(1911)

④ **第2次西園寺内閣**(1911〜1912)
　友愛会の設立(1912)，陸軍の2個師団増設要求拒否(1912)，陸軍のストライキ(1912)，明治天皇の崩御(1912)

⑤ **第3次桂内閣**(1912)
　第一次護憲運動(1912)，大正政変(1913)

●日露戦後の日本社会●

　桂園時代の各内閣の政策や出来事をおさえたあとは，第1次西園

寺内閣からおおまかな社会の流れを説明していきます。

1907(明治40)年，第1次西園寺公望内閣の与党である**立憲政友会**は総選挙で大勝しました。しかし日露戦争の**戦後恐慌**がおこって拡張政策がゆきづまり，さらに**赤旗事件**(後述します)で社会主義者の取締りの甘さを閥族から攻撃されたため，総辞職をして桂太郎に政権をわたしました。

第2次桂太郎内閣の支持基盤は**閥族**ですね。同内閣は日露戦争後，国民が戦争に勝ったことで「臥薪嘗胆」のような目的を失い，国家主義に疑問をもったり，風俗や思想が悪化したりしている傾向を心配し，1908(明治41)年，明治天皇に国民に向け**戊申詔書**を出してもらいます。詔書は「ゆるんだ雰囲気を引きしめ，仕事や勉学に励み，倹約に尽くせ。そうすれば国家も繁栄し，国力も強くなる。どうか私の気持ちを察して努力してほしい」といった内容が書かれていました。

また，**内務省**の主導で**地方改良運動**が推進されました。

この運動は，旧町村のつながりを解体し，行政単位としての新しい町村(いわゆる行政町村)に再編成して，その租税負担能力を強化するのが目的でした。

もう少し補足すれば，江戸時代から続く村落共同体を旧町村といいます。しかし1888(明治21)年，町村制が公布され，全国的な町村合併がおこなわれ，旧町村をいくつか統合した新しい町や村が誕生しましたね。これを行政町村(新町村)と呼びます。

けれど，行政町村が誕生してからも，旧町村は昔からの基本財産を保持し，旧町村ごとに小学校を独自に運営したりして，強い自立性を保ち，旧町村が行政町村内で依然として残っているような状況

でした。

　政府はこうした状態をあらため，行政町村を強化して，戦争で悪化した地方の生活習俗や町村の財政を再建しようとしたのです。地方の役人や有力者が中心となって，さまざまな講習会をおこなったり，実践活動をしたりして改善につとめました。

　地方改良運動の一環として，旧町村の基本財産を行政町村に吸収させたり，**青年会**を行政町村ごとに再編強化したりしました。

　日露戦争後，多くの兵士が故郷にもどり，結果，町村ごとに在郷軍人会が成立します。1910（明治43）年には，こうした在郷軍人会を統括する中央組織である**帝国在郷軍人会**が創設され，町村ごとの在郷軍人会はその分会となりました。

　こうした一連の政策のあと桂は，海軍拡張費を盛り込んだ予算を議会で通すため，立憲政友会に一致協力を申し入れます。その時，桂は立憲政友会に政権をゆずる約束をしたといい，それから数カ月後，西園寺が立憲政友会内閣を組織しました。

　第2次西園寺内閣は，財政難を打開するため，徹底的な緊縮財政をしきました。しかし，陸軍の**2個師団増設**要求を断ったことで，陸軍からの強い反発にあい，辞職に追い込まれました。

　そのため，桂が3度目の首相に就任するのです。しかし，桂は国民の大反発により，たった50日で首相を辞任します（**大正政変**）。

第5章

近代産業の発展と社会運動

1 松方デフレから産業革命へ

●産業革命の勃発●

　産業革命は、18世紀の後半にイギリスで始まりました。蒸気機関や工業機械の発明、製鉄技術の発展などによって、よい品物を大量につくることのできる工業社会にかわったのです。この産業革命をへて、資本主義が成立します。

　日本に産業革命のきざしがみえてくるのは、松方財政(デフレ)の効果があらわれた1880年代後半のことです。そして日清戦争前後に、紡績業を中心とする軽工業分野で産業革命がおこり、さらに日露戦争後、今度は重化学工業の分野に広がっていきます。

　それでは、日本の産業革命についてくわしく話していきましょう。

　松方財政の結果、国内ではデフレと不況が深刻な状態になりましたね。物価が下がって農作物の価格が暴落し、生活苦から高利貸に借金を重ね、破産して土地を手放す農民が激増しました。

　そんな没落農民から土地を安く手に入れて成長したのが豪農で、実は高利貸の多くも豪農層でした。こうした豪農、さらには豊かな都市商人(豪商)たちは、資産を元手にして株の売買を始めたり、会社をおこしたりしたのです。

この頃，貿易が輸出超過に転じ，銀本位制が確立して物価が安定したこともあり，金利が低下して株式取引が活発になり，続々と新しい会社が誕生していきます。とくに1886(明治19)年から1889(明治22)年までの3年間は，鉄道や紡績を中心に**会社設立ブーム**となりました。この現象を**企業勃興**と呼んでいます。

　事実，日本の会社の資本金は，1885(明治18)年からの5年間で，工業分野は777万円から7753万円へと10倍になっていますし，運輸業でも2559万円から1億363万円へと急増しました。その発展ぶりがわかりますね。

　しかし1890(明治23)年，株式への払い込みが集中して金融機関が資金不足におちいります。さらに，前年の凶作や生糸輸出の半減が加わり，企業勃興は幕を閉じることになりました。この不況を**1890年恐慌**と呼びます。

　ただ，これ以後，明治政府も日本銀行から普通銀行を通して会社に資金援助し，産業界をさらに活性化させようとつとめるようになります。

　いずれにしても，こうした豪農や豪商の動きが，産業界を元気づけ産業革命へとつながっていったのです。

●資本主義の確立●

　日清戦争に勝って清国から巨額の賠償金を獲得した政府ですが，このお金を元手にして軍備拡張に取り組むとともに，金融・貿易の制度面を整えるため，1897(明治30)年に**貨幣法**を制定して**金本位制**を確立しています。

　これまで日本は銀本位制をとっていましたが，この頃すでに欧米

諸国は金本位制にかわっていたからです。

　当時は，金に対する銀の価値が低下し続けており，銀本位制をとっていることは，日本にとって，欧米の金本位制国への輸出を増やし，輸入を減らすメリットもありました。けれども，金銀相場の変動で貿易は不安定になりますし，金本位制国からの資本輸入（外国から国債や証券に対する投資をしてもらう）の点では不利になりましたので，「欧米のように金本位制をとるべきだ」という声が強くなっていました。

　そういうわけで，下関条約（1895年）で得た賠償金の一部を準備金として，欧米と同じ金本位制度をとり，貿易の発展と貨幣価値の安定をはかったのです。

　政府はまた，**日本勧業銀行**・**日本興業銀行**・**台湾銀行**・各府県の**農工銀行**など，特定の分野に資金を援助する**特殊銀行**を設立していきました。とくに**横浜正金銀行**は，積極的に貿易の金融にあたりました。

　これにより，日清戦争後，鉄道や紡績の分野を中心にふたたび会社がたくさんつくられていきます（**企業勃興の再発**）。

　日本の**資本主義**は，この時期に**繊維産業**（紡績・綿織物・製糸・絹織物業など）を中心として成立したと考えられています。

　資本主義とは，工場や機械・原材料などの生産手段を所有する資本家が，利潤獲得を目的に賃金労働者を雇用しておこなう，経済活動が主流である経済体制をいいます。なかなか難解な定義ですので，もう少しわかりやすく説明してみます。

　お金やモノ（商品をつくる機械）をもっている人（資本家）が，もうける（利益追求）ために労働者（お金やモノをもたない人＝生産手段

をもたない人＝労働力しか売るものがない人）を雇い，彼らの労働力を使って商品をつくり，これを売ってもうける（利益を得る）という経済システム（経済組織）のことです。

とくに繊維産業は，産業革命を達成して，海外へ大量に綿糸や綿織物・生糸を輸出していきました。ただ，紡績業・綿織物業は，原料の綿花をインドやアメリカ・中国からの輸入にたよっていましたから，紡績業が発展すればするほど綿花の輸入が増え（1899年には輸入品の第１位で全輸入量の約30％を占めた），全体として輸入超過，つまり貿易収支は赤字になってしまうのです。

貿易品の取り扱いは，三井物産会社など**商社**が中心になりましたが，貿易が赤字ということは，貿易取引は正貨（金や銀）でおこなわれますから，国内から正貨が流出することを意味します。

そうした現象に加え，日清戦争後に会社をつくりすぎてしまった（企業勃興の再発）ことや過剰生産，株式高騰の反動などが重なり，1900（明治33）年，日本の景気は急に悪くなり，企業の倒産があいつぎ，銀行をはじめとして国内産業が大きな痛手をうけました（**日本初の資本主義恐慌**）。

● **紡績業** ●

最初に産業革命の中心になった**紡績業**について，くわしくみていきましょう。

紡績とは，糸をつむぐことです。つまり，綿花から繊維を引き出して縒りをかけて糸にするのです。綿花を指で少しだけつまんで，回転させながら引っぱると糸になります。この糸が綿糸です。このように紡績業は，綿花から綿糸をとる産業です。

152　第５章　近代産業の発展と社会運動

紡績業は幕末に海外貿易が始まると，壊滅的な打撃をうけましたね。日本には関税自主権がないので，安いイギリス製綿製品が国内に大量に入り，綿織物の生産は減少しました。綿織物業者が綿糸を購入してくれなくなると，当然，紡績業も大きなダメージをうけ，さらに綿花を栽培する農家も痛手をこうむります。こうして日本の綿作・紡績・綿織物業は，明治時代初期までに衰退してしまいました。

　そうした状況が好転するのが1880年代です。最初に復活したのが綿織物業でした。外国産の安い綿糸を輸入して安価な綿布をつくりはじめたのです。**飛び杼**（ジョン＝ケイが1733年に発明。緯糸をおさめた杼を，紐で引いて左右に動かす装置）という機織り装置が，1873年のウィーン万国博覧会を機に日本に紹介されると，綿織物業の経営者たちはこれまでの**手織機**に飛び杼の原理を取り入れて改良し，生産性をあげていきました。

　このような綿織物業の回復が，原料糸を供給する紡績業が勃興していく前提となったわけです。

　その後，綿織物業は，手織機から**豊田佐吉**が発明した国産**力織機**への転換を進め，その生産形態も問屋制家内工業から工場制手工業へ移りかわっていき，生産量がしだいに上向いていったのです。1909（明治42）年には，ついに綿布の輸出額は輸入額を超えました。

　ただ，のちに輸出の主力となる綿織物は，復活した伝統的な綿織物業界の製品に加え，紡績業の大企業がつくった綿織物製品の割合もかなり多いのです。

　紡績会社は，綿糸生産だけでなく綿織物業にも手を広げていきました。日露戦争後は，大紡績会社は合併をくり返して巨大化し，そ

1．松方デフレから産業革命へ　　**153**

の資金力で欧米から**力織機**(水力・蒸気機関など動力を利用した織機)を多数輸入し，綿織物を大量生産しはじめました。そして販売組合をつくり，保護国や植民地(朝鮮や満州)へ商品を大量に輸出していったのです。

次にそんな紡績業の発展過程をみていきましょう。

明治時代初期までは，綿花から糸をつむぐのは手つむぎでしたが，やがて**ガラ紡**を使うようになります。ガラ紡は，1877(明治10)年に上野公園で開かれた**第1回内国勧業博覧会**に出品され，最高の賞を受賞した発明品です。

ガラ紡は，**臥雲辰致**が発明した紡績機で，ガラガラ音がするので，ガラ紡と呼んだという説もあります。ガラ紡の動力は，人力式から水車の力を利用する水力式に改良され，愛知県を中心に普及していきますが，1890年代に廃れ，かわって外国産の紡績機を用いた**機械制生産**が急増していきます。

そのきっかけとなったのが，**渋沢栄一**らが設立した**大阪紡績会社**の開業です。1883(明治16)年のことです。大阪紡績会社は，最新の**イギリス製**の**ミュール紡績機**を多数導入し，蒸気機関を用いて大規模な機械性生産を展開しました。

政府は2000錘規模の紡績会社を奨励していましたが，大阪紡績会社はそれをはるかに上回る1万錘規模でした。錘とは，紡績機に付属する糸をつむぐ心棒のことです。その数が1万あったのです。ですから一度に1万もの糸つむぎができ，しかも従業員は昼夜2交代制で，24時間紡績機を動かしっぱなしでしたから，毎日大量の綿糸生産が可能になったのです。

しかも労働者は，松方デフレで没落した農民の子女で，安い賃金

大阪紡績会社 イギリス製の最新式紡績機械を用い、電灯を設備して女工たちが昼夜2交代制で操業し、大きな利益を上げました。

で長時間労働させたので、製品（綿糸）も世界標準からいうと破格に安い値段でした。

　大阪紡績会社が成功をおさめると、これに刺激されて大阪周辺の商人が続々と紡績会社を設立していきました。先述した企業勃興ですね。

　この結果、1890（明治23）年、国内で生産した綿糸は、輸入した綿糸の量を超え、日清戦争の頃から中国や朝鮮への綿糸輸出が急増、ついに1897（明治30）年に綿糸の輸出量は輸入量を超えたのです。

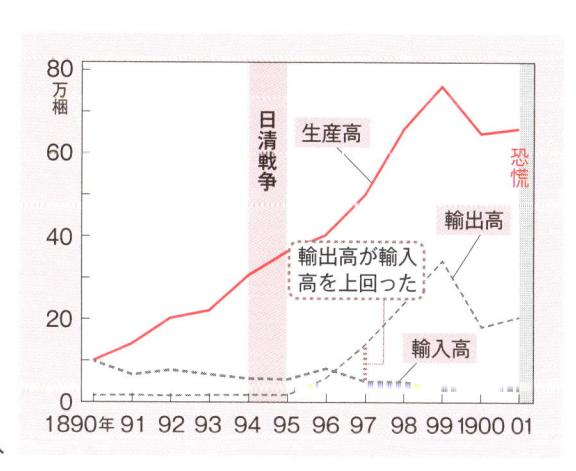

綿糸の生産と輸出入

1．松方デフレから産業革命へ　*155*

紡績業・綿織物業の発展によって，綿糸・綿織物の輸出は増加したものの，その原料である綿花は，中国やインド，アメリカからの輸入にたよっていました。ですから綿業（めんぎょう）貿易はますます輸入超過となっていきました。

●製糸業●

　これと正反対だったのが，**製糸業**です。

　製糸業は，生糸を生産する産業です。蚕（かいこ）の繭（まゆ）を煮て，繭を形成する光沢（こうたく）のある白くて細い糸を，道具を用いて引っぱり出し，それを何本かあわせて糸状にしたのが生糸です。

　安くて品質のよい日本産生糸は，幕末から主力輸出品でしたね。それは明治時代になっても同じでした。繭から糸をとる作業は単純なので，製糸業界といっても，蚕を育てる養蚕（ようさん）農家が製糸にもたずさわり，製糸工場は自分の屋敷（やしき）の納屋（なや）というパターンが多く，大工場といっても労働者は多くて20〜30人程度しかおらず，産業革命の時も，その規模はたいしてかわりませんでした。

　ただ，道具は進化していきます。

　はじめは木製の歯車（はぐるま）を手で回して糸を巻き取る**座繰器**（ざぐりき）を使う**座繰製糸**でしたが，やがて輸入機械に学んで在来技術を改良した**器械製糸**（きかい）が主流になっていきます。器械製糸では，複数の作業者が用いる生糸の巻き取り装置を１本の軸（じく）で連結（れんけつ）し，人力や水車，のちに蒸気機関で回転させて生糸を生産するものです。

　日清戦争後には器械製糸の生産量が座繰製糸の生産量を上回りましたが，この時期，器械製糸の小工場が長野県や山梨県を中心に農村地帯に多く設立されていきます。それにともなって原料の繭を供

給する養蚕農家も増えました。また，生糸を原料にする絹織物業でも北陸地方を中心に輸出向けの羽二重(高級絹織物)の生産が増加し，力織機が導入されるようになりました。

生糸の生産量に比例して輸出ものび，1909(明治42)年には清国を抜いて日本は世界一の生糸輸出国になりました。生糸の主たる輸出先はアメリカです。

製糸は原料に輸入品を使っていないので，生糸の輸出が増加すれば増加するほど貿易は黒字になり，外貨獲得には最高の産業でした。

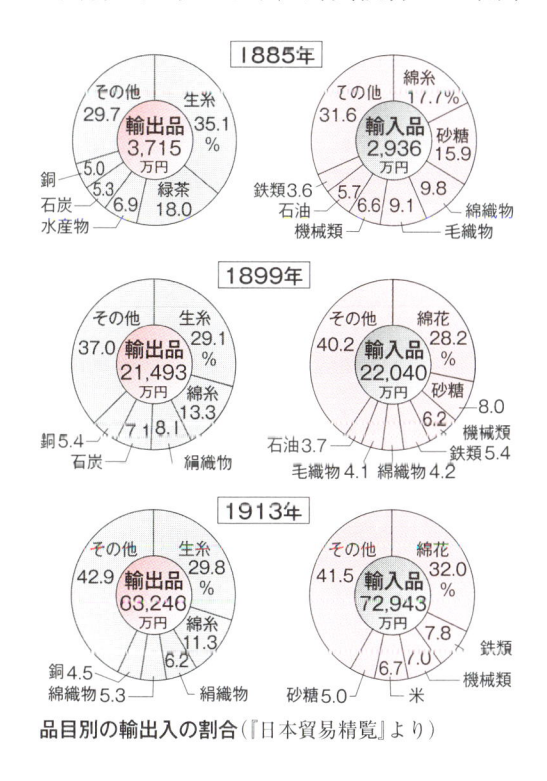

1885年
輸出品 3,715万円
- 生糸 35.1%
- 緑茶 18.0
- 水産物 6.9
- 石炭 5.3
- 銅 5.0
- その他 29.7

輸入品 2,936万円
- 綿糸 17.7%
- 砂糖 15.9
- 綿織物 9.8
- 毛織物 6.6
- 機械類 9.1
- 石油 6.6
- 鉄類 3.6
- その他 31.6

1899年
輸出品 21,493万円
- 生糸 29.1%
- 綿糸 13.3
- 絹織物 8.1
- 石炭 7.1
- 銅 5.4
- その他 37.0

輸入品 22,040万円
- 綿花 28.2%
- 砂糖 8.0
- 機械類 6.2
- 鉄類 5.4
- 綿織物 4.2
- 毛織物 4.1
- 石油 3.7
- その他 40.2

1913年
輸出品 63,240万円
- 生糸 29.8%
- 綿糸 11.3
- 絹織物 6.2
- 綿織物 5.3
- 銅 4.5
- その他 42.9

輸入品 72,943万円
- 綿花 32.0%
- 鉄類 7.8
- 機械類 7.0
- 米 6.7
- 砂糖 5.0
- その他 41.5

品目別の輸出入の割合(『日本貿易精覧』より)

🔴鉄道🔴

最後に鉄道部門について話しましょう。

鉄道は1872（明治5）年に東京（新橋）・横浜間に官営鉄道が開通しましたが，以後も官営事業（国鉄）として線路がのびていきます。鉄道開通から9年後の1881（明治14）年，官営ではない日本最初の私鉄（民営鉄道）が誕生します。それが日本鉄道会社です。華族が出資してつくった会社で，その目的は華族授産でした。

　ちょうど政府は，西南戦争のため鉄道建設資金が底をついていて，線路を新設できずにいたので，民営であるこの会社を許可し，鉄道局（国の機関）が建設や営業を代行したり，資金を援助したりしました。そういう意味では，100％民間会社とはいえませんが，この日本鉄道会社の成功をみて，続々と鉄道民間会社が設立されていき，1889（明治22）年には，営業キロ数で民営が官営を上回るようになりました。

　ちょうどこの年，官営の東海道線（東京・神戸間）が全通しています。

　1891（明治24）年，日本鉄道会社は上野・青森間を全通させましたが，山陽鉄道や九州鉄道などの民営鉄道も幹線の敷設を続けていき，日清戦争後，本州の端から端まで（青森・下関間）連絡されました。

　急激に発展した民営鉄道ですが，第1次西園寺公望内閣は，日露戦争後の1906（明治39）年，戦争の時に兵隊や軍需物資をすみやかに輸送できるよう鉄道国有法を公布し，主要幹線の民営鉄道17社を買収して国有化しました。これにより，私鉄の大半は国鉄にかわりました。

　太平洋戦争後，私鉄が急速に線路をのばします。また，1986（昭和61）年には，鉄道国有法は廃止され，国鉄は民営化されてJRになりました。

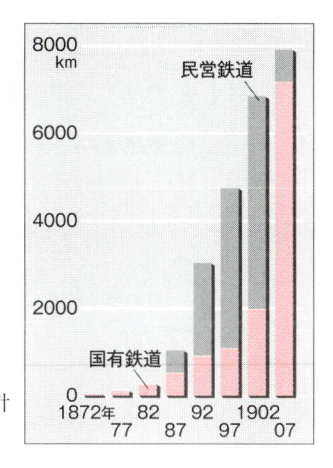

鉄道の発展(『日本経済統計総観』より)

　交通に関していえば，海上交通の発達も著しいものがありました。
　政府は1896(明治29)年，外貨を節約するとともに，戦時の軍用船を確保する目的で，**造船奨励法**や**航海奨励法**を公布して，鉄鋼船の建造と外国航路への就航に奨励金を出すことにしました。
　こうした海運業奨励策に助けられ，1893(明治26)年にすでにインドへのボンベイ航路を開いていた**日本郵船会社**は，同年，ヨーロッパやアメリカ，さらにはオーストラリアへの航路を開いていきました。
　日本郵船は，岩崎弥太郎がつくった**三菱会社**と半官半民の**共同運輸会社**との合併によって誕生した，国内の巨大な海運会社です。

●重工業の形成●

　明治初年から政府が力を注いできた官営事業ですが，1884(明治17)年頃になると，軍事工場と鉄道を除いて，次々と民間企業に売却されていきました。これを**官営事業払下げ**と呼んでいます。
　なかでも三井・三菱・古河など政府の厚い保護をうけている**政**

1．松方デフレから産業革命へ　*159*

商は,優良な鉱山を売却してもらうことができました。そうした政商は,巻上機といって,歯車を利用して回転させるドラムに,ワイヤロープなどを巻き付けて鉱物を運搬する機械を導入するなど,鉱工業の機械化を進め,石炭や銅の輸出を増加させていきました。

こうして政商は,鉱工業を基盤として財閥へと成長していくことになりました。財閥というのは,同族が多角的事業を封鎖的に経営する形態をいいます。

また,北九州の筑豊一帯では,排水用蒸気ポンプの導入により,一気に炭鉱開発が進展し,日清戦争後,筑豊炭田は国内最大の産炭地となりました。

1897(明治30)年,重工業の基礎となる鉄鋼の国産化をめざして,ドイツの技術力で官営八幡製鉄所が設立され,1901(明治34)年から操業を開始します。

製鉄所を北九州に設置したのは,製鉄に必要な筑豊炭田を背後にひかえていたからです。また政府は,漢冶萍公司(中国の民間製鉄企業)に借款(国と国との金銭の貸し借り)を与えたかわりに,見返りとして製鉄の原料となる大冶鉄山の鉄鉱石を安く買えるような契約を結びました。八幡製鉄所は,技術的な困難に悩まされながらも,どうにか日露戦争の頃には生産を軌道にのせることができました。

日露戦争後,日本は相変わらず大量の外債を募集し,各種の増税をおこなうなどして,軍備拡張に注ぎこみました。軍事工場を整えたり,拡大したりして国産兵器の開発・生産に力を入れていきますが,民間の兵器工場も誕生しています。

その代表が日本製鋼所です。製鋼とは,鉄鋼をつくることですが,その主力は武器の製造で,民間最大の武器製造工場でした。日本製

八幡製鉄所 1897(明治30)年に着工，1901(明治34)年から鉄鋼の生産を始めました。右は，1900(明治33)年に伊藤博文が視察した時の記念写真です。

鋼所は，三井財閥とアームストロング社やヴィッカーズ社といった**イギリス**の**兵器会社**が提携して北海道の**室蘭**につくった会社です。おもに海軍向けの武器を生産しています。

　政府が政策的に重視していた造船分野ですが，その造船技術は日露戦争後に世界水準に達していきます。官営の**長崎造船所**は三菱に払い下げられ，日清戦争後に三菱長崎造船所として発達し，1908(明治41)年には豪華客船天祥丸(1万3454 t)の建造に成功しています。

　工作機械の分野でも，1889(明治22)年に設立された民間の**池貝鉄工所**が，1905(明治38)年に独力で**旋盤**の製作に成功しました。こうした旋盤は，もちろん水力や蒸気ではなく**電力**で稼働します。

　電力の普及もこの時期の特徴です。次々と**電力事業**がおこり，大都市には電灯がともるようになってきます。ただ主たる発電は火力ではなく水力によるものでした。

　工場の機械が電力で動くようになると，**芝浦工作所**のように電気機械をつくるメーカーも発達してきました。

1．松方デフレから産業革命へ

三菱などの財閥は，日露戦争後，金融・貿易・運輸・鉱山業などを中心にして，多くの分野における多数の企業を支配する形態を整えはじめます。これを**コンツェルン（企業連携）**といいます。財閥傘下の企業の株式は，**持株会社**に集中させます。この持株会社がいわゆる財閥の本社であり，創業者の同族が持株会社を直接支配していました。持株会社は，まず1909（明治42）年に三井財閥が**三井合名会社**をつくり，その後，**安田・三菱・住友**も1920年代の初めにかけて持株会社を設立します。なお，これら**四大財閥**のほかに古河市兵衛・浅野総一郎・川崎正蔵らの中小財閥もありました。

　日露戦争後，日本経済は悪化してしまいます。

　戦争で日本は，海外諸国から外国債というかたちでばく大な借金を背負ってしまいました。その利子の返済と日清戦争前から続く綿花・軍需品の輸入超過，そして，その後の重工業資材の輸入急増のため，貿易は毎年大赤字になっており，日本の国際収支は危機的な状態におちいっていきました。

　輸出入についていえば，日露戦争後は植民地との結びつきが強まった点があげられます。ただ，植民地との貿易は，輸出入とはいいません。**移出入**というので注意してくださいね。

　朝鮮でいえば移出は**綿布**，移入は**米**。台湾からは大量に米と**原料糖**を移入しました。また，植民地のようにしていた満州からは**大豆粕**を輸入し，日本からは綿布を輸出しました。

2 明治の農業と社会運動

●明治時代の農業●

　産業革命によって工業は大きく発展しましたが、それにくらべて農業は江戸時代と大きな変化はなく、相変わらず、**米作**を柱とする零細経営が一般的でした。ただ、政府が1893(明治26)年に農事試験場を設けるなどして、稲の**品種改良**をおこないましたが、こうした品種改良や、**大豆粕**などの金肥の普及により、単位面積あたりの収穫量は増えていきました。

　ただ、工場労働者の増加や貧民の流入などによって、都市人口が増え、米の供給は不足がちになりました。

　国内の工業が発展してくると、農村にも商品経済が入ってきて、自家用の衣料をつくらないで、購入するようになっていきました。綿や麻、菜種といった商品作物は、安い輸入品におされて生産量は減ってしまいましたが、生糸の輸出が好調だったので蚕の餌になる桑の栽培や**養蚕**はさかんになっていきました。

　松方デフレのところで触れたように、没落した農民が土地を手放したので小作地率が上昇しました。以後も下層農民が小作へ転落する状況は変わらず、1890年代も小作地率はそのまま上がり続けていきました。この結果、うまく土地を集積した大地主は、みずから耕作せずに小作料の収入にたよる**寄生地主**になっていきました(**寄生地主制**)。

　小作料は現物納で、対して地租は定額金納です。ですから米価が上昇したことで、地主の収入は増え、彼らはそれを元手にして企業

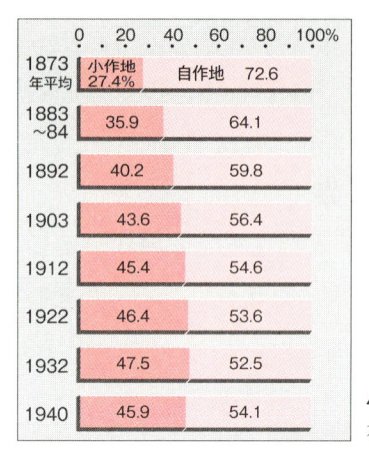

年	小作地	自作地
1873年平均	27.4%	72.6
1883～84	35.9	64.1
1892	40.2	59.8
1903	43.6	56.4
1912	45.4	54.6
1922	46.4	53.6
1932	47.5	52.5
1940	45.9	54.1

小作地率の変化(『近代日本経済史要覧』より)

を立ち上げたり，株式や公債に投資したりするなど，資本主義との結びつきを強くしていきました。

　一方，小作料の支払いに苦しむ小作農は，副業を営んで家計を補いましたが，子女を賃金前借りで工場に出稼ぎに出す場合も少なくありませんでした。そんな子女の話は，次項でくわしく取り上げます。

　日露戦争後，戦争の痛手や重税(地租や間接税の負担増)により，農村は困窮し，農業生産は停滞してしまいます。そこで前にも述べたように，政府は，**内務省**を中心に農村を自力で再生させる地方改良運動を進めていきました。協同事業に成功した村などを模範村として表彰し，その成功事例を全国に紹介し，他村に模倣させています。

●労働者の実態と労働組合の結成●

　松方デフレ以降，工場制工業が勃興するにつれて，賃金労働者が増えていきます。多くは繊維産業で働きましたが，その大部分が没

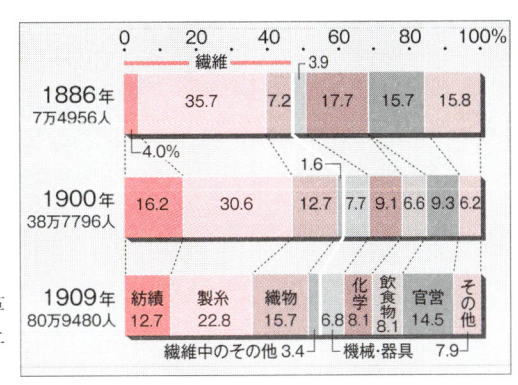

工場労働者数の内訳(『日本産業革命の研究』より) 工場は10人以上のもの。

	紡績	製糸	織物	繊維中のその他	化学	飲食物	官営	その他
1886年 7万4956人	35.7	7.2	3.9	4.0%	17.7	15.7	15.8	
1900年 38万7796人	16.2	30.6	12.7	1.6	7.7	9.1	6.6	9.3 6.2
1909年 80万9480人	12.7	22.8	15.7	3.4	6.8	8.1	8.1	14.5 7.9

落農民や小作農家の子女たちでした。家計を助けるため，工場に働きに出たのです。無理やり親が娘を工場主に売るようなかたちで，遠方の工場へと行かされる女性も少なくありませんでした。

1900(明治33)年の調査では，工場労働者約39万人中約23万人(全体のほぼ6割)が繊維産業に従事する者で，そのうち88％が女性でした。さらに驚くことに，そのうち未成年者が過半数を占めていたということです。彼女たち女子労働者は，**女工**とか**工女**と呼ばれていました。

産業革命期の賃金労働者は悲惨な状況におかれており，1888(明治21)年に雑誌『日本人』が三菱の経営する高島炭鉱(長崎県)での炭

塩尻峠をこえる女工たち これから苛酷な労働が待っているのです。

2．明治の農業と社会運動

鉱労働者の苛酷な惨状を報道して，一躍世に知られるところになりました。このほか横山源之助の『日本之下層社会』(1899年)，農商務省の『職工事情』(1903年)にも，その実態が記されています。

なかでも悲惨な女工の実態について話しておきましょう。

とにかく賃金が安く，1カ月働いても給料はその月の食事代にもならないほどでした。労働時間も長く，紡績業は昼夜2交代制の12時間労働。忙しい時には24時間ぶっ通しで働かされることも珍しくなかったといいます。製糸業は平均15時間，ひどい時は18時間にもおよびました。食事は15分で済ませることを命じられ，ほとんど仕事をしていました。

住環境ですが，10人程度が一部屋で生活させられ，広さも1人1畳程度だったといいます。室内は不衛生で，結核など伝染病が蔓延しました。病にかかった女工は何の保障もなく，実家にもどされました。

ただ，産業革命によって労働者数が爆発的に増えると，各地で労働組合を結成するなど団結して，資本家に賃金アップや待遇改善を求めてストライキを展開するようになっていきます。

1897(明治30)年には，全国で40件余りのストライキが発生しましたが，ちょうどこの年，労働組合期成会が結成されました。これは労働組合の結成を促進したり，労働運動の指導をおこなったりする組織です。創設したのは，高野房太郎・片山潜といったアメリカの労働運動に影響をうけた知識人たちでした。

彼らの活動に敏感に反応したのは，数が少ないが重工業に従事する比較的待遇のよかった熟練工たちでした。彼らは，数は多くはありませんでしたが鉄鋼組合や日本鉄道矯正会などの労働組合を

つくって，資本家と対抗していきました。こうした動きはしだいに女工にも波及し，1903(明治36)年，埼玉県入間郡の製茶工場の女工たちは，賃金値上げを要求してストライキを敢行，工場主に昇給を認めさせています。

　労働者のストライキに対し，第2次山県有朋内閣は，1900(明治33)年，労働者の団結権(労働組合をつくるなど労働者が結束する権利)・罷業権(ストライキ)を制限する治安警察法を定め，労働運動を弾圧しました。ただ，治安警察法は，労働運動の取締りより社会主義運動の弾圧に力を発揮します。

●社会主義政党の誕生●

　当時の労働運動は，社会主義運動と密接に結びついていました。労働組合期成会を結成した片山潜も，社会主義の立場から資本家階級に抵抗して労働者の権利を守ろうと考えていました。

　社会主義とは，すべての財産や生産物をみんなで公平に分け，階級だとか貧富の差がない，平等な社会をつくろうという考え方をいいます。でも日本は資本主義国家です。それに当時は，天皇を神聖不可侵とし，華族の存在を容認していたので，政府にとって社会主義は認めることができない思想でした。

　社会主義者たちが労働者の支持を背景に，具体的な組織を立ち上げたのは1898(明治31)年のことでした。安部磯雄・片山潜・幸徳秋水が，社会主義研究会を創設したのです。1901(明治34)年，社会主義者たちは，政治の世界への進出を決め，日本初の社会主義政党である社会民主党を結成しました。この党は，人類平等，軍備全廃，土地・資産の公有，普通選挙の実施，階級制の廃止といった目

標をかかげました。しかし，**治安警察法**によって即日政府から解党を命じられました。

　ののち，幸徳秋水・堺利彦は平民社を設立し，**『平民新聞』**を発行して言論活動を展開していきます。とくに彼らは一貫して日露戦争に反対していきましたね。ただ，この反戦運動によって社会主義運動は衰退していきます。というのは，多くの労働者が日露戦争を支持しており，これに反対する社会主義者から気持ちが離れてしまったからです。

　しかし日露戦後，社会主義運動はもり返し，1906(明治39)年には**日本社会党**が結成されました。この党は社会民主党と異なり，政党として政府に容認されました。当時の首相は立憲政友会の西園寺公望で，政党内閣であったため，比較的社会主義に寛容であり，なおかつ，日本社会党が「憲法の許す範囲内で社会主義の実現をめざす」と主張したので解散を命じられなかったようです。

　しかし，翌年の日本社会党の第2回党大会では，日本社会党の内部で**議会政策派（片山潜ら）** と**直接行動派（幸徳秋水ら）** の対立が激化し，最終的に直接行動派が主導権をにぎります。

　議会政策派は党から衆議院議員を送り，議会活動を通じて合法的に社会主義運動を進めようとする一派です。対して直接行動派は，労働者を団結させてストライキを決行させるなど，労働者の直接的な行動に期待する一派でした。

　このため政府は，日本社会党に解散を命じました(1907年)。

　ちなみに幸徳秋水は，この党大会で「**田中正造**は20年間も議会で**足尾銅山**の鉱毒問題を訴えてきたが，銅山側を動かすことができなかった。それに対し，先日発生した足尾銅山のたった3日の労働者

社会主義政党の流れ

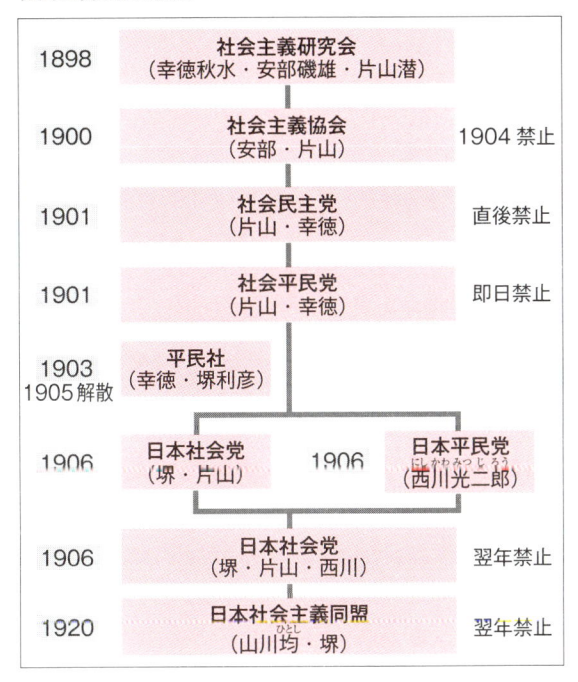

1898	社会主義研究会（幸徳秋水・安部磯雄・片山潜）	
1900	社会主義協会（安部・片山）	1904 禁止
1901	社会民主党（片山・幸徳）	直後禁止
1901	社会平民党（片山・幸徳）	即日禁止
1903 1905解散	平民社（幸徳・堺利彦）	
1906	日本社会党（堺・片山）　1906　日本平民党（西川光二郎）	
1906	日本社会党（堺・片山・西川）	翌年禁止
1920	日本社会主義同盟（山川均・堺）	翌年禁止

ストライキは，銅山（会社）側を動かしたではないか」と議会活動の無力を訴え，主導権を勝ちとったと伝えられます。

すでに小・中学校の歴史の授業で，田中正造は学習済みだと思いますが，少しくわしく紹介しましょう。

政商古河市兵衛が明治初年に手に入れた栃木県の足尾銅山は，積極的な鉱脈調査と最新式削岩機・精錬装置の導入によって，明治20年代にはばく大な銅の産出量をほこるようになりました。しかし，銅山は採掘や精錬によって発生する有毒物質を渡良瀬川にたれ流していたのです。そのために川魚は死に絶え，洪水のたびに渡良瀬川流域の田園地帯に鉱毒が流れ出て，農業に大きな被害を出しました。こうした公害問題を承知しながら，政府は何の対策もとらな

2．明治の農業と社会運動　*169*

かったのです。

そこで，栃木県選出の衆議院議員田中正造が，議会に**足尾鉱毒事件**を訴え，政府に解決を求めたのです。しかし，議会活動をいくら展開しても政府や古河側は動きませんでした。この失敗を幸徳秋水は，第2回日本社会党大会で引用したのです。

田中正造は議会に失望して議員を辞職しました。そして妻と離縁して累がおよぶのを避けたうえで，1900(明治33)年，明治天皇に直訴を試みたのです。直訴は失敗しますが，足尾鉱毒事件はマスコミに大々的に取り上げられ，大きな社会問題となったため，政府もようやく防止策に取り組むようになりました。ただ，その防止策は，古河に足尾銅山の操業停止を命じるものではなく，谷中村という農村を廃村にしてそこに洪水に備えた遊水池をつくるという，的はずれで安易なものでした。田中はこれに憤慨し，谷中村の住人とともに政府の強制退去命令に抵抗し，亡くなるまで村に住み抗議し続けました。まさに信念の人だったといえるでしょう。

●社会主義運動の弾圧●

さて，社会主義運動にもどりましょう。

1908(明治41)年，**赤旗事件**がおこります。堺利彦・荒畑寒村・大杉栄ら直接行動派が路上で赤旗(社会主義のシンボル旗)をふって逮捕された事件です。

この時の内閣総理大臣は西園寺公望です。山県有朋などの官僚勢力が「こんな事件がおこるのは，立憲政友会の西園寺内閣が，社会主義者に甘いからだ」と非難し，明治天皇にも奏上されたことをうけて西園寺は内閣を総辞職してしまいました。

次に内閣を組織した桂太郎は，官僚・貴族院・軍人などを背景にした内閣でした。そのため，社会主義者にきびしい態度でのぞみました。桂は，旗をふっただけの社会主義者らに最長2年半という重い懲役刑を課したのです。

　桂太郎内閣は社会主義者を根絶する目的で，1910(明治43)年，天皇暗殺を計画して爆弾を製造したとして社会主義者を捕らえ，これをきっかけに数百名の社会主義者・無政府主義者を検挙し，26名を逮捕・起訴し，大逆罪で全員有罪としたうえで12名を処刑しました。

　実際，明治天皇殺害計画はありましたが，主犯とされ処刑された幸徳秋水などは，計画は知っていたものの，それに直接関与していなかったのです。この事件を大逆事件といいます。皇室に対する罪を大逆罪といったことに，その名は由来します。

　大逆事件によって社会主義運動は壊滅的な打撃をうけ，以後，第一次世界大戦が始まるまでの数年間，完全に停滞してしまいます。これを「冬の時代」と呼びます。

　また，この事件をきっかけに，警視庁内には特別高等課，俗に特高と呼ばれる思想警察がおかれます。この特高は，昭和の軍国主義時代に思想取締りの中枢となり，国家主義・軍国主義・国粋主義に合わない思想保持者をくまなく探索して逮捕したため，国民に非常に恐れられました。

第6章 近代文化の発展

1 明治文化の特色と思想・信教・教育

●明治文化の特色●

　明治政府は,「殖産興業」というスローガンをかかげ, 西洋の文明を積極的に導入し,「富国強兵」を達成しようとしました。このため明治初年より, 国内に西洋の考え方や技術が流入してきます。しかし, そうした急激な近代化にもかかわらず, 多くの日本人の精神変化はゆるやかだったといわれています。

　とくに都市にくらべて農村の近代化の速度は非常に遅く, 大正時代や昭和時代初期になっても, 江戸時代の生活と大きな変化はなかったようです。

　ですから文化についていえば, 新しい西洋文化がすぐに日本文化や東洋文化にとってかわることがなく, 双方が無秩序に併存・混在する独特の二元性を保っていました。

　ただ, 明治時代中期になると, 国家の主導ではなく, 国民の手によって近代文化がしだいに都市を中心に浸透してくるようになりました。

●近代の思想●

　すでに述べたように，明治初年の文明開化期には自由主義・功利主義・天賦人権の思想など西洋思想の導入の動きがあり，旧来の伝統を批判し，無知な国民を開化させていこうという啓蒙主義がおこります。こうした動きは，自由民権運動に継承されました。

　しかし明治10年代後半，壬午事変・甲申事変などの朝鮮問題を契機に，民権家の中に国権論をとなえる人びとが登場します。国民の権利や自由の伸張を求める民権論に対し，国家の権力が強化されてはじめて民権が伸張されるのだと考えるのが国権論です。

　朝鮮半島に勢力をのばそうとする日本に対し，朝鮮人がこれを拒絶し，清国と親密になったため，国内で大きな反発が生まれたことが一つの要因です。すでに紹介した福沢諭吉の「脱亜論」などは国権論の初期のものといえます。

　政府は啓蒙主義をとり，上からの欧化政策を進めましたが，これに反対する人びとも少なくありませんでした。徳富蘇峰は，政府のやり方は貴族的欧化主義だと非難し，「働かなくていい貴族たちは，懐石料理でも食べていればいい。本当に栄養のあるパンとミルクが必要なのは，多大なエネルギーを使う一般の労働者なのだ」と庶民の欧化を説き，一般国民の生活向上と自由の拡大を主張しました。これを蘇峰は平民的欧化主義と呼びました。蘇峰は1887（明治20）年に民友社をつくって雑誌『国民之友』を発刊し，自説を広めていきました。

　同じく，庶民の幸福を重視しながらも，欧化をとなえる蘇峰とは正反対の主張をする人たちもいました。これが近代的民族主義で，国家の独立や日本人の民族性を重視すべきだという考え方です。

1．明治文化の特色と思想・信教・教育

そのうち三宅雪嶺は，1888（明治21）年に志賀重昂や杉浦重剛らと政教社（思想的結社）をつくり，雑誌『日本人』を発刊して国粋保存主義をとなえました。

　国粋保存主義は，当初は比較的穏健な民族主義であり，西洋文化の批判的摂取も主張していました。しかし，大正時代末期から昭和時代初期になると，排外的国家主義の色合いを濃くしていきます。この頃の国粋主義は，超国家主義とも呼びます。

　官僚だった陸羯南は，政府の欧化政策に反対して辞職し，1888（明治21）年，新聞『東京電報』を創刊し，翌1889（明治22）年に新聞『日本』と改題して，国民の統一と自立を基盤として国家の独立をめざす国民主義を説きました。この思想は，国粋保存主義とは一定の距離を保っていました。

　平民的欧化主義をとなえていた徳富蘇峰は，国粋保存主義や国民主義を批判して三宅や陸らと強く対立していましたが，日清戦争を契機に対外膨張論に転じていきます。日清戦争とその勝利が，日本の思想界の動向に決定的な変化を与えたのです。

　この時期，高山樗牛も雑誌『太陽』で伝統の大切さを述べ，「忠君愛国・君民一体」など国民精神の発揚をとなえ，キリスト教を排撃し，日本の海外進出を肯定しました。高山は自分の思想を国粋保存主義とは区別していましたが，彼が創設した大日本協会の機関誌『日本主義』の名をとって日本主義と呼ばれています。

　日本の中国分割に否定的だった陸羯南は，義和団事件後，日本が清国へ返還した満州をロシアが占拠するようになると，大陸進出を肯定して対露強硬論をとなえるようになります。こうして日露戦争が始まる前には，日本の思想界は，対外膨張を主張する国家主

義が主流となっていたのです。

　ところが日露戦争が終わって日本が列強の一員となると、明治の国家目標は一応達成されたとして、国民のあいだで国家主義への疑念が膨らみ、農村においては国家の利害より地方社会の利益を重視する傾向があらわれました。都市においては、実利を求める傾向が強くなったり、青年の中には人生の意義に煩悶するような者たちも増えていきました。そこで政府が発したのが戊申詔書(1908年)でしたね。列強の一員としての日本を支えるための国民道徳の強化がそのねらいです。

●明治時代の信教●

　続いて宗教界について話していきましょう。

　文明開化のところで述べましたが、政府は1868(明治元)年に神仏分離令を発し、大教宣布の詔を出すなどして神道を国教にしようとしましたが、うまくいきませんでした。

　これにくらべて教派神道のほうは、庶民のあいだに急速に浸透していきました。教派神道とは、幕末の動乱という不安定な世相の中に、次々に誕生した神道系の新興宗教のことでしたね。

　天理教・金光教・黒住教などが有名ですが、主たるものだけで13派あったといいます。政府ははじめ、こうした新興神道を弾圧したようですが、神道国教化をあきらめた頃から、むしろ公認していきました。

　一方、廃仏毀釈で大打撃をうけた仏教界ですが、庶民の離反と弾圧によって覚醒運動が発生し、仏教の神道からの完全分離を推進した島地黙雷らが、西洋の自由信仰論を取り入れるなど必死の努力

1．明治文化の特色と思想・信教・教育　　*175*

のすえ，国民の信頼を回復していきます。

　同じくキリスト教も明治初年まで弾圧をうけていました。それについては，別項ですでに話したとおりです。

　しかし，1873（明治6）年に**キリスト教**が**黙認**されると，幕末から日本に来て，在日外国人に教育や医療行為をおこなっていた宣教師たちが，日本人にも布教しはじめ，積極的な教育・社会福祉活動，あるいは**廃娼**運動などによって信頼をかちえ，多数の信者を獲得していきました。

　明治初年に来日した**札幌農学校**の**クラーク**や**熊本洋学校**の**ジェーンズ**ら外国人教師たちは，青年知識人に強い影響を与え，彼らのあいだにキリスト教信仰が広まっていきました。**内村鑑三**や**海老名弾正**・**新渡戸稲造**などはその代表的な人びとです。

　しかしながら，国家主義の風潮が強まってくると，内村鑑三不敬事件のように，キリスト教は圧迫をうけるようになっていきます。

●**明治時代の教育**●

　政府は国民を近代化させるため，1871（明治4）年に**文部省**を設置し，国家の教育理念として，「人は身をたて，智をひらき，産をつくるために勉強や学問をするのだ」という個人主義的・立身主義的な西欧の教育観をとなえた**学制**を1872（明治5）年に出しましたね。とくに**国民皆学**という公教育の考えを打ち出し，**小学校教育の普及**に力を注ぎました。この結果，義務教育の就学率はしだいに高まりましたが，学制が地方の実情を無視した画一的で強制的なものだったことから，政府内外に批判がおこりました。このため政府も方針を改め，1879（明治12）年，学制を廃止し，**アメリカ**の制度をまね

た**教育令**を制定しました。

　教育令では，全国画一の学区制を廃して町村を小学校の設置単位としました。学校の管理も地方に移管し，教育課程の編成の権限も地方にゆだねました。就学義務も大幅に緩和しました。

　このように強制から放任へ急転換して混乱がおこり，教育令の内容も自由主義的な色彩が強かったので，政府の保守派から強い批判があがり，早くも翌年には法令は大幅に改正（**改正教育令**）され，政府の小学校教育に関する監督責任が強調されました。また，**修身**（現在の道徳のような教科）が筆頭科目になり，国家主義的な方向へと教育が流れていきました。

　こうした試行錯誤を経て1886（明治19）年，初代文部大臣に就任した**森有礼**は，帝国大学令・師範学校令・小学校令・中学校令と，立て続けに学校に関する法律を発布しました。これらを総称して**学校令**といいますが，これにより学校間の教育体系がきちんと整備されたのです。

　この学校令により，小学校・中学校・師範学校はいずれも尋常と高等の2種に分けられました。しかしのちに，尋常中学校は中学校，高等中学校は高等学校と改称されます。

　日本唯一の官立大学であった東京大学は，このおり**帝国大学**に改組され，さらに1897（明治30）年，**東京帝国大学**と改称されました。この年，京都帝国大学が創設されたからです。ついで東北・九州にも帝国大学がつくられ，大正時代から昭和時代初期にかけて北海道・京城（朝鮮半島）・台北（台湾）・大阪・名古屋にも帝国大学が生まれました。これらをあわせて「九帝大」などと称しています。

　小学校の**義務教育**は，1890（明治23）年に小学校令が改正されたさ

1．明治文化の特色と思想・信教・教育

いに尋常小学校3～4年が義務とされ、さらに1900（明治33）年にはまた小学校令が改正されて4年となり、1907（明治40）年に6年に延長されました。1941（昭和16）年に国民学校令が制定され8年となり、現在のように9年となったのは、1947（昭和22）年の**学校教育法**によってです。

　これにともなって就学率も上がります。日清戦争前の1892（明治25）年には男子の就学率は70％、女子も36％に達しています。1900（明治33）年、義務教育期間の授業料が廃止されたことで、就学率はさらに高まり、1902（明治35）年には90％を超えました。

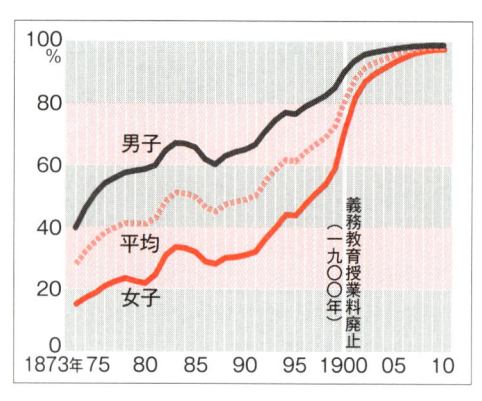

義務教育における就学率の向上（『学制百年史』より）

●教育勅語の発布●

　教育政策は、しだいに国家主義重視の方向へ流れていき、1890（明治23）年には**教育に関する勅語**（**教育勅語**）が発布されました。教育勅語というのは、戦前の日本人に非常に大きな影響を与えた、日本国の教育理念・教育精神が記された文章です。起草したのは、**井上毅**と**元田永孚**で、勅語の形式は、明治天皇が国民に語りかけるかたちをとっています。「**忠君愛国**」が学校教育の基本であること

が強調されました。政府は，教育勅語を国家の支柱にしようと，各学校に配布し，学校の式日に生徒を集めて読み聞かせるよう訓令を出しました。

やがて教育勅語を式日に読むのは学校の義務だとされ，勅語についての内容は，修身の時間に具体例をあげるなどしてくわしく学習させられ，生徒一人一人が全文を暗記させられました。こうして政府は教育勅語によって，子どもの頃から国民に徹底的に忠君愛国思想を浸透させたのです。

こうしたやり方に違和感を覚え反発したのが，キリスト教徒の**内村鑑三**です。彼は第一高等中学校の講師（嘱託）をしていましたが，1891（明治24）年，教育勅語奉読式の場において，天皇の署名入りの教育勅語への拝礼をしなかったのです。奉読式に参列した教員や生徒が次々に拝礼していく中で，内村だけがちょっと頭を下げただけで，きちんと拝礼しなかったといいます。

キリスト教では偶像崇拝が禁じられており，キリスト教者としての信念からの行動でした。この行為は同僚たちから激しい非難をあび，マスコミも大々的にこの行動を取り上げたため，仕方なく内村は友人に代拝してもらいました。しかし，結局内村は依願解職というかたちで教職を追われ，以後数年間，人びとから国賊とさげすまれ，友人の援助によりかろうじて命をつなぎ，流浪生活を余儀なくされました。内村の奥さんは心労のあまり急死してしまったといいます。この事件を**内村鑑三不敬事件**と呼んでいます。

内村の信仰心はこの事件による迫害のため，いっそう確固たるものになったといわれています。

ともあれ，このように自由主義的な雰囲気から始まった日本の教

1．明治文化の特色と思想・信教・教育　　*179*

育制度は，しだいに中央政府の統制(とうせい)が強まり，日清戦争前後から急速に国家主義に傾いていったのです。

　1903(明治36)年の小学校の国定(こくてい)教科書制度もそのあらわれだといってよいでしょう。小学校の教科書を文部省の著作に限ることが定められたのです。これにより，国家の教育に対する統制はいっそう強まりました。

2 近代科学の発展と文学・芸術

●近代科学●

　近代的な学問研究の世界でも，当初は**お雇い外国人**の専門学者である外国人教師から学ぶだけでしたが，やがて日本人の学者が育ち，彼ら自身の手で各分野の専門的研究をおこなうことができるようになっていきます。

　国家主義が台頭してくると，多くの科学分野においてドイツの影響力が非常に強くなってきます。皇帝の権限の強い新興国家であり，軍事力も抜群であったところが，日本がめざす将来の国家像と重なり，政府や学者の好みにあったのでしょう。

おもな外国人教師の業績

宗教	ヘボン(米)	伝道・医療・語学
	フルベッキ(米)	伝道・語学
	ジェーンズ(米)	伝道・語学
教育	クラーク(米)	札幌農学校
自然科学	モース(米)	動物学・考古学
	ナウマン(独)	地質学
	ミルン(英)	地震学
医学	ベルツ(独)	東京医学校→帝大
工学	ダイアー(英)	工部大学校
哲学	フェノロサ(米)	哲学・古美術
	ケーベル(露)	ドイツ哲学
美術	ラグーザ(伊)	彫刻
	フォンタネージ(伊)	洋画
	ワーグマン(英)	洋画
	キヨソネ(伊)	銅版画
建築	コンドル(英)	建築

経済学分野では，自由貿易や自由放任の経済政策を説くイギリス経済学から，保護貿易論や社会政策の必要を説くドイツ学説が主流となっていきます。法律学はフランス人のボアソナードが中心になっていましたが，民法典論争をきっかけにフランス流は廃れ，ドイツ法学が優勢になりました。哲学においても，ドイツ観念論を中心としたドイツ哲学が学会で支配的になりました。

　日本文学や日本史などの分野でも，西洋の科学的な手法が取り入れられていきました。たとえば，東京帝国大学の史料編纂掛が『大日本史料』や『大日本古文書』などの体系的な編纂を開始しましたが，これなども西洋史学の史料編纂の手法が導入されています。

　民間でも歴史学者田口卯吉が1877（明治10）年より『日本開化小史』の刊行を始めましたが，同書はギゾーやバックル・スペンサーといった西洋の歴史家や思想家の影響をうけ，文明発達の法則性に重きをおいて日本史を記述した内容になっており，以後の日本史学に大きな影響を与えました。

　こうした科学的な研究は，時として伝統的・保守的な思想と摩擦をおこすこともありました。たとえば，帝国大学の教授だった久米邦武は，『史学雑誌』に「神道は祭天の古俗」という論文を1891（明治24）年に発表しました。これは，「日本古来の神道は宗教というべきものではなく，東洋古代の祭天の古い俗習の一つにすぎない」という事実を実証した論文です。これに感銘をうけた田口卯吉が，自分が発行する『史海』という雑誌に久米の論文を転載し，神道家を挑発・揶揄したので，神道家や国家主義者が激怒。彼らの抗議をうけた久米は論文を撤回しましたが，結局，翌年，職を追われました。これを久米邦武筆禍事件といいます。その後，久米は，友人の大隈

重信の招きにより，早稲田大学で教鞭をとることになり，近代史学の発展に大きく寄与しました。

そのほか医学・薬学・地震学・天文学・物理学・植物学などの自然科学の分野においても，日本人科学者が大きな業績をあげました。こうした業績を一覧表にしておきます。

おもな自然科学者の業績

医学	北里柴三郎	細菌学の研究(破傷風血清療法，ペスト菌発見)。伝染病研究所創設
	志賀 潔	赤痢菌の発見
薬学	高峰譲吉	アドレナリンの抽出 タカジアスターゼの創製
	鈴木梅太郎	オリザニン(ビタミンB_1)の抽出
	秦佐八郎	サルバルサンの創製
地震学	大森房吉	大森式地震計の発明
天文学	木村 栄	緯度変化のZ項の発見
物理学	長岡半太郎	原子構造の研究
	田中館愛橘	地磁気の測定
植物学	牧野富太郎	植物の分類法

●近代ジャーナリズム●

1880年代から90年代にかけて，ジャーナリズムが発達します。自由民権運動や条約改正交渉，アジア外交などをめぐって世論が沸騰し，次々と政治評論を中心とした新聞が創刊されるようになりました。こうした特色をもつ新聞を**大新聞**と呼びます。

それぞれが独自の政治的な主張をもち，国民に政治思想を浸透させたという意味では，大きな役割を果たしたといえるでしょう。『郵便報知新聞』や『朝野新聞』などが代表的な大新聞です。

大新聞には専属の文芸担当者や寄稿家がおり，近代文学の普及

2．近代科学の発展と文学・芸術

にも貢献しました。

　政治記事や社説などを記さず，娯楽や芸能ニュース中心の大衆紙も存在しました。江戸時代の瓦版の系譜を引くもので，文章も平易で読みやすいものでした。これを大新聞に対して小新聞といいます。その名称は，判型が大新聞にくらべ小さかったからだといわれています。『読売新聞』がその代表です。

　雑誌も続々と創刊されていきます。明治初年の『明六雑誌』を先駆けに，1880年代後半の『国民之友』，『日本人』以後，続々と雑誌が創刊され，明治時代後期になると，『太陽』や『中央公論』といった総合雑誌が創刊されるようになりました。『中央公論』はいまも続いていますね。

●近代文学●

　新聞や雑誌には，小説が掲載されるようになりましたが，これから近代文学の流れを概観していこうと思います。

　小新聞の記事の多くを戯作（江戸時代以来の大衆文芸）作家が書いていたこともあり，明治時代初期に小新聞がさかんになると，江戸時代の戯作文学が復活します。有名なところでは，文明開化の世相を記した仮名垣魯文の『安愚楽鍋』があります。

　自由民権運動がさかんになってくると，自由民権論や国権論を広める目的で，民権家が政治小説を書くようになります。『郵便報知新聞』の社長で，立憲改進党系の政治家でもあった矢野龍溪（本名は矢野文雄）の『経国美談』，東海散士（本名は柴四朗）の『佳人之奇遇』，『朝野新聞』の主筆で政治家としても活躍する末広鉄腸（本名は末広重恭）の『雪中梅』は覚えておきたいですね。

1885(明治18)年，坪内逍遙はこのような政治至上主義の政治小説や戯作文学にみられる勧善懲悪主義を批判し，「西洋の文芸理論をもとに，人間の内面や世相を客観的・写実的に描くべきだ」と提唱した『小説神髄』を刊行しました。
　これに影響をうけた同郷の後輩二葉亭四迷は，言文一致体によって『浮雲』という作品を書きましたが，この『浮雲』こそ，逍遙の主張を文学作品として結実させたものであり，最初の近代小説だと評価されています。
　その後，尾崎紅葉が写実主義をかかげて山田美妙らとともに硯友社をつくり，回覧雑誌である『我楽多文庫』を発刊して文芸小説の大衆化を進めていきました。尾崎は『金色夜叉』，山田は『夏木立』という代表作を残しています。
　こうした動きに対して，幸田露伴は坪内逍遙の「人間の内面を尊重する」という考え方を受け継ぎ，東洋哲学を基盤とする理想主義的な作品を発表していきます。代表作は『五重塔』です。
　日清戦争前後になると，ロマン主義文学がさかんになります。啓蒙主義や合理主義を批判し，個性や感情を重んじ，革新や自由をとなえる潮流です。北村透谷が島崎藤村とともにつくった文芸雑誌『文学界』がその拠点となりました。
　森鷗外の『舞姫』や泉鏡花の『高野聖』，樋口一葉の『たけくらべ』などが代表的な作品といえるでしょう。樋口は5000円札の肖像にもなっていますね。底辺の女性たちの悲哀に満ちた実態を数篇の小説に描きましたが，若くして病で亡くなりました。
　歌や詩の分野でも，島崎藤村の新体詩集『若菜集』，与謝野晶子の短歌集『みだれ髪』はロマン主義の影響を大きくうけたものです。

2．近代科学の発展と文学・芸術　**185**

晶子は夫の与謝野鉄幹が主宰する雑誌『明星』で活躍しますが,女性が性について赤裸々に歌うなど情熱的な歌人として注目を集めました。

　俳句の分野では,正岡子規が革新運動を展開するとともに,和歌の分野でも万葉調和歌の復興につとめ,伝統文芸を革新しました。若くして結核で亡くなってしまいますが,晩年の1897(明治30)年には,俳句雑誌『ホトトギス』が創刊されました。子規の没後,雑誌はその弟子高浜虚子に引き継がれました。

　和歌の分野でも子規の門下だった伊藤左千夫や長塚節が1908(明治41)年に『アララギ』と題する短歌雑誌を発刊しています。

　そうした意味では,正岡子規という人の和歌や俬句における貢献度は絶大です。

　日清戦争後には,人道主義の立場にたった社会小説を徳富蘆花(蘇峰の弟)が執筆しましたが,日露戦争前後より,日本文学はフランスやロシアの影響をうけ,人間の暗部をありのままに描き出そうとする自然主義文学が全盛を迎えます。

　島崎藤村もロマン主義から自然主義へと移っていきました。藤村の書いた『破戒』は,被差別部落出身の小学校教師の内面的苦悩を描いた典型的な自然主義文学作品です。そのほか,国木田独歩の『牛肉と馬鈴薯』,田山花袋の『蒲団』,徳田秋声の『黴』,正宗白鳥の『何処へ』などが有名な自然主義文学作品です。

　歌人で詩人の石川啄木もロマン主義から自然主義へ傾倒しましたが,やがて社会主義に傾き,自然主義文学を批判するようになります。彼の代表作として,「はたらけどはたらけど猶わが生活　楽にならざりぢつと手を見る」という歌が載録された歌集『一握の砂』

は有名ですね。『悲しき玩具』は啄木の代表作です。

　明治時代の末になると，反自然主義の作家も多くなってきます。夏目漱石がその代表的な作家です。漱石は，知識人の内面生活を国家や社会との関係でとらえようとしました。対象から離れて眺めたので高踏派などと呼ばれることもあります。『吾輩は猫である』『坊っちゃん』『三四郎』『こころ』『草枕』などは，きっとみなさんも知っていると思います。

　同じく高踏派として，先述の森鷗外がいます。とくに晩年の鷗外は，『阿部一族』など歴史小説を多く手がけるようになりました。

　文芸作品の批評はさかんに新聞や雑誌に掲載されましたので，作家だけではなく，評論家も文壇において重要な地位を占めたことも覚えておきましょう。

明治時代の代表的な文学作品

人名と代表作（小説分野）	[キーワード]
仮名垣魯文：『安愚楽鍋』(1871年)	戯作文学
矢野龍溪：『経国美談』(1883年)	政治小説
二葉亭四迷：『浮雲』(1887年)	言文一致体
森鷗外：『舞姫』(1890年)	二大巨頭
幸田露伴：『五重の塔』(1891年)	写実主義
樋口一葉：『たけくらべ』(1895年)	ロマン主義
尾崎紅葉：『金色夜叉』(1897年)	硯友社
国木田独歩：『武蔵野』(1901年)	自然主義
夏目漱石：『坊っちゃん』(1906年)	二大巨頭
島崎藤村：『破戒』(1906年)	自然主義
田山花袋：『蒲団』(1907年)	自然主義

人名と代表作（詩歌分野）	[キーワード]
島崎藤村：『若菜集』(1897年)	新体詩
正岡子規：『歌よみに与ふる書』(1898年)	ホトトギス
与謝野晶子：『みだれ髪』(1901年)	明星派
石川啄木：『一握の砂』(1910年)	自然主義

●明治の演劇と音楽●

　文明開化の時期にも，日本の伝統芸能である歌舞伎人気は衰えませんでした。歌舞伎作家の河竹黙阿弥は，文明開化の風俗を取り入れ，次々と新作を発表していきました。

　明治時代中期になると，9代目市川団十郎・5代目尾上菊五郎・初代市川左団次といった歌舞伎の名優が活躍，庶民の大きな人気を博しました。俗にこの時期を「団菊左時代」と呼んでいます。明治歌舞伎の黄金時代ですね。

　自由民権運動は，政治小説によってその普及がはかられましたが，演劇の分野でも時事的な劇に民権思想を盛り込んで自由党の壮士による演劇がおこなわれるようになります。これを壮士芝居といい，オッペケペー節など歌で民権思想を広めた川上音二郎がその中心となります。川上音二郎は自由童子と称した明治時代の俳優で，のちに妻の川上貞奴と欧米巡業して評判を得ました。

　壮士芝居は日清戦争前後になると，通俗小説の劇化を加えて新派劇と呼ばれるようになります。

　日露戦争後の1906（明治39）年には，坪内逍遙と島村抱月によって演劇の改善や普及をめざす文芸協会が設立されました。第1回の講演は「ハムレット」，第2回はイプセンの「人形の家」で，この時は人気女優の松井須磨子が主役を演じました。

　1909（明治42）年には2代目市川左団次と小山内薫らが自由劇場という劇団を結成，ヨーロッパ近代劇の翻訳劇を中心に上演しました。こうした演劇は，歌舞伎や新派劇に対して新劇と呼ばれました。

　次に音楽分野ですが，西洋音楽は軍楽隊ではじめに取り入れられ

ました。ついで伊沢修二の提言により，音楽教員を養成する音楽取調掛（1887年に東京音楽学校に改組）が1879（明治12）年に設置され，小学校教育の中に西洋歌謡を手本にした唱歌が採用されました。1882（明治15）年には，アメリカのメーソンの指導で文部省音楽取調掛が『小学唱歌集』を編纂しています。「蝶々」や「蛍の光」，「仰げば尊し」なども収録されています。

「荒城の月」などで知られる滝廉太郎ら作曲家も現われました。

さらに一時衰退していた能楽など伝統的な歌舞も明治時代中期に復活していきました。

🔴 明治の美術・彫刻・建築 🔴

続いて美術分野について話します。最初に西洋画の動きを紹介していきましょう。

明治政府は，1877（明治10）年に工部美術学校を開設し，外国人教師を招いて西洋美術を教授するようになりました。イタリア人のフォンタネージが代表的な教師で，その教え子として浅井忠や高橋由一が出ています。けれども，工部美術学校は数年後に廃止され，一時的に西洋画は衰退してしまいます。

しかし，イタリアの影響をうけた脂派の浅井忠が中心となり，1889（明治22）年に明治美術会と称する日本初の西洋美術団体を創設しました。ただ，1896（明治29）年にフランスに留学して印象派を学んだ黒田清輝らが白馬会を創設すると，こちらが西洋画壇の主流となりました。黒田は華族の家に生まれましたが，17歳の時にフランスにわたり，やがて絵画を学ぼうと決意し10年間留学していました。

2．近代科学の発展と文学・芸術　　**189**

一方，日本画の動きですが，アメリカ人のフェノロサやその弟子岡倉天心が，日本の伝統的美術を再評価しました。これに加え，ヨーロッパでも浮世絵などの日本画が高い評価をうけるようになったため，明治政府も伝統美術を育成しようと考え，1887(明治20)年に東京美術学校が設立されました。同校は日本画を中心とする美術学校でしたが，1896(明治29)年になると，西洋画科が新設されています。黒田清輝は西洋画科が設けられると，この学校で西洋画の指導にあたるようになります。東京美術学校からは狩野芳崖・橋本雅邦・菱田春草らを輩出，すぐれた作品を残しました。

　1898(明治31)年，岡倉天心らは日本美術院という日本画中心の美術団体を創設しましたが，以後，多くの美術団体が互いに競いながら伝統美術は発展していきました。

　こうした動きに対し，1907(明治40)年，第1次西園寺公望内閣の時の牧野伸顕文部大臣は，文部省や東京美術学校の関係者の意見をきき，日本美術と西洋美術の共存共栄をはかろうと，日本画・西洋画・彫刻の3部門からなる総合展覧会を開催することにしました。これがいわゆる文展(文部省美術展覧会)で，双方が美術作品発表の場をもつことができるようになったのです。

　この第1回文部省美術展覧会以後，毎年回を重ねていった文展でしたが，1919(大正8)年に名称を帝国美術院美術展覧会とあらためました。略して帝展と呼びます。

　それより前の1914(大正3)年には院展が開始されます。これは，再興された日本美術院の展覧会で，反文展の立場に立つものです。下村観山や前田青邨らが活躍しました。

　次に彫刻分野ですが，「老猿」をつくった高村光雲の伝統的な木

彫と，フランスのロダンの影響をうけ「女」を彫った荻原守衛らの西洋の彫塑が，互いに競合しつつ発展をとげ，やがて絵画分野同様，共存をはかるようになります。

明治時代の有名な彫刻作品としては，工部美術学校の教師ラグーザの「日本婦人」，新海竹太郎の「ゆあみ」，朝倉文夫の「墓守」，竹内久一の「伎芸天」などがあります。

建築の分野では，イギリスの建築家コンドルが見事な西洋の建築をつくっています。鹿鳴館やニコライ堂・岩崎邸などはどれもコンドルの設計です。その弟子の辰野金吾も日本銀行本店を設計，迎賓館赤坂離宮はヴェルサイユ宮殿を手本にしてつくられましたが，これも日本人の片山東熊の手になるものです。なお，明治末年になると，鉄筋コンクリート建築が登場してきます。

以上，演劇・音楽・美術・彫刻・建築といった芸術全般について概観しました。かなり多くの芸術家や作品が登場したので，覚えるのがなかなか大変かと思いますが，どうぞがんばって頭に入れてください。

明治時代のおもな美術・建築作品

絵画	悲母観音●(狩野芳崖) 鮭*(高橋由一) 収穫*(浅井 忠) 湖畔*・読書*(黒田清輝) 龍虎図●(橋本雅邦) 南風*(和田三造) 天平の面影*(藤島武二) 海の幸*(青木 繁)	渡頭の夕暮*(和田英作) 夜汽車*(赤松麟作) 無我●(横山大観) 大原御幸●(下村観山) ●日本画 ＊西洋画	彫刻	老猿(高村光雲) ゆあみ(新海竹太郎) 坑夫・女(荻原守衛) 墓守(朝倉文夫)
			建築	ニコライ堂(コンドル) 日本銀行本店(辰野金吾) 旧東宮御所(迎賓館赤坂離宮，片山東熊)

●日常生活の近代化●

明治時代になると，都市部を中心にガラス窓のある西洋風の近代

2．近代科学の発展と文学・芸術

建築が立つようになります。

　1894(明治27)年、三菱は陸軍省から払い下げられた丸の内に赤煉瓦のオフィスビル「三菱一号館」をつくります。以後、次々と近代的なビルを建設し、そのビル群は「一丁ロンドン」と呼ばれ、明治時代後半にはビジネス街に成長していきます。1911(明治44)年には帝国劇場が竣工して、劇場の客をめあてに貸自動車業も誕生していきます。

　1880年代の終わりには、電灯が大都市の中心部で灯るようになりました。1910年代には、電灯とガスが東京市内全世帯の半分に普及していきます。

　一方、地方の農漁村に電灯が灯るのは大幅に遅れ、大正時代前後になってからのことです。けれど農漁村においても石油ランプは普及していきました。

　都会の人びとは洋服を身につけ、時計の時刻にしたがって生活する西洋の行動様式をとるようになります。

　しかし農漁村では、洋装しているのは駐在巡査ぐらいでした。また新暦にかわってからも、農業や漁業の関係から地方では太陽暦とならんで旧暦が使用されていました。

　男はざんぎり頭が流行りますが、明治時代後半になると、女性の髪型も日本髪(髷を結う髪型)にかわって西洋婦人の髪型をまね、前髪を高く膨らませる束髪が考案され、急速に広まっていきます。女優の川上貞奴が始めたことから人気になったという説があります。

　交通の発達もみられます。明治時代初期の鉄道の開通に続き、1880年代から鉄道馬車が登場し、1890年代になると、京都で路面電車が開通しました。東京でも1903(明治36)年に路面電車が登場した

ので，翌年，鉄道馬車は姿を消しました。この頃，甲武鉄道(現，JR中央線)の飯田町・中野町間が開通したので，電車による通勤も広まりました。

　1900年前後になると，アメリカの**デパートメントストア(デパート)** を参考に，大都市にある大手の呉服店などはショーウィンドーや陳列台を設置し，顧客層を広げてデパート型の小売りを始めました。

　人口は明治時代後半になると，急速に都会に集中していきます。たとえば1889(明治22)年に東京市が発足した時，市内の人口は110万人台でしたが，それから約20年後の1908(明治41)年には，約2倍の210万人台に増加しています。

さくいん

あ
- 愛国公党 …………………… 64
- 愛国社 ………………… 70, 73
- 愛知紡績所 ………………… 46
- アイヌ文化振興法(アイヌ新法) ……………… 48
- 青木周蔵 ………… 103, 108
- 赤坂離宮 ………………… 191
- 赤旗事件 ………… 147, 170
- 秋月の乱 ………………… 65
- 浅井忠 …………………… 189
- 朝倉文夫 ………………… 191
- 足尾鉱毒事件 ……………… 170
- 足尾銅山 ………………… 168
- 安部磯雄 ………………… 167
- 阿部正弘 ……………………… 4
- アヘン戦争 ……………………… 1
- アロー戦争 ……………………… 5
- 安重根 …………………… 141
- 安政の改革 ……………………… 5
- 安政の五カ国条約 ……………… 7
- 安政の大獄 ……………………… 11
- 安藤信正 ………………… 12

い
- 井伊直弼 ………………… 5, 11
- イギリス公使館焼打ち事件 …………………… 10
- 生野の変 …………………… 14
- 池貝鉄工所 ……………… 161
- 池田屋事件 ……………… 14
- 伊沢修二 ………………… 189
- 石川啄木 ………………… 186
- 泉鏡花 …………………… 185
- 磯淳 ……………………… 65
- 板垣退助 …… 34, 61, 64, 68, 74, 77, 121, 123
- 市川左団次(初代) …… 188
- 市川左団次(2代) …… 188
- 市川団十郎(9代) …… 188
- 「五日市憲法草案」 …… 77
- 一世一元の制 ……………… 30
- 伊藤左千夫 ……………… 186
- 伊藤博文 …… 10, 34, 57, 87, 88, 112, 117, 126, 127, 140
- 伊東巳代治 ……………… 91
- 井上馨 ‥ 10, 34, 85, 103, 104, 127
- 井上毅 ……………… 91, 178
- 入会地 …………………… 42
- 岩倉使節団 ……………… 57
- 岩倉具視 …… 20, 34, 57, 61, 71, 75, 103
- 岩崎邸 …………………… 191
- 岩崎弥太郎 ……………… 45
- 院展 ……………………… 190
- インフレーション …… 79

う
- ウィッテ ………………… 137
- 右院 ……………………… 33
- 植木枝盛 ……………… 73, 76
- 内村鑑三 …… 47, 134, 176, 179
- 梅謙次郎 ………………… 98
- 浦上教徒弾圧事件 ……… 29
- 売込商 ……………………… 7

え
- 「ええじゃないか」 …… 19
- 江川太郎左衛門(坦庵) …………………… 22
- 江藤新平 ……………… 34, 65
- 榎本武揚 …… 25, 63, 109
- 海老名弾正 ……………… 176
- 袁世凱 …………………… 144

お
- 奥羽越列藩同盟 ………… 25
- 欧化政策 ………………… 105
- 王政復古の大号令 ……… 21
- 大井憲太郎 ………… 84, 112
- 大木喬任 ………………… 34
- 大久保利通 …… 16, 32, 34, 57, 59, 61, 69, 70
- 大隈重信 …… 34, 44, 53, 75, 77, 79, 103, 107, 121, 123
- 大阪会議 ………………… 70
- 大阪事件 ……… 83, 84, 112
- 大阪紡績会社 …………… 154
- 大新聞 …………………… 183
- 太田黒伴雄 ……………… 65
- 大塚楠緒子 ……………… 134
- 大津事件 ………………… 108
- 大鳥圭介 ………………… 115
- 大村益次郎 …………… 17, 35
- 大山巌 …………………… 127
- 大山綱良 ………………… 66
- 岡倉天心 ………………… 190
- 御蔭参り ………………… 19
- 荻原守衛 ………………… 191
- 尾崎紅葉 ………………… 185
- 尾崎行雄 ……………… 85, 123
- 小山内薫 ………………… 188
- オッペケペー節 ………… 188
- 尾上菊五郎(5代) …… 188
- 小野組 …………………… 25
- お雇い外国人 …… 44, 53, 181

か
- 開化派 …………………… 112
- 海軍軍令部 ……………… 93
- 海軍伝習所 ……………… 22
- 戒厳令 …………………… 138
- 外国人判事 ………… 104, 107
- 会社設立ブーム ………… 150
- 開成所 …………………… 22
- 改税約書 ………………… 16
- 開拓使 ……………… 33, 47
- 開拓使官有物払下げ事件 …………………… 75
- 解放令(賤称廃止令) …… 38
- 臥雲辰致 ………………… 154
- 「学事奨励に関する太政官布告」 ……………… 52
- 学制 ……………… 52, 176
- 学制反対一揆 …………… 53
- 『学問のすゝめ』 ……… 51
- 「臥薪嘗胆」 …………… 119
- 和宮 ……………………… 12
- 華族 ………………… 38, 95
- 華族令 …………………… 87

194 さくいん

片岡健吉
　……… 70，73，85，107
片山潜 ………… 166-168
片山東熊 ………… 191
勝海舟（義邦）… 22，25
学校教育法 ……… 178
学校令 …………… 177
桂小五郎 ………… 17
桂・タフト協定 … 139
桂太郎 …… 127，145，171
加藤弘之 ……… 55，77
仮名垣魯文 ……… 184
神奈川条約 ……… 3
金子堅太郎 ……… 91
狩野芳崖 ………… 190
加波山事件 ……… 83
樺山資紀 …… 101，120
歌舞伎 …………… 188
貨幣法 …………… 150
『我楽多文庫』 …… 185
樺太・千島交換条約 … 63
樺太庁 …………… 144
ガラ紡 …………… 154
家禄 ……………… 39
川上音二郎 ……… 188
川路利良 ………… 37
河竹黙阿弥 ……… 188
官営事業 ………… 44
官営事業払下げ … 159
官営鉄道 ………… 158
官営模範工場 …… 46
官営八幡製鉄所 … 160
韓国併合 ………… 141
漢城（ソウル） …… 140
関税自主権 … 6，58，103
関東都督府 ……… 142
漢冶萍公司 ……… 160

き

議会政策派 ……… 168
器械製糸 ………… 156
企業勃興 …… 150，151
紀元節 …………… 55
議定 ………… 21，29
議政官 …………… 29
寄生地主 ………… 163

貴族院 ……… 95，127
貴族的欧化主義 … 173
北村透谷 ………… 185
「偽党撲滅」 ……… 82
木戸孝允
　… 27，32，34，57，70
奇兵隊 …………… 17
義務教育 ………… 177
旧東清鉄道 ……… 142
牛鍋 ……………… 56
教育に関する勅語（教育勅
　語）……………… 178
教育令 …………… 177
協定関税制度 …… 6
共同運輸会社 …… 159
京都守護職 ……… 13
教派神道 ………… 175
共和演説事件 …… 123
居留地 …………… 6
義和団事件 ……… 131
金玉均 …………… 112
金銀比価 ………… 9
銀座 ……………… 55
近代小説 ………… 185
近代的民族主義 … 173
欽定憲法 ……… 76，92
銀本位 …………… 80
金本位制 … 48，122，150
禁門の変 ………… 15
金禄公債証書 …… 39

く

陸羯南 …………… 174
宮内省 …………… 89
グナイスト ……… 87
国木田独歩 ……… 186
熊本鎮台 ………… 65
熊本洋学校 ……… 176
久米邦武 ………… 182
クラーク ……… 47，176
来島恒喜 ………… 108
黒住教 ………… 19，175
黒田清隆
　… 34，75，88，99，127
黒田清輝 ………… 189
郡区町村編制法 … 71，72

軍部大臣現役武官制 ‥ 125
群馬事件 ………… 83

け

桂園時代 ………… 145
慶応義塾 ………… 53
敬神党（神風連） … 65
警保寮 …………… 37
啓蒙主義 ………… 173
毛織物 …………… 8
戯作文学 ………… 184
血税一揆 ……… 36，66
下野 ……………… 61
県 ………………… 31
元勲内閣 ………… 102
憲政党 ……… 122，124
言文一致体 ……… 185
憲法草案 ………… 74
硯友社 …………… 185
玄洋社 …………… 108
県令 ……………… 33
元老 ………… 127，146
元老院 ………… 30，71
言論・出版・集会・結社の
　自由 …………… 94

こ

御一新 …………… 26
黄海海戦 …… 117，136
航海奨励法 ……… 159
江華島事件 ……… 62
公議政体派 ……… 24
甲午農民戦争 …… 115
高札 ……………… 28
貢士 ……………… 30
皇室典範 ………… 96
交詢社 …………… 76
工場払下げ概則 … 80
甲申事変 ………… 112
高宗 ………… 111，132，140
幸田露伴 ………… 185
高踏派 …………… 187
幸徳秋水 ‥ 126，134，167，
　168　171
鴻池 ……………… 25
豪農 ………… 81，149

あい〜こう　　195

河野広中 …………… 82	西郷隆盛	市制・町村制 ………… 90
公武合体 …………… 12	……16, 25, 34, 61, 66	自然主義文学 ……… 186
工部省 ……………… 43	西郷従道 …59, 101, 127	士族 ……38, 40, 47, 78
工部美術学校 ……… 189	『西国立志編』 ……… 51	「士族の商法」 ……… 40
孝明天皇 …………… 5, 7	祭政一致 …………… 33	事大党 …………… 112
五箇条の誓文 ……… 26	財閥 ……………… 160	師団 ……………… 114
国粋保存主義 ……… 174	済物浦条約 ………… 111	品川硝子製造所 …… 46
国定教科書制度 …… 180	左院 …………30, 33, 64	品川弥二郎 ……… 101
国鉄 ……………… 158	堺利彦 …………… 134	芝浦工作所 ……… 161
国民皆学 ……… 52, 176	沙河会戦 ………… 135	師範学校 …………… 53
国民皆兵 …………… 35	坂下門外の変 ……… 12	渋沢栄一 ……… 49, 154
国民協会 …… 101, 102	佐賀の乱 …………… 65	紙幣整理 …………… 79
国民主義 ………… 174	坂本龍馬 ……… 17, 20	シベリア鉄道 …… 108
『国民之友』 ……… 173	相楽総三 …………… 24	資本主義 …… 149, 151
国立銀行条例 ……… 49	桜田門外の変 ……… 12	資本主義恐慌 …… 152
小御所会議 …… 21, 24	座繰製糸 ………… 156	島崎藤村 ………… 185
小作農 ……………… 81	佐佐木高行 ………… 34	島地黙雷 ………… 175
児島惟謙 ………… 109	薩英戦争 ……… 10, 15	島津久光 …………… 12
戸主権 ……………… 98	薩長連合（同盟） …… 17	島村抱月 ………… 188
小新聞 …………… 184	札幌農学校 …… 47, 176	四民平等 …………… 38
御親兵 ………… 32, 34	札幌麦酒醸造所 …… 46	下関条約 ………… 117
御前会議 …………… 76	佐野常民 …………… 80	下村観山 ………… 190
五代友厚 …………… 75	三院制 ………… 33, 89	社会契約説 ………… 51
児玉源太郎 ……… 120	ざんぎり頭 ………… 56	『社会契約論』 ……… 77
国会開設の勅諭 …… 76	三国干渉 ………… 119	社会主義研究会 …… 167
国会期成同盟 ……… 74	三条実美 ……… 14, 34	社会民主党 ……… 167
国家主義 ………… 174	三職 …… 21, 29, 33, 88	爵位 ………………… 87
国権論 ……… 113, 173	三大事件建白運動	写実主義 ………… 185
後藤象二郎 … 20, 34, 64	…………… 85, 107	借金党 ……………… 83
後藤新平 ………… 120	山東半島 …… 117, 129	集会条例 …………… 74
近衛兵 ……………… 34	参謀本部 …………… 93	集会条例改正 ……… 82
五品江戸廻送令 …… 8	讒謗律 ……………… 72	衆議院 ……………… 95
五榜の掲示 ………… 27	三民主義 ………… 144	衆議院議員選挙法
駒場農学校 ………… 47	参与 …………… 21, 29	…………… 95, 99
小村寿太郎	蚕卵紙 ……………… 8	自由劇場 ………… 188
……… 103, 109, 137		修身 ……………… 177
五稜郭 ……………… 25	**し**	自由党 ‥75, 77, 83, 121
コンクリート建築 … 191	ジェーンズ ……… 176	「自由党を祭る文」 … 126
金光教 ………… 19, 175	志賀重昂 ………… 174	『自由之理』 ……… 51
コンツェルン ……… 162	私学校 ……………… 66	自由民権運動
コンドル …… 105, 191	辞官納地 ……… 21, 24	……… 52, 65, 68, 173
困民党 ……………… 83	私擬憲法 …………… 76	シュタイン ………… 87
	「私擬憲法案」 ……… 76	種痘所 ……………… 22
さ	四国艦隊下関砲撃事件	巡査 ……………… 37
西園寺公望 …… 127, 145	…………………… 15	純宗 ……………… 141
最恵国待遇 ………… 4	『時事新報』 ……… 113	攘夷運動 …………… 9

唱歌 ……………… 189		対外硬派連合 …… 102, 114
小学校教育 ……… 52, 176		大韓帝国 ……………… 132
将軍継嗣問題 ………… 11		大逆事件 ……………… 171
将軍後見職 …………… 13		大教宣布の詔 …… 54, 175
常侍輔弼 ……………… 89		大正政変 ……………… 148
商社 …………………… 152		大審院 …………… 71, 107
尚泰 …………………… 58		大豆粕 …………… 162, 163
賞典禄 ………………… 39		大政奉還の上表 ……… 20
松隈内閣 ……………… 122		大同団結 ……………… 84
女学校 ………………… 53		大日本帝国憲法 ……… 91
殖産興業 ……………… 43		代人料 ………………… 36
女工(工女) …………… 165		第百五十三国立銀行
女子英学塾 …………… 57		……………… 50, 79
女子師範学校 ………… 53		太平洋艦隊 …………… 136
諸隊 …………………… 17		大冶鉄山 ……………… 160
『職工事情』 ………… 166		『太陽』 …… 134, 174, 184
ジョン＝ヘイ ………… 129		太陽暦(新暦) ………… 55
史料編纂掛 …………… 182		第六議会 ……………… 102
辛亥革命 ……………… 144		対露同志会 …………… 134
新海竹太郎 …………… 191		台湾銀行 ………… 120, 151
新貨条例 ……………… 48		台湾出兵 ………… 59, 70
神祇官 ………………… 33		台湾総督 ……………… 120
神祇省 ………………… 34		高島(炭鉱) …………… 44
信教の自由 …………… 94		高杉晋作 ………… 10, 17
新劇 …………………… 188		高田事件 ……………… 83
『人権新説』 …………… 77		高野房太郎 …………… 166
壬午軍乱(事変) ……… 111		高橋由一 ……………… 189
壬申戸籍 ……………… 38		高浜虚子 ……………… 186
新選組 ………………… 14		高村光雲 ……………… 190
「神道は祭天の古俗」… 182		高山樗牛 ……………… 171
親日改革派 …………… 112		兌換紙幣 ……………… 49
新派劇 ………………… 188		滝廉太郎 ……………… 189
神風連の乱 …………… 65		田口卯吉 ……………… 182
神仏習合 ……………… 53		竹内久一 ……………… 191
神仏分離令 ……… 53, 175		太政官 ………………… 33
新聞紙条例 …………… 72		太政官札 ………… 25, 49
進歩党 …………… 102, 121		太政官制 ……………… 89
		『脱亜論』 ………… 113, 173

	せ	辰野金吾 ……………… 191
枢密院 ………………… 91	正院 …………………… 33	田中正造 ……………… 168
枢密顧問官 …………… 91	正貨 …………………… 48	谷干城 ………………… 107
末広鉄腸 ……………… 184	征韓論 ………………… 61	田原坂の戦い ………… 67
杉浦重剛 ……………… 174	政教社 ………………… 174	田山花袋 ……………… 186
ストライキ …………… 166	政治小説 ……………… 184	団菊左時代 …………… 188
住友 …………………… 162	政事総裁職 …………… 13	
	政社 …………………… 70	
	政商 …………………… 45, 159	
	政体書 …………… 29, 33	
	征台の役 ……………… 59	
	西南戦争 ………… 66, 73	
	青年会 ………………… 148	
	「政費節減・民力休養」	
	……………………… 100	
	『西洋事情』 …………… 51	
	セオドア＝ローズヴェルト	
	……………………… 136	
	赤報隊 ………………… 24	
	石油ランプ …………… 192	
	1890年恐慌 …………… 150	
	選挙干渉 ……………… 101	
	戦後恐慌 ……………… 147	
	漸次立憲政体樹立の詔	
	……………………… 71	
	旋盤 …………………… 161	

	そ
総裁 …………………… 21, 29	
壮士芝居 ……………… 188	
造船奨励法 …………… 159	
副島種臣 ……………… 34	
即位の礼 ……………… 30	
束髪 …………………… 192	
租借 ……… 129, 131, 137	
尊王攘夷論 …………… 13	
孫文 …………………… 144	

	た
第1回内国勧業博覧会	
……………………… 154	
第一国立銀行 ………… 50	
第1回帝国議会(第一議会)	
……………………… 100	
大院君 …………… 111, 116	

こう〜たん　　**197**

ち

治安警察法 …… 126, 167, 168
治外法権 …………… 6, 103
地券 ……………………… 41
地租改正条例 …………… 41
地租改正反対一揆
　………………………… 42, 66
地租増徴案 …… 122, 124
秩父事件 ………………… 83
秩禄処分 ……………… 39, 65
知藩事 …………………… 31
地方改良運動 ………… 147
地方官会議 ……………… 71
地方三新法 ……………… 71
地方税規則 …………… 71, 72
『中央公論』 …………… 184
中華民国 ……………… 144
「忠君愛国」 …………… 178
中国分割 ……………… 129
超国家主義 …………… 174
長州征討(第1次) …… 15
長州征討(第2次) …… 17
超然主義 ………………… 99
朝鮮総督府 …………… 141
徴兵忌避 ………………… 36
徴兵告諭 ………………… 35
徴兵令 …………………… 35
直接行動派 …………… 168
勅任議員 ………………… 95
勅許 ……………………… 5
鎮台 ……………………… 35

つ

津田梅子 ………………… 57
津田三蔵 ……………… 108
津田塾大学 ……………… 57
坪内逍遥 ………… 185, 188

て

帝国議会 ………………… 95
帝国劇場 ……………… 192
帝国在郷軍人会 ……… 148
帝国大学 ……………… 177
帝展(帝国美術院美術展覧
　会) …………………… 190
手織機 ………………… 153
鉄道国有法 …………… 158
鉄道馬車 ………… 55, 192
デパートメントストア
　………………………… 193
寺請制度 ………………… 53
寺内正毅 ……………… 141
寺島宗則 ………… 58, 103
天津条約 ……………… 112
電信線 …………………… 45
天誅組の変 ……………… 14
天長節 …………………… 55
電灯 …………………… 192
天皇親政 ………… 27, 33
天皇大権 ………………… 93
天賦人権思想(論) …… 52
『天賦人権弁』 ………… 77
『天賦人権論』 ………… 77
天保の薪水給与令 …… 1
天理教 …………… 19, 175
電力事業 ……………… 161
電話 ……………………… 45

と

東海散士 ……………… 184
東海道線 ……………… 158
東学の乱 ……………… 115
統監府 ………………… 140
東京 ……………… 30, 158
東京音楽学校 ………… 189
東京警視庁 ……………… 37
東京専門学校 …………… 53
東京大学 ………………… 53
東京帝国大学 ………… 177
東京美術学校 ………… 190
同志社 …………………… 53
統帥権の独立 …………… 93
東征軍 …………………… 24
東禅寺事件 ……………… 9
討幕の密勅 ……………… 20
「東洋大日本国国憲按」
　………………………… 76
東洋拓殖会社 ………… 142
徳川家定 ………………… 11
徳川家茂 ………………… 11
徳川斉昭 ……………… 4, 11
徳川慶福 ………………… 11
徳川(一橋)慶喜
　………………… 11, 20, 24
特殊銀行 ……………… 151
徳田秋声 ……………… 186
徳富蘇峰 ……………… 173
徳冨蘆花 ……………… 186
独立党 ………………… 112
特高(特別高等課) …… 171
鳥羽・伏見の戦い …… 24
飛び杼 ………………… 153
富岡製糸場 ……………… 46
戸水寛人 ……………… 134
豊田佐吉 ……………… 153
屯田兵制度 ……… 40, 47

な

内閣制度 …… 30, 87, 89
内国勧業博覧会 ………… 46
内大臣 …………………… 89
内地雑居 ……………… 104
内治優先 ………………… 61
内務省
　……………… 37, 43, 147, 164
中江兆民
　……………… 52, 77, 85, 100
中岡慎太郎 ……………… 17
長崎造船所 ……… 44, 161
中島信行 ………………… 85
長塚節 ………………… 186
中村正直 ………………… 51
夏目漱石 ……………… 187
生麦事件 ………………… 9
鉛製活字 ………………… 54
南紀派 …………………… 11
南京条約 ………………… 1

に・の

新島襄 …………………… 53
ニコライ堂 …………… 191
西周 ……………………… 55
錦絵 ……………………… 54
西村茂樹 ………………… 55
日英通商航海条約 …… 109
日英同盟協約

……………… 132, 140, 144
日米修好通商条約
　………………………… 5, 103
日米新通商航海条約‥ 109
日米和親条約 …………… 3
日曜休日制 ……………… 55
日露協商論 …………… 132
日露協商(協約) ……… 144
日露講和条約(ポーツマス
　条約) ………………… 136
日露戦争 ……………… 134
日露和親条約 ……… 4, 63
日韓議定書 …………… 139
日韓協約 ……… 139, 140
日刊新聞 ………………… 54
日清講和条約 ………… 117
日清修好条規 …………… 58
『日新真事誌』 ………… 69
日朝修好条規 …… 62, 111
新渡戸稲造 ……… 47, 176
『日本』(新聞) ………… 174
日本海海戦 …………… 136
『日本開化小史』 …… 182
日本勧業銀行 ………… 151
日本銀行 ………………… 80
「日本憲法見込案」 …… 76
日本興業銀行 ………… 151
「日本国憲按」 ………… 71
日本社会党 …………… 168
日本主義 ……………… 174
『日本人』 ……………… 174
日本人移民排斥運動‥ 143
日本製鋼所 …………… 160
日本鉄道会社 ………… 158
『日本之下層社会』 … 166
日本美術院 …………… 190
日本郵船会社 ………… 159
農商務省 ………… 43, 160
ノルマントン号事件‥ 106

は

パークス ………………… 16
ハーグ密使事件 ……… 140
廃娼運動 ……………… 176
廃刀令 …………………… 65
廃藩置県 ………………… 33

廃仏毀釈 ………… 54, 175
萩の乱 …………………… 66
白馬会 ………………… 189
箱館戦争 ………………… 26
橋本雅邦 ……………… 190
橋本左内 ………………… 11
八月十八日の政変 ……… 14
閥族 …………………… 147
蛤御門の変 ……………… 15
ハリス …………………… 5
バルチック艦隊 ……… 136
万国郵便連合条約 ……… 45
反射炉 …………………… 22
蕃書調所 ………………… 22
版籍奉還 ………………… 31
藩閥 ……………… 34, 69
蛮勇演説 ……………… 101

ひ

引取商 …………………… 8
樋口一葉 ……………… 185
菱田春草 ……………… 190
ビッドル ………………… 2
一橋派 …………………… 11
日比谷焼打ち事件 …… 138
ヒュースケン …………… 9
兵庫造船所 ……………… 44
閔氏一族 ……………… 111
品種改良 ……………… 163
閔妃 …………………… 132

ふ

府 ………………………… 31
フィルモア大統領 ……… 3
フェノロサ …………… 190
フォンタネージ ……… 189
深川工作分局 …………… 46
不換紙幣 ……… 25, 49, 79
福岡孝弟 ………………… 27
福沢諭吉
　‥ 51, 53, 55, 113, 173
福島事件 ………………… 82
福地源一郎 ……………… 78
府県会規則 ………… 71, 72
府県制・郡制 …………… 90
富国強兵 ………………… 43

「扶清滅洋」 …………… 130
二葉亭四迷 …………… 185
府知事 …………………… 33
プチャーチン …………… 3
不平士族の反乱 … 42, 65
「冬の時代」 …………… 171
ブラック ………………… 69
古河市兵衛 …………… 169
文官任用令改正 ……… 125
文久の改革 ……………… 13
文芸協会 ……………… 188
文展(文部省美術展覧会)
　……………………… 190
文明開化 ………………… 51
『文明論之概略』 ……… 51

へ

兵役 ……………………… 36
平民 ……………………… 38
平民社 ………………… 134
『平民新聞』 …… 134, 168
平民的欧化主義 ……… 173
北京議定書 …………… 131
ペリー …………………… 3
ベルツ …………………… 94

ほ

ボアソナード
　……………… 97, 107, 182
保安条例 ………………… 85
貿易章程 ………………… 6
法権の回復 …… 103, 104
防穀令 ………………… 114
澎湖諸島 ……………… 117
紡績業 …………… 149, 152
奉天会戦 ……………… 135
豊島沖の海戦 ………… 116
砲兵工廠 ………………… 46
ポーツマス条約 ……… 139
北清事変 ……………… 131
星亨 ……………………… 85
戊申詔書 ………… 147, 175
戊辰戦争 ………………… 26
北海道旧土人保護法 … 10
北海道庁 ………………… 48
堀田正睦 ………………… 5

穂積八束 …………… 98
『ホトトギス』………… 186

ま

前島密 ……………… 45
前田青邨 …………… 190
前原一誠 …………… 66
牧野伸顕 …………… 190
正岡子規 …………… 186
正宗白鳥 …………… 186
松井須磨子 ………… 188
松方財政 ……… 80, 149
松方正義 ‥ 80, 88, 101, 121, 127
松平容保 …………… 13
丸の内 ……………… 192
万延貨幣改鋳 ……… 9
満韓交換 …………… 132
満州 ………………… 131
満鉄（南満州鉄道株式会社）
 ……………………… 143

み

三池（炭鉱） ………… 44
三浦梧楼 …………… 132
三島通庸 …………… 82
三田育種場 ………… 47
三井組 ……………… 25
三井合名会社 ……… 162
三菱 ………… 45, 159, 162
南樺太 ……………… 144
三宅雪嶺 …………… 174
宮崎車之助 ………… 65
ミュール紡績機 …… 154
『明星』 ……………… 134
民会 ………………… 71
民撰議院設立の建白書
 ………………… 64, 68
民党 ………………… 100
民部省 ……………… 34
民部省札 ………… 25, 49
民法 ………………… 97
民法典論争 ………… 98
『民約訳解』 ………… 77
民友社 ……………… 173

む・め・も

無血開城 …………… 25
陸奥宗光 ‥ 102, 103, 109, 115, 117
明治維新 …………… 26
明治十四年の政変 … 76
明治美術会 ………… 189
明治六年の政変 …… 62
『明六雑誌』 ……… 55, 73
明六社 ……………… 55
綿織物 ……………… 8
持株会社 …………… 162
モッセ ……………… 90
本木昌造 …………… 54
元田永孚 …………… 178
森有礼 …………… 55, 177
森鷗外 ………… 185, 187
門戸解放・機会均等… 129
文部省 ………… 52, 176
モンロー宣言 ……… 129

や・ゆ・よ

安田 ………………… 162
矢野龍溪 …………… 184
山内豊信（容堂） …… 20
山県有朋 … 34, 35, 88, 90, 100, 124, 127
山川（大山）捨松 …… 57
山口尚芳 …………… 57
山田美妙 …………… 185
有司専制 …………… 64
雄藩連合政権 ……… 16
郵便制度 …………… 45
由利公正 …………… 27
養蚕 …………… 156, 163
洋書調所 …………… 22
横須賀造船所 ……… 44
横浜正金銀行 ……… 151
横山源之助 ………… 166
与謝野晶子 …… 134, 185
吉田松陰 …………… 11
世直し一揆 ………… 19
『万朝報』 ……… 126, 134
四大財閥 …………… 162

ら・り

ラグーザ …………… 191
邏卒 ………………… 37
力織機 ………… 153, 154
李鴻章 ………… 112, 117
立憲改進党 ‥ 77, 99, 102
立憲自由党 …… 99, 100
立憲政友会
 …………… 126, 127, 147
立憲帝政党 ………… 78
立志社 …………… 70, 76
立志社建白 ………… 73
吏党 …………… 100, 101
琉球処分 …………… 60
琉球藩 ……………… 58
琉球漂流民殺害事件 … 59
領事 ………………… 3
領事裁判権 ……… 6, 103
遼東半島 ……… 117, 129
遼陽会戦 …………… 135
旅順総攻撃 ………… 135

れ・ろ

連合艦隊 …………… 136
労働組合期成会 …… 166
ロエスレル ………… 91
禄制 ………………… 39
鹿鳴館 ………… 105, 191
ニコライ（2世）
 …………… 108, 136
ロッシュ …………… 16
ロマン主義文学 …… 185
路面電車 …………… 192
ロンドンタイムズ … 107

わ

隈板内閣 …………… 123
早稲田大学 ………… 53

図版所蔵・提供者一覧(敬称略)

- p. 12 　茨城県立図書館
- p. 15 　横浜開港資料館
- p. 21 　聖徳記念絵画館
- p. 81 　日本銀行金融研究所貨幣博物館
- p. 85 　美術同人社
- p. 105　国文学研究資料館
- p. 118　川崎市市民ミュージアム
- p. 133　国立国会図書館
- p. 141　ユニフォトプレス
- p. 143　国立国会図書館
- p. 145　右　国立国会図書館
- 　　　　左　国立国会図書館
- p. 155　東洋紡株式会社
- p. 161　新日鐵住金(株)八幡製鐵所
- p. 165　神津猛(撮影)・神津忠彦(提供)

これならわかる！
ナビゲーター　日本史Ｂ
③　開国〜明治

2016年7月30日　第1版第1刷発行
2018年9月30日　第1版第2刷発行

編著者	河合　敦
発行者	野澤伸平
印刷所	明和印刷株式会社
製本所	有限会社　穴口製本所
発行所	株式会社　山川出版社
	〒101-0047 東京都千代田区内神田1-13-13
	電話　03(3293)8131(営業)
	03(3293)8135(編集)
	https://www.yamakawa.co.jp/
	振替　00120-9-43993
装　幀	菊地信義

Ⓒ　2016　Printed in Japan　　ISBN978-4-634-01058-1

・造本には十分注意しておりますが，万一，落丁，乱丁などがございましたら，小社営業部宛にお送りください。送料小社負担にてお取り替えいたします。
・定価はカバーに表示してあります。

these
なら
わかる

ポイント・チェック

ナビゲーター日本史 B

③ 開国〜明治

山川出版社

ポイント・チェック

これならわかる！
ナビゲーター 日本史B

③ 開国～明治

山川出版社

第1章

開国と幕末の動乱

1 開国とその影響　（→本文 P.1〜10）

　蒸気機関や工業機械の発明，製鉄技術の発展などにより良品を大量に生産できる工業社会にかわることを（①　　　　　）と呼んだ。（①）は18世紀後半に（②　　　　　）で始まった。

　清国が（③　　　　　）戦争でイギリスに負け，（④　　　　　）条約を結ばされると，幕府は異国船打払令を改め，1842（天保13）年，（⑤　　　　　　　　）令を出して，外交方針を転換した。

　1844（弘化元）年，（⑥　　　　　）国王が幕府に開国をすすめ，1846年，アメリカ東インド艦隊司令長官（⑦　　　　　）が浦賀に来航して通商を要求しても，幕府は開国しようとしなかった。アメリカは（⑧　　　　）との貿易の商船や（⑨　　　　）船の寄港地として日本を利用したかったのである。

　1853（嘉永6）年6月，アメリカ東インド艦隊司令長官（⑩　　　　　）は（⑪　　　　　）大統領の国書を持参し，軍艦4隻を率いて（⑫　　　　）沖に来航，幕府に開国を要求した。

　1854（安政元）年1月，（⑩）が再来，老中首座の（⑬　　　　　　　）

1　開国とその影響
①産業革命　②イギリス　③アヘン　④南京　⑤天保の薪水給与　⑥オランダ　⑦ビッドル　⑧清国　⑨捕鯨　⑩ペリー　⑪フィルモア　⑫浦賀
⑬阿部正弘

1

はその要求を受け入れ，(⑭_____)条約を結んだ。条約の別名を，締結された地名をとって⑮(_____)条約ともいう。以下にその内容を記す。

①アメリカ船への燃料・食料の供給。
②難破船や乗組員の相互救助。
③(⑯_____)・(⑰_____)の開港と，(⑱_____)駐在の承認。
④アメリカに一方的な(⑲_____)を与える。

ペリーの退去直後，ロシア使節⑳(_____)も㉑(_____)に来て開国を求めた。

幕府は，アメリカとの条約締結についで，イギリスやロシア，オランダとのあいだでも和親条約を締結した。

ロシアとの㉒(_____)和親条約では，(⑯)・(⑰)に加え(㉑)も開港するとし，日本とロシアの国境の取決めも盛り込まれた。(㉓_____)島より南が日本領，(㉔_____)島より北をロシア領とし，(㉕_____)については両国人(㉖_____)の地とした。

1856年，アメリカ初代総領事(㉗_____)が下田に駐留し，通商条約の締結を幕府に迫り，老中(㉘_____)はこれに同意，朝廷の(㉙_____)天皇から条約調印の(㉚_____)をもらおうとするが失敗し，失脚した。

大老(㉛_____)は，アロー戦争で清国がイギリス・フランスに敗れ，天津条約を結んだ事実を知ると，1858年6月，(㉚)を得な

---

⑭日米和親　⑮神奈川　⑯下田　⑰箱館　⑱領事　⑲最恵国待遇　⑳プチャーチン　㉑長崎　㉒日露　㉓択捉　㉔得撫　㉕樺太(サハリン)　㉖雑居　㉗ハリス　㉘堀田正睦　㉙孝明　㉚勅許　㉛井伊直弼　(⑯⑰は順不同)

いで(㉜_____)条約に調印した。

条約内容は以下のとおり。

①(㉝_____)・長崎・新潟・兵庫の開港と江戸・大坂の開市。

②通商は(㉞_____)貿易とする。

③開港場に(㉟_____)をおき，外国人の国内旅行を禁じる。

④(㊱_____)権(治外法権)の承認。

⑤(㊲_____)制度(関税自主権の欠如)の承認。

なお，(㉝)と兵庫は，近接する(㊳_____)と神戸に変更となった。(㊴_____)は(㊳)が開港してから半年後に閉鎖された。

幕府は続けてオランダ・ロシア・イギリス・(㊵_____)とも同様の条約を締結。これを(㊶_____)の五カ国条約と呼ぶ。

貿易は(㉟)で日本人商人である(㊷_____)商が外国人商人に品物を売り，外国人商人から(㊸_____)商が海外の品物を購入した。

輸出品の第1位は(㊹_____)。第2位は(㊺_____)。そのほか海産物や蚕卵紙など。

輸入品の第1位は(㊻_____)織物や綿織物などの繊維品。その他の輸入品としては武器や艦船があげられる。

1860(万延元)年に幕府は(㊼_____)令を出し，雑穀・水油・蠟・呉服・(㊹)の5品は江戸の問屋を通してから輸出することを命じた。

さらに(㊽_____)が，外国は金1：銀15であったのに対し，

㉜日米修好通商 ㉝神奈川 ㉞自由 ㉟居留地 ㊱領事裁判 ㊲協定関税 ㊳横浜 ㊴下田 ㊵フランス ㊶安政 ㊷売込 ㊸引取 ㊹生糸 ㊺茶 ㊻毛 ㊼五品江戸廻送 ㊽金銀比価

3

日本では1：5だったため，国内から10万両以上の金が流失した。そこで幕府は1860年，小判（金貨）の品質を3分の1に減らす(㊾_____)をおこない，その流出をくいとめた。貿易が原因の物価高により庶民の生活は圧迫され，人びとの貿易に対する反感は，外国人排斥の(㊿_____)運動を招いた。

　尊攘論をとなえる浪士(志士)らは，開国派の人びとや外国人を殺傷する行動に出るようになった。1860年にはハリスの通訳(㊶_____)が斬り殺され，1862(文久2)年には建築中のイギリス公使館が長州藩の高杉晋作らに放火され全焼した。これを(㊷_____)事件と呼ぶ。またこの年，(㊸_____)事件が発生し，翌年これが原因で薩英戦争が勃発した。

2　尊攘運動と倒幕運動の進展　(→本文P.11〜19)

　ペリー来航後，幕府内で13代将軍(①_____)の継嗣問題がおこり，前水戸藩主徳川斉昭の子(②_____)を後嗣にしようとする一橋派と，紀伊藩主徳川慶福をおす(③_____)派が，争いを始めた。(③)派の井伊直弼が大老になると，一橋派の反対を押し切って慶福を将軍後継者に決定した。慶福はのちに将軍となって名を(④_____)と改めた。

　これに一橋派が抗議すると，井伊は彼らを弾圧した(1858〜59年)。これを安政の(⑤_____)と呼ぶ。一橋派の大名は隠居や謹慎を命

㊾万延貨幣改鋳　㊿攘夷　㊶ヒュースケン　㊷イギリス公使館焼打ち
㊸生麦

2　尊攘運動と倒幕運動の進展
①徳川家定　②一橋慶喜　③南紀　④家茂　⑤大獄

じられ，その家臣や関係者もきびしく処罰された。(⑥_____)(越前藩士)や松下村塾を主宰した長州藩士の(⑦_____)は処刑されている。

前水戸藩主徳川斉昭もこの時蟄居処分をうけたが，これに水戸藩士が憤激し，脱藩して1860(万延元)年3月3日，井伊が江戸城にのぼるところを(⑧_____)で待ち受けて殺害した。この事件を(⑧)の変と呼ぶが，幕府の威信は失墜した。

幕府の老中(⑨_____)は，朝廷と幕府の融和をはかる(⑩_____)運動を進め，政局を安定させようと，1862(文久2)年，孝明天皇の妹(⑪_____)を将軍(④)の夫人に迎えた。だが，これが尊攘派の怒りをかい，(⑨)は襲撃されて失脚した。これを(⑫_____)の変という。

薩摩藩の実力者(⑬_____)は，(⑩)の立場から改革を幕府に迫ったので，幕府は(⑭_____)の改革をおこなった。改革では人事も刷新され，(⑮_____)職に松平慶永(越前藩主)，(⑯_____)職に一橋慶喜，(⑰_____)職に会津藩主の(⑱_____)が就任した。

この頃，京都では長州藩の志士が急進派公家と結んで朝廷の実権をにぎり，幕府に攘夷決行を迫った。幕府は，1863年(⑲_____)を期して攘夷を決行せよと命じた。

このおり，土佐藩の吉村虎太郎らは，尊王攘夷を叫び大和五条

---

⑥橋本左内 ⑦吉田松陰 ⑧桜田門外 ⑨安藤信正 ⑩公武合体 ⑪和宮 ⑫坂下門外 ⑬島津久光 ⑭文久 ⑮政事総裁 ⑯将軍後見 ⑰京都守護 ⑱松平容保 ⑲5月10日

5

の代官所を襲撃した。この事件を(⑳＿＿＿＿)の変といい，同年10月には平野国臣らが公家を奉じ，但馬国(㉑＿＿＿＿)の代官所を襲撃した。これを(㉑)の変という。

　危機感を覚えた公武合体派の薩摩・会津藩は，天皇の同意を得て朝廷から長州勢力と(㉒＿＿＿＿＿＿)ら急進的な公家を追放する(㉓＿＿＿＿＿＿)の政変をおこした。

　京都守護職の配下におかれた近藤勇率いる(㉔＿＿＿＿＿)が，1864(元治元)年6月，京都の旅館に参集した志士を襲撃，7名を討ち取り23名を逮捕するという(㉕＿＿＿＿)事件が発生する。この事件を契機に京都でおこった(㉖＿＿＿＿＿)の変では，長州藩が敗北した。幕府は諸藩に出兵を命じ，大軍で長州藩を包囲し，これを屈服させた。これを第1次(㉗＿＿＿＿＿＿)と呼ぶ。

　同じ頃，下関海峡をとおる自国船を砲撃した報復として，イギリスを中心とする連合艦隊が下関の砲台を攻撃して占拠した。この(㉘＿＿＿＿＿＿＿＿)事件により長州藩は攘夷の不可能を悟った。

　一方，1863年，薩摩藩も(㉙＿＿＿＿)戦争以後，イギリスと接近するようになり，イギリス公使(㉚＿＿＿＿＿)は，薩摩などを中心とした(㉛＿＿＿＿＿)政権の成立に期待した。薩摩藩でも藩政をにぎった(㉜＿＿＿＿＿)や大久保利通などの下級藩士が，イギリスと結んで反幕府的態度を強めた。

　一方，フランス公使(㉝＿＿＿＿＿)は，財政面・軍事面から幕府

⑳天誅組　㉑生野　㉒三条実美　㉓八月十八日　㉔新選(撰)組　㉕池田屋　㉖禁門(蛤御門)　㉗長州征討　㉘四国艦隊下関砲撃　㉙薩英　㉚パークス　㉛雄藩連合　㉜西郷隆盛　㉝ロッシュ

6　第1章　開国と幕末の動乱

を支援した。

　幕府は兵庫の開港を延期するかわりに，(㉞＿＿＿＿＿＿)を調印して関税率を引き下げた。

　1863年，長州藩の高杉晋作は門閥や身分を問わない志願による(㉟＿＿＿＿＿)などの諸隊を組織したが，第1次(㉗　)の後の1864年末，高杉はクーデタをおこして長州藩の政権をにぎり，(㊱＿＿＿＿＿＿)とともに攘夷主義を捨て倒幕に力を注いだ。

　幕府は長州藩に領地削減を命じたが，同藩が応じようとしなかったので，ふたたび第2次(㉗　)を計画，1866(慶応2)年6月，大軍を率いて長州へ向かった。薩摩藩は1866年1月，長州藩と秘密の軍事同盟である(㊲＿＿＿＿＿＿)を結んでいたので，(㉗　)には参加しなかった。この同盟は薩摩藩の(㉜　)らと長州藩の(㊱　)のあいだで結ばれたが，これを仲介したのは土佐脱藩士の(㊳＿＿＿＿＿＿)と中岡慎太郎だった。

　幕末の混乱や戦争は社会を不安におとしいれ，宗教に救いを求める庶民が増え，中山みきを教祖とする大和の(㊴＿＿＿＿)教，黒住宗忠が始めた備前の(㊵＿＿＿＿)教，川手文治郎が創始した備中の(㊶＿＿＿＿)教などが信者を急速に増やした。

　伊勢神宮へ参拝する(㊷＿＿＿＿＿＿)も大流行し，1867年には(㊸＿＿＿＿＿＿＿＿＿＿)という集団乱舞が東海・畿内一帯に発生した。また，(㊹＿＿＿＿＿)を求め(㊹　)一揆をおこす農民も出てきた。

㉞改税約書　㉟奇兵隊　㊱桂小五郎　㊲薩長同盟(連合)　㊳坂本龍馬
㊴天理　㊵黒住　㊶金光　㊷御蔭参り　㊸ええじゃないか　㊹世直し

3 江戸幕府の終焉 （→本文P.20〜23）

将軍家茂が死去すると，(①＿＿＿＿＿)が将軍につくが，1867(慶応3)年10月14日，政権を朝廷へ返上することを朝廷に上奏した。これを(②＿＿＿＿＿)の上表という。

将軍に政権返上をすすめたのは，前土佐藩主(③＿＿＿＿＿)である。(③)は重臣(④＿＿＿＿＿)の意見を入れたのだが，彼に(②)を説いたのは坂本龍馬だった。

一方，薩長両藩は公家の(⑤＿＿＿＿＿)と結んで討幕の密勅を手に入れることに成功したが，(①)に機先を制せられた。そこで薩長両藩は，朝廷を動かして12月9日に(⑥＿＿＿＿＿＿＿)を出させた。

これにより幕府は正式に廃止され，新政府の重職として(⑦＿＿＿)・(⑧＿＿＿)・(⑨＿＿＿)の三職が設置された。

この夜，三職による(⑩＿＿＿＿)会議において，(①)に内大臣の辞退と領地の一部返還を命じる処分が決定した。これを(⑪＿＿＿＿)という。

老中の阿部正弘は，幕府の代官(⑫＿＿＿＿＿＿)に命じて伊豆韮山の反射炉や江戸湾の台場を築かせた。また，外交文書の翻訳とともに英学や蘭学，西洋の科学技術を教える(⑬＿＿＿＿＿)(のちの開成所)を江戸に開設した。

3　江戸幕府の終焉
①徳川慶喜　②大政奉還　③山内豊信(容堂)　④後藤象二郎　⑤岩倉具視
⑥王政復古の大号令　⑦総裁　⑧議定　⑨参与　⑩小御所　⑪辞官納地
⑫江川太郎左衛門(坦庵)　⑬蕃書調所　　　　　(⑦〜⑨は順不同)

さらに長崎に蒸気船の操縦技術を習得する(⑭＿＿＿＿＿＿)を設立した。1860(万延元)年，その成果が発揮され，幕府が外国奉行(⑮＿＿＿＿＿＿)を全権としてアメリカへ使節を派遣し条約批准書を交換したさい，(⑭　)の卒業生(⑯＿＿＿＿＿)が艦長として咸臨丸で太平洋を横断した。

⑭海軍伝習所 ⑮新見正興 ⑯勝海舟(義邦)

第2章 明治維新と富国強兵

1 戊辰戦争の勃発と新政府の成立 (→本文 P.24〜30)

　小御所会議で徳川慶喜の辞官納地が決定するが，その後，新政府内で(①　　　　　)派が巻き返しをはかった。しかし1868(明治元)年1月，薩摩・長州藩を中心とする朝廷政府軍との武力衝突である(②　　　　　)の戦いに敗れた慶喜は，江戸へ逃げ帰り，状況は一変。新政府は慶喜を朝敵とみなし，追討の(③　　　)軍を派遣した。同年4月，慶喜の命をうけた(④　　　　　)と(③　)軍参謀の西郷隆盛との交渉で，江戸城は(⑤　　　)開城された。

　その後，新政府が会津藩への総攻撃を決定すると，東北諸藩がこれに反対，(⑥　　　　　)同盟を結んで新政府と敵対した。だが，(③　)軍は東北諸藩をうち破り，翌年5月，箱館(⑦　　　　　)にこもった(⑧　　　　)らを降伏させた。この(②　)の戦いから箱館(⑦　)の戦いまでの内戦を(⑨　　　　　)という。

　予想以上の戦費がかかったため，新政府は京都の(⑩　　　)組・小野組，大坂の鴻池などから御用金を徴収し，不換紙幣の(⑪　　　　　)や民部省札を乱発。年貢半減をかかげ東山道を進撃した

1　戊辰戦争の勃発と新政府の成立
①公議政体　②鳥羽・伏見　③東征　④勝海舟　⑤無血　⑥奥羽越列藩
⑦五稜郭　⑧榎本武揚　⑨戊辰戦争　⑩三井　⑪太政官札

相楽総三率いる(⑫____)を偽官軍とし，相楽らを処刑した。

　1868年3月，新政府は(⑬____)を公布し，国策の基本を発表した。その要旨は(⑭____)の尊重と(⑮____)和親であり，文章の原型は参与の(⑯____)がつくり，これに参与の(⑰____)が新たな内容を加え，その後，長州出身の(⑱____)が修正して，新政府の基本方針のかたちに直して発布した。

　(⑬　)が発表された翌日，(⑲____)の掲示が出された。内容は，旧幕府以来の儒教的道徳をおしつけ，(⑳____)教を禁止するものであったが，(㉑____)事件が外国の抗議をうけ，1873年，政府は(⑳)教を(㉒____)することにした。

　1868年閏4月，政府は(㉓____)を公布し，太政官のもとに国家の権力を集中させ，三権分立の体裁をとった。これは，(㉔____)憲法の内容を模倣した制度で，高級官吏についても，4年ごとに(㉕____)で交代させる決まりが盛り込まれた。

　新政府は，1868年8月に明治天皇の(㉖____)の礼をあげ，翌月に元号を慶応から(㉗____)へと改め，今後元号は天皇が死ぬまでかえないと定めた。これを(㉘____)の制と呼ぶ。

　さらに，首都を京都から江戸へ移すことに決め，1869年3月，天皇が江戸城に入って遷都が完了した。江戸は，前年7月に(㉙____)と改称されている。

---

⑫赤報隊　⑬五箇条の誓文　⑭公議世論　⑮開国　⑯由利公正　⑰福岡孝弟　⑱木戸孝允　⑲五榜　⑳キリスト　㉑浦上教徒弾圧　㉒黙認　㉓政体書　㉔アメリカ合衆国　㉕互選　㉖即位　㉗明治　㉘一世一元　㉙東京

11

2 廃藩置県と徴兵令　（→本文 P.31〜37）

　新政府は，旧幕府領のうち要地を(①____)，そのほかを(②____)とした。さらに1869(明治2)年6月，すべての藩に(③_____)を命じた。藩主は旧領地の(④_____)(地方長官)となり，新政府に旧領と旧領民の支配を任され，給与である(⑤_____)が支払われた。

　ついで政府は，(⑥_____)・(⑦_____)・(⑧_____)の3藩から約8000人の(⑨_____)を集め，この兵力を背景に(⑩_____)年7月，(⑪_____)を断行した。(⑨)はのちに天皇を警固する近衛兵となり，1891年，改組されて近衛師団となった。

　(⑪)により，藩にかわって(⑫_____)がおかれ，新政府から地方官として(⑬_____)が派遣された。また，府に派遣された地方官は府知事と呼んだ。

　(⑪)後の1871年7月，政府は太政官を(⑭_____)・左院・右院とし，その下に省庁をおいた。(⑭)は政府の(⑮_____)機関で，太政大臣・左大臣・右大臣と参議で構成された。左院は，官選の議員からなる(⑭)の(⑯_____)機関。右院は各省庁の卿と大輔が会合し，政務について(⑰_____)する機関。この新しい官制を(⑱_____)制と呼ぶ。このおり神祇官は(⑲_____)に格下げされ，(⑳_____)省も廃された。

2　廃藩置県と徴兵令
①府　②県　③版籍奉還　④知藩事　⑤家禄　⑥薩摩　⑦長州　⑧土佐　⑨御親兵　⑩1871　⑪廃藩置県　⑫県　⑬県令　⑭正院　⑮最高　⑯立法諮問　⑰協議　⑱三院　⑲神祇省　⑳民部　　(⑥〜⑧は順不同)

太政大臣には(㉑_____)，右大臣には(㉒_____)など公家が就任したが，大半の要職は薩摩・長州・土佐・肥前4藩で占められ，(㉓_____)政府と呼ばれるようになった。

(㉔_____)省の(㉕_____)は，成人男性すべてを兵にする(㉖_____)というヨーロッパの徴兵制度の導入を決め，1872年，(㉗_____)を出し，翌年，徴兵令を発した。これにより，20歳に達した男性は徴兵検査をうけ，3年間の兵役につくのが国民の(㉘_____)となった。この案を最初に構想したのは，(㉕)と同じ長州出身の(㉙_____)だった。

徴兵制度の確立期には広範な(㉚_____)規定があり，家の主である(㉛_____)・嗣子・養子・官吏・学生などは兵役を免除された。また，代人料(㉜_____)円を払えば，兵役は免れることができた。

警察制度は，1871年に導入され，東京府でも(㉝_____)3000人が秩序維持にあたるようになった。1874年，東京(㉞_____)がおかれ，(㉝)は(㉟_____)と改称された。

地方の警察を統括する(㊱_____)は，1873年に司法省から(㊲_____)省の管轄へと移された。こうした近代的警察制度を整備したのは，薩摩藩出身の(㊳_____)であった。

3 四民平等と地租改正　(→本文P. 38〜42)

新政府は身分制度を廃し，旧身分間の結婚の自由，職業選択の自

㉑三条実美　㉒岩倉具視　㉓藩閥　㉔兵部　㉕山県有朋　㉖国民皆兵
㉗徴兵告諭　㉘義務　㉙大村益次郎　㉚免役　㉛戸主　㉜270　㉝邏卒
㉞警視庁　㉟巡査　㊱警保寮　㊲内務　㊳川路利良

由，移転の自由などを認める(① 四民平等)政策を進めた。

1872(明治5)年には戸籍法により，統一的な戸籍編成がおこなわれた。このとき作成された(② 壬申)戸籍には，(③ 華)族・士族・(④ 平民)という3つの族籍の別が記載され，(③)族・士族には政府から(⑤ 家禄)(給料)が支給された。これと賞典禄をあわせて(⑥ 秩禄)といった。政府は1873年，(⑦ 秩禄奉還)の法を出し，(⑥)の返還を希望する者を募り，さらに1876年，ついに禄制を廃止した。これを(⑧ 秩禄処分)と呼ぶ。(③)族・士族には受給者の(⑤)5～14年分の(⑨ 金禄公債)証書が与えられた。

新政府は困窮する(⑩ 士族)に資金を貸し付けたり，北海道の防備兼開拓をおこなう(⑪ 屯田)兵として雇用するなど，(⑩)授産につとめたが，焼け石に水だった。

1873年7月，新政府は(⑫ 地租改正)条例を出し，土地・税制改革を実施した。条例の発布に先だって田畑(⑬ 勝手)作りを許可し，翌年，田畑(⑭ 永代売買)の禁止令を解除し，土地所有者に(⑮ 地券)を発行した。

地租は，土地所有者が地価の(⑯ 3)％を中央政府に金納するという制度で，これにより政府の税収は安定し，地主や自作農の土地所有権が確立した。ただ，(⑰ 入会地)が官有地に組み入れられたり，税が重くなった地域もあり，大規模な(⑫)反対一揆が勃発した。新政府は危機感を強め，翌年，地租を(⑯)％から(⑱ 2.5)％に引

3　四民平等と地租改正
①四民平等　②壬申　③華　④平民　⑤家禄　⑥秩禄　⑦秩禄奉還　⑧秩禄処分　⑨金禄公債　⑩士族　⑪屯田　⑫地租改正　⑬勝手　⑭永代売買　⑮地券　⑯3　⑰入会地　⑱2.5

き下げた。

4 殖産興業政策 (→本文P.43〜50)

政府は，国内に近代産業を移植し育成する(① _____)政策に力を注ぎ，欧米のような(② _____)主義国家をめざした。この(①)政策は(③ _____)省から(④ _____)省が受け継ぎ，さらに(⑤ _____)省へ引き継がれた。

政府は，欧米の技術者や学者など(⑥ _____)を雇用して近代産業の育成をはかったが，とくに(③)省は鉱山開発や鉄道建設に力を入れた。佐渡・生野・高島・三池などの鉱山を官営とし，旧幕府の(⑦ _____)造船所・横須賀造船所や，旧藩営の兵庫造船所も接収して官営事業とした。

日本初の鉄道は，(⑧ _____)年に新橋・(⑨ _____)間で開通した。鉄道建設は(⑩ _____)からの外債や技術にたよったが，日本の責任者は(⑪ _____)であった。鉄道は1874(明治7)年には神戸・大阪間，1877年には京都・大阪間が開通した。

(⑫ _____)年には，飛脚制度にかわって(⑬ _____)制度が始まり，各地に(⑬)局が生まれ，全国均一料金制がしかれた。制度導入の中心的な役割を果たしたのは，(⑭ _____)である。1877年，日本は(⑮ _____)条約に加盟した。

1869年，東京・横浜間に(⑯ _____)線が架設され，5年後には長

---

4 殖産興業政策
①殖産興業 ②資本 ③工部 ④内務 ⑤農商務 ⑥お雇い外国人
⑦長崎 ⑧1872 ⑨横浜 ⑩イギリス ⑪大隈重信 ⑫1871 ⑬郵便 ⑭前島密 ⑮万国郵便連合 ⑯電信

崎から北海道までのび，長崎・上海間にも海底電線がしかれた。なお，電話については1877年に日本に輸入されている。

　海上交通については，土佐藩出身の(⑰_____)が経営する民間の(⑱_____)に保護を与え，欧米の汽船会社に対抗させ，有事のさいの軍事輸送も担わせようとした。

　このように政府から特権を与えられ，独占的な利益をあげた商人を，(⑲_____)と呼ぶ。

　政府は軍備を強化するため，幕府が経営していた軍需産業を基礎とした東京・大阪(⑳_____)や横須賀・長崎の造船所を拡大した。

　また，軽工業分野や農業分野で，民間の手本となる(㉑_____)工場をつくった。群馬県の(㉒_____)製糸場が代表的なもので，フランスの先進技術が導入された。その他，(㉓_____)硝子製造所，(㉔_____)紡績所，(㉕_____)工作分局(㉖_____)製造，(㉗_____)麦酒醸造所などが有名である。

　1877年には内務省が主催して，近代産業や貿易の発達のために上野公園で第1回の(㉘_____)がおこなわれ，45万人が来場した。

　政府は農業・牧畜の発達もはかり，(㉙_____)育種場や，洋式農業技術を教える(㉚_____)農学校を開設。

　1869年，政府は北海道開発のため(㉛_____)使を新設したが，北

---

⑰岩崎弥太郎　⑱三菱　⑲政商　⑳砲兵工廠　㉑官営模範　㉒富岡　㉓品川　㉔愛知　㉕深川　㉖セメント　㉗札幌　㉘内国勧業博覧会　㉙三田　㉚駒場　㉛開拓

海道では(㉜＿＿＿＿)式の大農場制度が採用され，クラーク博士を招いて日本初の官立農学校(㉝＿＿＿)農学校を創立した。卒業生には『武士道』を書いた(㉞＿＿＿＿＿)や，キリスト教思想家(㉟＿＿＿＿＿)がいる。

1899年，政府はアイヌを救済しようとして北海道(㊱＿＿＿＿)保護法を制定したが，同法には差別的な条項が含まれていた。

1871年，政府は(㊲＿＿＿)条例を発布して十進法の(㊳＿＿)・銭・厘を単位とする新硬貨をつくることにした。条例は金本位制（金を正貨として1円を金1.5gと兌換する制度）をたてまえにつくられた。

金と銀を(㊴＿＿＿)といい，これと額面どおりに交換できる紙幣を(㊵＿＿＿)紙幣，できないのを(㊶＿＿＿)紙幣と呼んだが，政府は1872年，乱発した(㊶)紙幣を民間の財力で回収し，なおかつ(㊵)紙幣を発行させようと，(㊷＿＿＿＿)条例を制定した。条例制定に尽力したのは(㊸＿＿＿＿)である。この法令はアメリカのナショナル＝バンクの制度を模倣したものであった。同法にもとづいて最初に設立されたのが，(㊹＿＿＿＿)銀行である。1876年，政府はこの条例を改正して，(㊵)義務を廃止し，以後，続々と銀行が設立されるようになった。そこで政府は(㊺＿＿＿＿＿＿)銀行を最後に，銀行の新設を禁止した。

㉜アメリカ ㉝札幌 ㉞新渡戸稲造 ㉟内村鑑三 ㊱旧土人 ㊲新貨 ㊳円 ㊴正貨 ㊵兌換 ㊶不換 ㊷国立銀行 ㊸渋沢栄一 ㊹第一国立 ㊺第百五十三国立

5 文明開化の風潮　　（→本文 P.51〜56）

　明治時代初期，東京など大都市を中心に庶民のあいだにも欧米の考え方や生活習慣が広がった。こうした風潮を(①＿＿＿＿)と呼ぶ。思想界では明治時代になると，英米系の自由・功利・個人主義思想が入ってくる。ミルの『自由論』は中村正直によって『(②＿＿＿＿)』という題名で翻訳され，イギリス人スマイルズの『自助論』は，同じく中村によって『(③＿＿＿＿)』と翻訳された。(④＿＿＿＿)も，庶民の啓蒙を目的に『学問のすゝめ』や『西洋事情』『文明論之概略』を著した。

　日本にルソーの(⑤＿＿＿＿)説を紹介したのは，土佐出身の(⑥＿＿＿＿)だった。ルソーらのいう「人は生まれながらにして自由・平等で，幸福を求める権利を天から与えられている」とする(⑦＿＿＿＿)思想（論）は，のちの(⑧＿＿＿＿)運動を支える理論になった。

　1871（明治4）年，政府は(⑨＿＿＿)省を設置し，国家の教育理念として，翌年に(⑩＿＿＿)を公布した。政府は，男女全員に等しく学校教育をさずける国民(⑪＿＿＿)の考えを打ち出し，(⑫＿＿＿)教育の普及に力を注いだ。そのため(⑬＿＿＿＿)の学区制をまね，全国に5万3760校の(⑫)をつくることに決めたが，設立経費は国民の負担とされ，授業料もとられたので，(⑭＿＿＿＿)一揆

5　文明開化の風潮
①文明開化　②自由之理　③西国立志編　④福沢諭吉　⑤社会契約　⑥中江兆民　⑦天賦人権　⑧自由民権　⑨文部　⑩学制　⑪皆学　⑫小学校　⑬フランス　⑭学制反対

が多発した。

　1877年，旧幕府の開成所や医学校などから始まる諸学校を統合して（⑮＿＿＿＿）大学が創設された。また，教員をつくる（⑯＿＿＿＿）学校も生まれた。

　私学も創設された。福沢諭吉の（⑰＿＿＿＿＿），（⑱＿＿＿＿＿）の同志社，（⑲＿＿＿＿＿）の東京専門学校などが有名だ。東京専門学校はのちの（⑳＿＿＿＿＿）大学である。

　新政府は神仏習合を禁止して神道を国教化する政策を進めた。1868年には，（㉑＿＿＿＿＿）令を発し，神社から仏像・仏画や仏具などを取り除くよう命じた。これがきっかけとなり，仏教弾圧運動が始まった。これを（㉒＿＿＿＿＿）というが，さらに1870年，（㉓＿＿＿＿＿）の詔を出して神道の普及につとめた。

　明治時代になると，東京を中心に（㉔＿＿＿＿）新聞や雑誌が続々と創刊されるが，それは，1869年に（㉕＿＿＿＿＿）が（㉖＿＿＿＿）活字の量産技術の導入に成功したからだ。

　1873年，（㉗＿＿＿＿＿）・西周・加藤弘之・西村茂樹らは（㉘＿＿＿＿＿）をつくり，『明六雑誌』を発行して西欧の近代思想を広めようとした。

　政府は，西欧にならい，旧暦の太陰太陽暦から新暦の（㉙＿＿＿＿＿）へ改め，旧暦の明治5年12月3日を（㉙　）の明治6年1月1日とした。また，祝日として（㉚＿＿＿＿）天皇の即位した2月11日を紀元

---

⑮東京　⑯師範　⑰慶応義塾　⑱新島襄　⑲大隈重信　⑳早稲田　㉑神仏分離　㉒廃仏毀釈　㉓大教宣布　㉔日刊　㉕本木昌造　㉖鉛製　㉗森有礼　㉘明六社　㉙太陽暦　㉚神武

節，明治天皇の(㉛誕生)日にあたる11月3日を(㉜天長)節とした。

1872年，東京(㉝銀座)を不燃の近代都市にしようという国家プロジェクトが始まり，煉瓦造の洋館が次々と建ち，夜は街路に(㉞ガス灯)がともされ，線路を走る(㉟鉄道)馬車が往来するようになった。

都会では洋服を着る風習も始まり，ちょんまげを落とした(㊱ざんぎり頭)の男性も増えた。牛肉に豆腐やネギを入れた(㊲牛鍋)も若者のあいだで流行した。

6 新政府の初期外交　(→本文P.57～67)

1871(明治4)年，政府は岩倉具視を大使，(①大久保利通)・木戸孝允・伊藤博文・山口尚芳を副使とする(②岩倉使節団)を欧米に派遣した。政府の高官約50名に加え，留学生など約60名が参加。その中には女子英学塾(津田塾大学の前身)を創設する(③津田梅子)などの少女もいた。使節団は最初の訪問国アメリカと条約改正の予備交渉をおこなったが，うまくいかなかった。

その後，1876年から，薩摩出身の(④寺島宗則)外務卿が(⑤関税自主)権回復にしぼって改正交渉をおこなった。結果，アメリカは改正に同意したが，イギリスとドイツが反対したため，改正に至らなかった。

㉛誕生　㉜天長　㉝銀座　㉞ガス灯　㉟鉄道　㊱ざんぎり頭　㊲牛鍋
6　新政府の初期外交
①大久保利通　②岩倉使節団　③津田梅子　④寺島宗則　⑤関税自主(税)

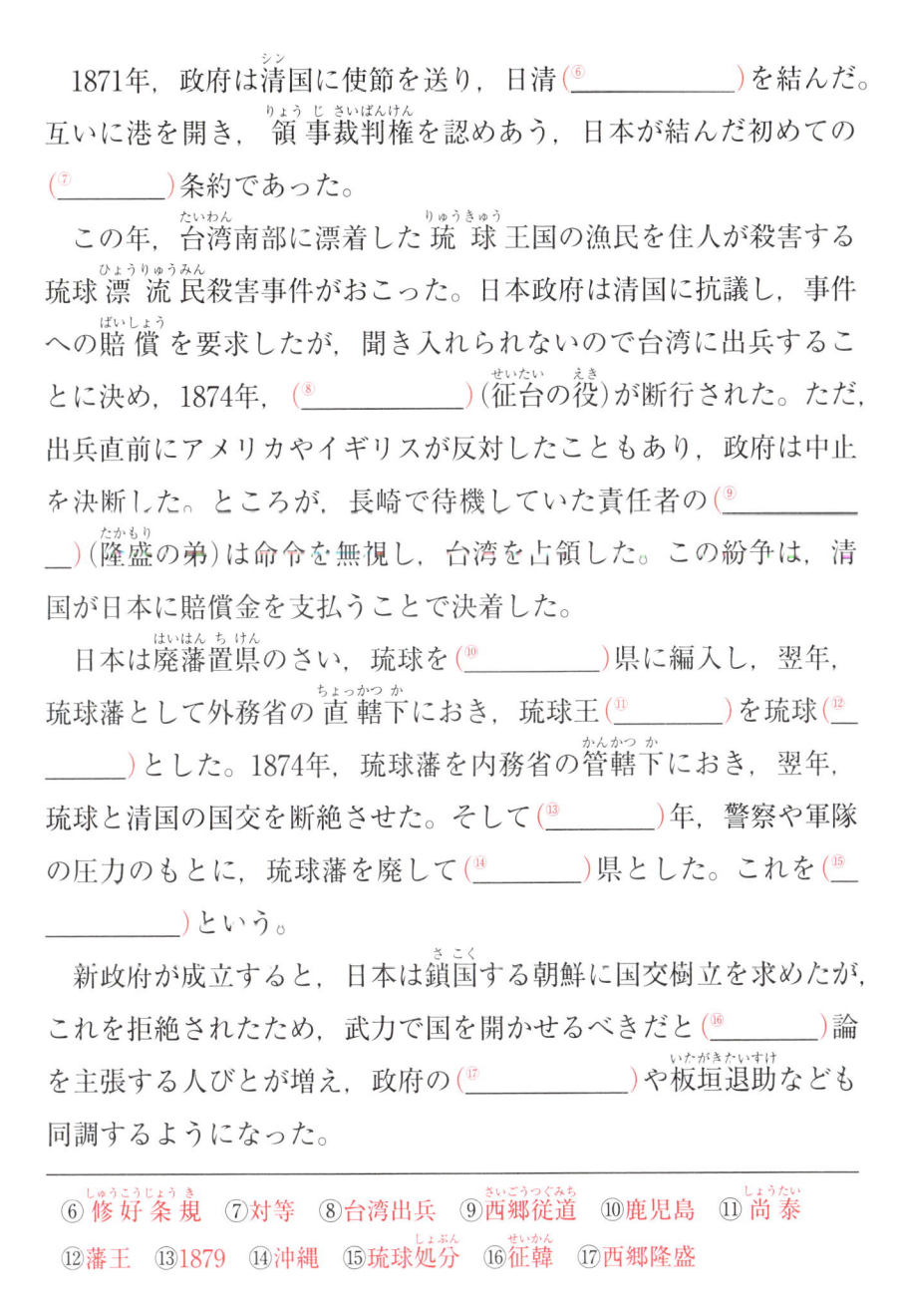

1871年，政府は清国に使節を送り，日清(⑥_____)を結んだ。互いに港を開き，領事裁判権を認めあう，日本が結んだ初めての(⑦_____)条約であった。

　この年，台湾南部に漂着した琉球王国の漁民を住人が殺害する琉球漂流民殺害事件がおこった。日本政府は清国に抗議し，事件への賠償を要求したが，聞き入れられないので台湾に出兵することに決め，1874年，(⑧_____)(征台の役)が断行された。ただ，出兵直前にアメリカやイギリスが反対したこともあり，政府は中止を決断した。ところが，長崎で待機していた責任者の(⑨_____)(隆盛の弟)は命令を無視し，台湾を占領した。この紛争は，清国が日本に賠償金を支払うことで決着した。

　日本は廃藩置県のさい，琉球を(⑩_____)県に編入し，翌年，琉球藩として外務省の直轄下におき，琉球王(⑪_____)を琉球(⑫_____)とした。1874年，琉球藩を内務省の管轄下におき，翌年，琉球と清国の国交を断絶させた。そして(⑬_____)年，警察や軍隊の圧力のもとに，琉球藩を廃して(⑭_____)県とした。これを(⑮_____)という。

　新政府が成立すると，日本は鎖国する朝鮮に国交樹立を求めたが，これを拒絶されたため，武力で国を開かせるべきだと(⑯_____)論を主張する人びとが増え，政府の(⑰_____)や板垣退助なども同調するようになった。

---

⑥修好条規　⑦対等　⑧台湾出兵　⑨西郷従道　⑩鹿児島　⑪尚泰　⑫藩王　⑬1879　⑭沖縄　⑮琉球処分　⑯征韓　⑰西郷隆盛

だが, 岩倉使節団から帰国した薩摩出身の(⑱＿＿＿＿＿)や岩倉具視・伊藤博文らは(⑲＿＿＿＿)を主張し, 朝鮮への武力行使は時期尚早だと反対した。結果, (⑯)派参議が敗れ, 彼らはいっせいに政府を下野した。この政府の分裂を(⑳＿＿＿＿＿)の政変という。

　1875年, 政府は朝鮮に軍艦雲揚を派遣, 沿岸を調査するなどの挑発をおこない, 軍事衝突を引きおこした。これを(㉑＿＿＿＿)事件という。これを契機に1876年, 日朝(㉒＿＿＿＿＿)が締結された。

　北方領土については, 1854(安政元)年の日露和親条約で, 択捉島から南側を日本領, 得撫島より北側をロシア領とし, (㉓＿＿＿＿＿)については両国人(㉔＿＿＿＿)の地と決めた。その後, 政府は(㉕＿＿＿＿＿＿)を全権使節としてロシアへ派遣, 1875年, (㉖＿＿＿＿＿＿)条約を結び, 樺太の権利をロシアへゆずるかわりに, 千島列島を領有することになった。

　翌1876年, 政府は南端の(㉗＿＿＿＿)諸島を日本領とする方針を立て, 島の住人に日本領と認めさせたうえ, 領有を列強諸国に通告した。

　1874年, 政府の司法卿をつとめ, 下野した(㉘＿＿＿＿＿)は, 佐賀の不平士族のリーダーにおされ, (㉙＿＿＿＿)の乱をおこした。2年後の1876年は(㉚＿＿＿＿＿)の乱が多発した年で, そのきっかけになったのは同年の(㉛＿＿＿＿)令である。また, 同じ年に断行さ

---

⑱大久保利通 ⑲内治優先 ⑳明治六年 ㉑江華島 ㉒修好条規 ㉓樺太(サハリン) ㉔雑居 ㉕榎本武揚 ㉖樺太・千島交換 ㉗小笠原 ㉘江藤新平 ㉙佐賀 ㉚不平士族 ㉛廃刀

れた士族の禄制廃止である(㉜秩禄処分)も大きな誘発要因だった。

　熊本県の(㉝敬神党(神風連))は，太田黒伴雄ら百数十名が熊本鎮台のおかれている熊本城へ攻めかかり，熊本県令と熊本鎮台司令長官を殺害したうえ兵営を襲った。

　この乱に呼応して福岡県の秋月党二百数十名が，磯淳や(㉞宮崎車之助)らに率いられて反乱をおこした。これが(㉟秋月)の乱である。

　また，前参議の(㊱前原一誠)も同志三百数十名とともに，山口県で反乱をおこした。これを(㊲萩)の乱と呼ぶ。

　農民もまた政府に抵抗し，1873年には徴兵制度に反対する(㊳血税)一揆がおこり，1876年には地租を定めることに反対する大規模な(㊴地租改正)反対一揆が(㊵茨城)・三重・愛知・岐阜・堺県などで発生した。

　政府を下野した西郷隆盛は鹿児島へ帰り，1874年，(㊶私)学校を設立したが，その生徒たちが1877年，西郷を奉じて挙兵，熊本鎮台を攻め始めた。こうして始まったのが(㊷西南)戦争である。とくに(㊸田原坂)の戦いは激戦となったが，半年後，西郷を自殺に追い込んで乱は鎮圧された。

第3章 立憲国家の成立と日清戦争

1 自由民権運動の高まり （→本文 P.68〜78）

　自由民権運動の発端は，1874（明治7）年の(①_____)の建白書である。これは日本初の自由民権派政社である(②_____)党をつくった(③_____)・後藤象二郎・副島種臣・江藤新平ら8名が太政官の(④_____)に出したもので，国会の設立や，政府の上級役人である(⑤_____)による政治の専制を批判した内容になっている。とくに当時は，薩摩の(⑥_____)を中心とする薩摩・長州出身者が政治を独占していた。

　建白書の全文は，イギリス人(⑦_____)の経営する『(⑧_____)』という新聞に掲載され，一躍，話題となった。

　その後，(③)は高知県(土佐)にもどり，同年，民権派の組織である(⑨_____)を創設し，社長には(⑩_____)が就任した。

　1875年，(③)は全国に呼びかけて，自由民権家を大阪に結集させ，(⑪_____)を結成した。

　1875年，大久保利通と木戸孝允・(③)の三者会談が実現するが，これを(⑫_____)会議という。その結果，木戸と(③)は政府に復帰

1　自由民権運動の高まり
①民撰議院設立　②愛国公　③板垣退助　④左院　⑤有司　⑥大久保利通
⑦ブラック　⑧日新真事誌　⑨立志社　⑩片岡健吉　⑪愛国社　⑫大阪

24　第3章　立憲国家の成立と日清戦争

することになり，政府は(⑬_____)の詔を出した。これにより，立法機関である(⑭_____)が設置され，また司法権の最高機関で今でいう最高裁判所にあたる(⑮_____)が設置された。1880年には憲法草案の「(⑯_____)」が完成した。しかし保守的な(⑰_____)らが反対して廃案となった。

さらに全国の県令や府知事を集めて(⑱_____)会議が開かれることになり，同年，木戸孝允を議長に第1回の(⑱)会議が開催され，とくに地方議会である(⑲_____)設置が中心的な議題となった。

第2回の会議は，1878年，(⑳_____)を議長として開かれ，(㉑_____)が制定されることになった。そのうち(㉒_____)法は，大区・小区という画一的行政区画をやめ，昔の郡町村を復活させ，町村の自治を一部認めたもの。(㉓_____)規則は，府県に(㉓)を設置し，選挙で議員を選出することを定めた内容。(㉔_____)規則は，府県税や民費などの統一的な規則を定めたものである。

1875年に制定された(㉕_____)は，人の名誉を傷つけたり，非難中傷したりした者を罰する法律で，これで役人や政治家の悪口をいう自由民権家を取り締まった。同年に制定された(㉖_____)は，政府を攻撃した新聞や雑誌を発行禁止にしたり，編集者や執筆者を処罰すると定めたもの。

西南戦争がおこった時，立志社の幹部には政府の転覆計画を企て

---

⑬漸次立憲政体樹立 ⑭元老院 ⑮大審院 ⑯日本国憲按 ⑰岩倉具視
⑱地方官 ⑲民会 ⑳伊藤博文 ㉑地方三新法 ㉒郡区町村編制 ㉓府県会
㉔地方税 ㉕讒謗律 ㉖新聞紙条例

た者がいたが，その一方で，(㉗＿＿＿＿)を総代にして国会開設を要求する(㉘＿＿＿＿)建白が政府に提出された。

　1878年，大阪で愛国社の再興が決議された。その主力は，不平士族から豪農・豪商へ移っていき，1880年に大阪で開かれた愛国社第4回大会では，各地の政社を基盤とする(㉙＿＿＿＿)同盟が結成された。

　政府は運動の高まりに危機感をいだき，同年，(㉚＿＿＿＿)条例を発令した。

　1881年，政府の参議で肥前藩出身の(㉛＿＿＿＿)は，すぐに憲法を制定し，来年それを公布して国会を開くべきだと主張した。これに反対した伊藤博文は，(㉜＿＿＿＿)事件を利用して，(㉛)の追い落としにかかった。この事件は，開拓使長官(㉝＿＿＿＿)が，開拓使の官有物や諸事業を同郷の政商(㉞＿＿＿＿)へ不当に安い値段で売り渡そうとした事件である。

　同年10月，薩長閥は天皇が参加する(㉟＿＿＿＿)会議を開き，世論の政府攻撃に(㉛)が関係しているとして，参議の職を奪うことを決定した。さらに世間の批判をかわすため，政府は官有物の売り渡しの中止を公言，同時に(㊱＿＿＿＿)の勅諭を出し，1890年に国会を開くと国民に約束した。この，薩長閥によるクーデタを(㊲＿＿＿＿)の政変と呼ぶ。

　民権派が中心になってつくられた(㊳＿＿＿＿)憲法のおもなものと

㉗片岡健吉　㉘立志社　㉙国会期成　㉚集会　㉛大隈重信　㉜開拓使官有物払下げ　㉝黒田清隆　㉞五代友厚　㉟御前　㊱国会開設　㊲明治十四年　㊳私擬

しては，福沢諭吉系の(㊴____)が発表した「㊵____」や，(㊶____)がつくった「東洋大日本国国憲按」，高知県の(㊷____)の「日本憲法見込案」などがある。

民権思想にかかわる出版物も増え，中江兆民はルソーの『社会契約論』の一部を漢訳して『(㊸____)』を出版する。一方，これに反発して社会進化論の立場をとる(㊹____)が『人権新説』を出した。

1881年，板垣退助を総理とする(㊺____)党が誕生する。同党は急進的な(㊻____)の影響をうけ，共和制を主張した。

翌年，下野した大隈重信が(㊼____)党を創設した。同党は(㊽____)風の立憲君主制と議会政治の実現を主張した。

同年に誕生した立憲帝政党は，(㊾____)が中心となって結成された。

2　松方財政と民権運動の激化　(→本文 P.79〜86)

1877(明治10)年に西南戦争がおこると政府は不換紙幣を乱発，銀行の兌換義務廃止もあってすさまじいインフレーションとなった。

政府の財政を担当していた大蔵卿の(①____)は1880年から(②____)整理に着手し，さらに同年，官営事業を民間へ売り渡そうとし，(③____)を公布した。

1881年に大蔵卿になった薩摩藩出身の(④____)は，さらに

㊴交詢社　㊵私擬憲法案　㊶植木枝盛　㊷立志社　㊸民約訳解　㊹加藤弘之　㊺自由　㊻フランス　㊼立憲改進　㊽イギリス　㊾福地源一郎

2　松方財政と民権運動の激化
①大隈重信　②紙幣　③工場払下げ概則　④松方正義

27

不換紙幣の整理処分を徹底し，これにより激しいデフレーションがおこった。これを俗に(⑤_____)と呼ぶ。

1882年には(⑥_____)銀行を設立，1885年，銀と兌換できる銀行券(紙幣)を発行しはじめた。また，翌年からは政府紙幣も銀と兌換するようにし，ようやく(⑦_____)制が確立したのである。

(⑤)による農作物価格の急落で，農民の多くが土地を手放し，(⑧_____)や都市の(⑨_____)に転落する一方，豪農層からは，土地を集積して(⑧)に耕作させて収入を得，(⑩_____)業などを営む者も出た。

こうした農村の動揺は，自由民権運動を激化させた。1882年，福島県令の(⑪_____)は，大道路工事に抗議した農民を弾圧，自由党員が裏で糸を引いているとして，県内の(⑫_____)をはじめとする自由党員を大量に検挙した。これが(⑬_____)事件である。

以後の激化事件を列記する。

(⑭_____)事件(1883年3月)……新潟県(⑭)地方の自由党員らが，政府高官の暗殺を企てたとして逮捕された事件。

(⑮_____)事件(1884年5月)……自由党員が農民を率いて妙義山麓で政府打倒に立ち上がり，逮捕された事件。

(⑯_____)事件(1884年9月)……茨城・福島・栃木県の自由党員らが，栃木県令(⑪)の暗殺を計画して蜂起し，鎮圧された事件。

(⑰_____)事件(1884年10月)……自由党員をリーダーとして，

---

⑤松方デフレ ⑥日本 ⑦銀本位 ⑧小作農(人) ⑨労働者 ⑩貸金 ⑪三島通庸 ⑫河野広中 ⑬福島 ⑭高田 ⑮群馬 ⑯加波山 ⑰秩父

(⑱_____)党・借金党をつくって農民多数が埼玉県(⑰　)地方で蜂起し，鎮圧された事件。警察や憲兵隊だけでは鎮圧できず，ついに鎮台兵(政府の正規軍)が出動した。

(⑲_____)事件(1885年11月)……旧自由党左派の(⑳_____)が，礒山清兵衛・景山英子らと朝鮮の保守的政府を倒し，その勢いをかりて日本の改革をうながそうとしたが，事前に計画が発覚して検挙された事件。

自由党中央執行部は激化事件の頻発で，党員を統率する自信を失い，1884年10月，自由党を解党した。解党の直接のきっかけとなったのは(㉑_____)事件であった。

だが，憲法発布と国会開設が近づくと，1887年，(㉒_____)らが(㉓_____)をとなえて民権運動の再結集をはかった。このため，ふたたび民権運動は盛り上がりをみせた。さらに(㉔_____)・(㉕_____)・(㉖_____)の３つの要求をかかげ，政府に陳情活動をくり返した。こうした政府攻撃運動を(㉗_____)運動と呼ぶ。

こうした動きに対し，政府は1887年末に，(㉘_____)条例を公布して運動を弾圧した。

3　大日本帝国憲法の制定　(→本文P. 87～98)

1882(明治15)年，憲法調査のためヨーロッパに派遣された伊藤博

⑱困民　⑲大阪　⑳大井憲太郎　㉑加波山　㉒星亨　㉓大同団結　㉔地租軽減　㉕言論・集会の自由　㉖外交失策の回復　㉗三大事件建白　㉘保安

(㉔～㉖は順不同)

29

文は，ベルリン大学の法学者(①＿＿＿＿＿＿)や，ウィーン大学の法学者(②＿＿＿＿＿＿)から，ドイツ流の憲法理論を学んで，翌年帰国した。

　1884年に(③＿＿＿＿＿)令が制定され，(③)に世襲の爵位が与えられた。

　1885年，(④＿＿＿＿＿)制度が創設され，初代総理大臣には(⑤＿＿＿＿＿＿)が就任した。ただ，現在とは異なり，各国務大臣は，自分の職務に関して(⑥＿＿＿＿＿)に直接責任を負うこととされた。

　(④)制度は行政組織と(⑦＿＿＿＿＿)の別が明確となっていて，(⑦)の事務をつかさどる(⑧＿＿＿＿＿)大臣は内閣の外におかれた。また，(⑦)には新たに(⑨＿＿＿＿)大臣が設けられたが，これは側近として天皇を常侍輔弼するとされた。

　地方制度は(⑩＿＿＿＿＿＿)が中心となり，1888年に市制・(⑪＿＿＿＿＿)制，1890年に(⑫＿＿＿＿＿)制・郡制を制定した。この法律は外国人(⑬＿＿＿＿＿＿)の協力を得たので(⑭＿＿＿＿＿＿＿)の影響が大きく，政府中央の統制が強く地方自治体の力が弱いのが特徴だった。

　憲法の制定は，伊藤博文がいくつかの草案をもって，(⑮＿＿＿＿＿＿)・伊東巳代治・金子堅太郎とともに，ドイツ人(⑯＿＿＿＿＿＿)に助言をもらい作成作業を進めた。でき上がった草案は，新たに設けられた(⑰＿＿＿＿＿)で，天皇臨席のもと，何度も審議が重ねられた。こうして1889年2月11日，(⑱＿＿＿＿＿＿)憲法は明治天

3　大日本帝国憲法の制定

①グナイスト　②シュタイン　③華族　④内閣　⑤伊藤博文　⑥天皇　⑦宮中　⑧宮内　⑨内　⑩山県有朋　⑪町村　⑫府県　⑬モッセ　⑭ドイツ(プロイセン)　⑮井上毅　⑯ロエスレル　⑰枢密院　⑱大日本帝国

30　第3章　立憲国家の成立と日清戦争

皇によって発布された。

　法律の範囲内という制限はついているものの，(⑲_____)(憲法では国民をこのように呼んだ)の(⑳_____)の自由，言論・出版・集会・結社の自由が認められ，所有権の(㉑_____)も明記された。

　なお，天皇が国民に与える形式の(㉒_____)憲法で，(㉓_____)憲法の影響を強くうけ，天皇が国家の(㉔_____)と明記された。

　憲法第1条には「大日本帝国ハ(㉕_____)ノ天皇之ヲ統治ス」とあり，第3条では「天皇ハ(㉖_____)ニシテ侵スベカラズ」と続き，天皇は統治権の(㉗_____)者(一手ににぎる者)と規定され，行政に関する組織を定め，文官と武官の(㉘_____)権，相手国と戦争状態に入ることを意思表示する(㉙_____)や講和，その他の条約を結ぶ絶大な権限が与えられた。こうした強大な権限を天皇(㉚_____)という。

　国の軍事力も天皇のもとに集中するようになっており，憲法第11条に「天皇ハ陸海軍ヲ(㉛_____)ス」とある。天皇を輔弼して兵を指揮する機関として，陸軍は(㉜_____)，海軍は(㉝_____)が設けられた。

　憲法と同時に(㉞_____)議員選挙法が制定され，選挙で国民から議員が選ばれ，(㉟_____)(国会)の場で，予算案・法案の審議をおこなうことになった。

　憲法公布と同時に，皇位の継承や摂政の制などが定められた(㊱__

⑲臣民　⑳信教　㉑不可侵　㉒欽定　㉓ドイツ　㉔元首　㉕万世一系　㉖神聖　㉗総攬　㉘任免　㉙宣戦　㉚大権　㉛統帥　㉜参謀本部　㉝海軍令部(のち軍令部)　㉞衆議院　㉟帝国議会　㊱皇室典範

　　　　　　　）も制定されたが，諸法典もこの時期に次々と制定された。民法を中心になって編纂したのは(㊲　　　　　)人法学者の(㊳　　　　　　　　)だった。民法は，1890年に制定され，施行は3年後とされたが，キリスト教思想にもとづく家族観が導入されたので，これに反対する声が強く，帝国大学教授(㊴　　　　　)などは「民法出デ、(㊵　　　　)亡ブ」という論文を法律雑誌に発表した。これに対して，同じ帝国大学教授の(㊶　　　　　　)は，民法を支持する姿勢をとった。この1891年前後に盛り上がった民法をめぐる論争を(㊷　　　　)論争と呼ぶ。

　結局，民法は第三議会で(㊳　)が編集した商法とともに，手直しをすることを前提に施行が延期となり，前民法を大きく修正したうえで，1896年と1898年の2回にわけて公布されたが，(㊸　　　　)の権限の強い保守的な内容であった。

4　衆議院議員総選挙と初期議会　（→本文 P.99～102）

　衆議院議員選挙法は，満(①　　　　)歳以上の男性のうち，直接国税を(②　　　)円以上納めている者に選挙権を与えた。そのため有権者は，国民全体の(③　　　　)%，数にして45万人だった。被選挙人の納税資格も選挙人と同じだったが，年齢は満(④　　　　)歳以上とされた。

　憲法発布の翌日，(⑤　　　　　　)首相は，「政府は常に一定の方

㊲フランス　㊳ボアソナード　㊴穂積八束　㊵忠孝　㊶梅謙次郎　㊷民法典　㊸戸主

4　衆議院議員総選挙と初期議会
①25　②15　③1.1　④30　⑤黒田清隆

向を取り，超然として政党の外に立つ」と(⑥_____)主義を宣言している。

しかし，1890(明治23)年に第1回衆議院議員総選挙が実施された結果，政府反対政党の(⑦_____)党が過半数を獲得した。もちろん政府寄りの政党もあり，これを(⑧_____)党と呼んだ。

同年，第1回(⑨_____)(第一議会)が開かれたが，衆議院において(⑦)党は，政府の予算案に対し，「(⑩_____)」(政府経費を節約して支出をおさえよ)・「(⑪_____)」(地租を減らしたり国民の負担を楽にせよ)をとなえ，予算の削減を政府に迫った。

時の首相(⑫_____)は，議会の場で軍事費の増額について「日本は(⑬_____)線(国境)だけでなく，(⑭_____)線(朝鮮半島)も防衛しなくてはいけない」と，増額の必要性を訴えたが，(⑦)党は納得しなかった。そこで(⑫)首相は，自由党の(⑮_____)派と妥協，600万円の削減で予算案を通過させた。

1891年，第二議会が開かれたが，予算をめぐって(⑦)党と激しく対立，(⑯_____)海軍大臣の演説(のちに(⑰_____)演説と呼ばれる)で大混乱となり，(⑱_____)内閣は初めて議会を解散した。

翌1892年2月に総選挙がおこなわれたが，このおり内務大臣の(⑲_____)は激しい(⑳_____)をおこなった。だが，選挙で(⑦)党の優位をくつがえすことができなかった。このため(⑲)

---

⑥超然 ⑦民 ⑧吏 ⑨帝国議会 ⑩政費節減 ⑪民力休養 ⑫山県有朋 ⑬主権 ⑭利益 ⑮土佐 ⑯樺山資紀 ⑰蛮勇 ⑱松方正義 ⑲品川弥二郎 ⑳選挙干渉

33

内相は引責辞任し，その後，(㉑_____)らとともに政府を支持する議員を集めて(㉒_____)をつくり，(⑦　)党と対立した。

次に第2次伊藤博文内閣が誕生するが，明治維新の功労者が多数入閣したので(㉓_____)内閣と呼んだ。しかし，やはり(⑦　)党の激しい抵抗をうけ，伊藤は超然主義から方針を転換し，自由党と深いパイプをもつ(㉔_____)外務大臣を通じて自由党に接近した。

これに反発した(㉕_____)党は，政府側だった(㉒　)と(㉖_____)連合をつくり，議会で過半数を制し，条約改正問題で伊藤内閣を攻撃した。こうしたきびしい状況は，1894年の日清戦争直前の第(㉗_____)議会まで続いた。

5　不平等条約改正の交渉の流れ (→本文P.103〜110)

江戸幕府が欧米列強と結んだ通商条約は(①_____)関税制度(関税自主権の欠如)，(②_____)権(治外法権)の容認という不平等があった。

1878(明治11)年，薩摩出身の(③_____)外務卿は，(④____)権回復に的をしぼって改正交渉をおこなった。その結果，アメリカは改正に同意し「日米約書」が締結されたが，イギリスと(⑤_____)が反対したため，改正に至らなかった。

次に長州出身の(⑥_____)外務卿(のち外務大臣)が，1882年から列強諸国の代表を東京に集めて(⑦_____)会議を開いた。1886

㉑西郷従道　㉒国民協会　㉓元勲　㉔陸奥宗光　㉕立憲改進　㉖対外硬派
㉗六

5　不平等条約改正の交渉の流れ
①協定　②領事裁判　③寺島宗則　④税　⑤ドイツ　⑥井上馨　⑦予備

34　第3章　立憲国家の成立と日清戦争

年から正式に列強と一斉交渉に入り，翌年，改正案がほぼ了承される。これは，井上が領事裁判権を廃止する代償に外国人の内地雑居を認め，(⑧＿＿＿＿)判事を採用するという，よい条件をつけたからだ。

(⑥)はまた，交渉を有利に進めるため，極端な(⑨＿＿＿)政策をとり，外国の要人接待用の社交場である(⑩＿＿＿＿)を東京日比谷につくった。この建物は，1883年，イギリスの建築家(⑪＿＿＿＿＿)の設計で完成した宮殿風の豪華建築で，2階の中央にダンスホールがあった。

1886年，イギリス船籍の(⑫＿＿＿＿＿＿)号が沈没したさい，外国人乗組員は救命ボートに乗って助かり，日本人乗客が全員溺死する事件があった。しかし，領事裁判によりドレーク船長ら外国人乗組員は全員無罪となった。この(⑫)号事件は，国民に治外法権の不平等を痛切に感じさせた。

こうしたこともあって，政府の改正交渉の前提条件が外部に漏れると，国粋主義者，自由民権家だけでなく，政府内でも農商務大臣(⑬＿＿＿＿)が内閣を辞任するなど，反対の声があがった。そこで(⑥)は仕方なく，改正交渉の無期延期を列強に通告し，1887年，外務大臣を辞めた。

そのあとをうけた(⑭＿＿＿＿)外務大臣は，交渉内容を極秘にし，日本に好意的な国から(⑮＿＿＿)に交渉した。結果，アメリ

---

⑧外国人 ⑨欧化 ⑩鹿鳴館 ⑪コンドル ⑫ノルマントン ⑬谷干城
⑭大隈重信 ⑮個別

カ・ドイツ・ロシアとは新条約の調印にこぎつけた。ところが，条約正文以外の条件がイギリスの新聞(⑯＿＿＿＿＿＿＿＿＿)にすっぱ抜かれ，政府が(⑰＿＿＿＿)における外国人判事の任用を認める約束をしていたことが明るみにでたのだ。

　これに激怒した(⑱＿＿＿＿)社（頭山 満 が組織した対外硬派団体）の社員(⑲＿＿＿＿＿)から(⑭　)は爆弾を投げつけられ，重傷を負い外相を辞任，交渉は頓挫した。

　次の(⑳＿＿＿＿＿＿)外務大臣は，一切条件をつけず法権にしぼって(㉑＿＿＿＿＿＿)と交渉を始めた。当時(㉑　)はロシアの南下に対抗するため日本と友好関係を結ぼうとしていたから，条約改正に同意した。

　ところが1891年，来日したロシア皇太子(㉒＿＿＿＿＿)に，警備担当の(㉓＿＿＿＿＿)巡査が切りつけるという(㉔＿＿＿＿)事件が発生。この責任をとって(⑳　)は辞任，改正交渉も頓挫した。

　なお，政府は(㉓　)を死刑にしてロシア側の慰撫につとめようとした。当時，日本の皇族に対して危害を加えた者は(㉕＿＿＿＿)罪（刑法第116条の皇室に対する罪）で死刑になった。ロシア皇太子は外国の皇族だが，政府の高官はこれを適用せよと裁判所に圧力をかけた。しかし，時の大審院長(㉖＿＿＿＿＿)は，外国の皇族に大逆罪は適用されないとして拒み，司法権の独立を守った。

　青木の後任には(㉗＿＿＿＿＿)がついたが，彼のもとでは条約改

---

⑯ロンドンタイムズ　⑰大審院　⑱玄洋　⑲来島恒喜　⑳青木周蔵　㉑イギリス　㉒ニコライ　㉓津田三蔵　㉔大津　㉕大逆　㉖児島惟謙　㉗榎本武揚

正交渉は進捗しなかった。

次の(㉘_____)外務大臣は，(㉙_____)年，イギリスとのあいだで法権回復と税権の一部回復，相互対等の最恵国待遇を内容とする日英(㉚_____)条約の締結に成功した。ついで他国とも調印に成功，1899年から新条約は施行された。

さらに(㉛_____)外務大臣がアメリカとの交渉で関税自主権を回復，(㉜_____)年に日米新通商航海条約が結ばれ，不平等条約はようやく完全に撤廃されたのである。

6　日清戦争と三国干渉　　（→本文 P. 111〜120）

日本は1876（明治9）年に(①_____)を結んで朝鮮を開国させた。以後，朝鮮政府の実権をにぎった国王(②_____)の王妃(③_____)妃の一族は，日本に接近をはかっていた。ところが1882年，国王の実父(④_____)が，軍隊を動かしてクーデタをおこした。これを(⑤_____)軍乱というが，一般の民衆も反乱に呼応し，日本公使館を襲撃した。しかし，このクーデタは清国軍に平定され，首謀の(④)は清国に連れ去られ，(③)氏が政権に復帰した。

乱後，日本は朝鮮政府に賠償を要求，「賠償金の支払いと日本守備兵の公使館駐留」を認める(⑥_____)条約を締結した。

1884年，清国は清仏戦争で敗北を喫した。これを契機に明治政府は，朝鮮の日本公使館に指示して(⑦_____)をリーダーとする親

㉘陸奥宗光　㉙1894　㉚通商航海　㉛小村寿太郎　㉜1911

6　日清戦争と三国干渉
①日朝修好条規　②高宗（コジョン）　③閔（ビン）　④大院君（テウォングン）　⑤壬午　⑥済物浦　⑦金玉均（キム オッキュン）

37

日改革派・開化派の(⑧____)党に漢城でクーデタをおこさせ，(⑨____)党と呼ばれた(③___)氏一派を追放させた。これを(⑩____)事変というが，またも清軍が介入してきて反乱は制圧された。

これ以上事態が悪化しないよう，政府は実力者の(⑪____)を清国へ派遣し，相手国の実力者である(⑫____)と交渉にあたらせ，1885年，(⑬____)条約が結ばれた。

この条約では「両国軍は朝鮮半島から撤兵し，今後朝鮮へ出兵する時は，事前に通知すること」が取り決められた。

いずれにせよ，日本の朝鮮に対する影響力は弱まってしまったが，こうした情勢に触発され，自由党左派の(⑭____)らが朝鮮の政府高官をテロによって殺害し，親日派政権をつくろうとする(⑮____)事件が発生している。

また1885年3月16日，(⑯____)は「朝鮮や清国の近代化を待って，ともにアジアを繁栄させる猶予はない。日本はむしろアジアから脱して，欧米諸国と同じように朝鮮や清国に接するべきだ」とする「(⑰____)」を『(⑱____)』の社説に発表した。

このように日本国内では，国民の権利を伸張する(⑲____)論より，国家の発展をめざし，領土の拡大も肯定する(⑳____)論に共鳴する人びとが増えていった。

天津条約締結以後，日本政府は軍事力の増強をはかり，国内治安対策に主眼をおいていた鎮台を(㉑____)に改編，数年のあいだに

⑧独立 ⑨事大 ⑩甲申 ⑪伊藤博文 ⑫李鴻章 ⑬天津 ⑭大井憲太郎 ⑮大阪 ⑯福沢諭吉 ⑰脱亜論 ⑱時事新報 ⑲民権 ⑳国権 ㉑師団

38 第3章 立憲国家の成立と日清戦争

清国をしのぐ軍事大国となった。

　1889年から翌年にかけ，朝鮮政府は，穀物価格上昇をふせぐため，(㉒　　　)令を出して輸出を禁止し，物価を引き下げようとした。これに対して，日本政府は朝鮮政府に猛烈な抗議をおこない，この法令を廃止させたうえ損害賠償を要求，1893年には(㉓　　　　)を突きつけた。

　1894年，朝鮮半島で(㉔　　　　)戦争と呼ばれる大規模な農民反乱が広まった。この乱は，新興宗教団体の(㉕　　　)の指導者全琫準（チョンボンジュン）らが，農民を扇動し蜂起させたといわれる。反乱は全羅道一帯を占拠するまでになり，朝鮮政府は清国に応援を頼んだ。

　天津条約にもとづいて清国が出兵を日本に通告したが，主戦派の外務大臣(㉖　　　　)は，在留邦人の保護の名目で出兵すべきだと提案，その意見がとおり，日本軍も対抗して朝鮮半島に上陸した。(㉖)外相は，朝鮮にいる(㉗　　　　)公使を通じて朝鮮政府に改革案を突きつけ，さらに(㉘　　　　)を奉じて現朝鮮政府を倒し，(㉘)に「清国軍を追い払え」という命令を日本軍に出させた。

　これにより日本軍は7月25日，牙山（アーサン）に駐留していた清国軍に戦いをしかけ，同時に海上でも(㉙　　　　)の海戦が勃発，事実上，(㉚　　　)戦争が開始された。

　日本軍は清国軍を破りながら朝鮮半島を北上，清国内にまで進攻し，(㉛　　　)半島の大連・(㉜　　　)を占領した。

㉒防穀　㉓最後通牒　㉔甲午農民　㉕東学　㉖陸奥宗光　㉗大鳥圭介
㉘大院君　㉙豊島沖　㉚日清　㉛遼東　㉜旅順

海戦においても，(㉙　)海戦で勝利したあと，(㉝＿＿＿)海戦に勝って制海権をにぎり，清国の北洋艦隊が基地にしている山東半島の(㉞＿＿＿＿)を水陸から攻めて艦隊を壊滅させた。

　1895年4月，日本の全権伊藤博文と(㉖　)，清国の全権(㉟＿＿＿＿)とのあいだで講和交渉がおこなわれ，条約が締結された。この日清講和条約を，締結された地名をとって(㊱＿＿＿)条約ともいう。条約の内容は，大きく以下の4点である。

　①清国は，(㊲＿＿＿)の独立を認める。
　②清国は日本に，遼東半島および(㊳＿＿＿)・澎湖諸島をゆずる。
　③清国は日本に，(㊴＿＿)億両の賠償金を払う。
　④清国は日本に，新たに沙市・重慶・蘇州・杭州の4港を開く。

　この賠償金は，当時の日本の金額にして約(㊵＿＿＿＿＿)円というばく大な額だった。

　だが，条約調印が済んだあと，ロシアが(㊶＿＿＿＿)とドイツを誘って遼東半島の返還を日本に求め，仕方なく日本はこれに応じた。この出来事を(㊷＿＿＿＿)というが，日本はロシアの強圧的な外交を恨み，「(㊸＿＿＿＿)」を合い言葉に，すさまじい軍備拡張に励んだ。

　清国から獲得した初めての植民地である台湾は，海軍軍令部長だった(㊹＿＿＿＿)を台湾(㊺＿＿＿)に任命して同島の支配にあたらせ，抵抗する住民を武力で制圧した。1898年以後，(㊻＿＿＿＿

㉝黄海　㉞威海衛　㉟李鴻章　㊱下関　㊲朝鮮　㊳台湾　㊴2　㊵3億1000万　㊶フランス　㊷三国干渉　㊸臥薪嘗胆　㊹樺山資紀　㊺総督
㊻児玉源太郎

＿＿＿）台湾総督のもとで，民政局長の(㊼＿＿＿＿＿）が民政に力を入れた。さらに(㊽＿＿＿＿）銀行や台湾精糖会社が設立され，産業の振興がはかられた。

㊼後藤新平　㊽台湾

第4章 日露戦争と国際関係

1 日清戦争後の政治 (→本文 P. 121〜128)

　日清戦争後，内閣と議会の対立は解消され，第2次伊藤博文内閣は1896（明治29）年，自由党の（①＿＿＿＿）を内務大臣として入閣させた。

　同年，（②＿＿＿＿）が第2次内閣を組織したが，（②　）は（③＿＿＿）党と連携して党首の（④＿＿＿＿）を外務大臣に起用した。このため同内閣は，（⑤＿＿＿）内閣と呼ばれている。

　（②　）首相は蔵相も兼任し（⑥＿＿＿）本位制を確立したが，1898年に総辞職し，伊藤博文が3度首相の座についた。第3次伊藤内閣は第十二議会に（⑦＿＿＿）増徴案を提出した。

　自由党と進歩党はこれに強く反対し，合体して（⑧＿＿＿）党と称する絶対多数を有する巨大政党を創設した。これにより伊藤内閣は総辞職し，（⑧　）党の党首（④　）が内閣総理大臣兼外務大臣に，（⑨＿＿＿＿）大臣に板垣退助が就任し，そのほか陸・海軍大臣以外はすべて（⑧　）党員が国務大臣をつとめる，日本で初めての（⑩＿＿＿）内閣が誕生した。

1　日清戦争後の政治
①板垣退助　②松方正義　③進歩　④大隈重信　⑤松隈　⑥金　⑦地租
⑧憲政　⑨内務　⑩政党

第1次大隈内閣は俗に(⑪_____)内閣と呼ばれたが，文部大臣(⑫_____)の失言が(⑬_____)事件に発展，文相の後任をめぐって(⑧　)党は，旧自由党系の(⑧　)党と旧進歩党系の(⑭_____)党に分裂，わずか数カ月で大隈内閣は瓦解した。

　次の第2次山県有朋内閣には，(⑧　)党が閣外協力を表明，(⑦　)増徴案を(⑭　)党の反対をおさえて議会を通過させた。

　だが，山県は1899年，(⑮_____)令を改正，高級官僚の(⑯_____)官に任用資格規定を設け，政党員が高級官僚にならないようにした。同時期に制定された文官(⑰_____)令・文官懲戒令も同じ目的から出されたものだった。ただ，大臣・知事・公使などの(⑱_____)官と呼ばれるさらに上級の官僚は，(⑮　)令には該当しない。

　翌1900年，(⑲_____)制を制定したが，これは内閣の陸・海軍大臣は(⑳_____)の大将・中将以外認めないという法律だ。さらに山県は，労働運動・農民運動・社会主義運動を弾圧するため，1900年に(㉑_____)法を制定した。

　こうした一連の政党弾圧的な政策を嫌った(⑧　)党は山県内閣から離れ，1900年，いったん解党して(㉒_____)を総裁とする(㉓_____)を創設した。これに対して社会主義者(㉔_____)は，『万朝報』に「(㉕_____)を祭る文」を載せ，その変節を批判した。

---

⑪隈板　⑫尾崎行雄　⑬共和演説　⑭憲政本　⑮文官任用　⑯勅任　⑰分限　⑱親任　⑲軍部大臣現役武官　⑳現役　㉑治安警察　㉒伊藤博文　㉓立憲政友会　㉔幸徳秋水　㉕自由児

第4次伊藤内閣は，外務大臣の加藤高明と陸・海軍大臣以外はすべて(㉓　)員で占められる政党内閣だったが，憲政本党や(㉖＿＿＿＿)院の抵抗により，1901年に総辞職した。

　以後，伊藤や山県など明治の元勲は，政治の表舞台から姿を消し，(㉗＿＿＿＿)と称する天皇の補佐役となり，実質的に内閣首班の決定権をもった。(㉗　)は伊藤(長州)と黒田清隆(薩摩)に加え，山県有朋(長州)，松方正義(薩摩)，(㉘＿＿＿＿)(長州)，西郷従道(薩摩)，大山巌(薩摩)，桂太郎(長州)が任命され，最後に(㉙＿＿＿＿＿)(公家)が大正天皇から任じられ，合計で9人となった。

　(㉗　)は，(㉗　)会議を開いて首相候補者を天皇に推薦するのが慣例となり，首相の(㉚＿＿＿)権をにぎり，大きな政治力をもった。

2　中国分割と日露戦争　　(→本文 P.129〜138)

　日清戦争後，以下のように列強の中国分割が進んだ。

ドイツ：(①＿＿＿＿)半島の膠州湾を租借(1898年)

ロシア：(②＿＿＿＿)半島の旅順・大連を租借(1898年)

イギリス：(③＿＿＿＿)半島・威海衛を租借(1898年)

フランス：(④＿＿＿＿)湾を租借(1899年)

　日本も清国から台湾を割譲され，台湾総督が同島の支配にあたったが，さらに対岸の(⑤＿＿＿＿)省へ勢力を広げ，欧米同様，中国分割に参加しようとした。

㉖貴族　㉗元老　㉘井上馨　㉙西園寺公望　㉚選任

2　中国分割と日露戦争
①山東　②遼東　③九龍　④広州　⑤福建

アメリカは1823年の(⑥_____)宣言以後，不干渉・孤立主義の立場をつらぬいてきたが，1899(明治32)年，国務長官(⑦_____)は，西欧と日本に対し，清国における通商の自由と門戸(⑧_____)・機会均等を求める通告書を送り，中国大陸への経済的進出を明言した。その前年，アメリカは(⑨_____)諸島を併合しており，ついで(⑩_____)群島を領有するなど，太平洋に進出していた。

こうした状況の中で清国の新興宗教集団である(⑪_____)が「(⑫_____)」をとなえて挙兵，清国民の支持を得て山東省を制圧，1900年，首都(⑬_____)に乱入して欧米列国の公使館を包囲する事態に発展した。

すると清国政府は，乱に加担して列強諸国に宣戦布告した。

これに対して日本をはじめ，イギリス・ロシア・フランスなど8カ国が軍隊を派遣，連合軍は北京の(⑪)を鎮圧し，清国を降伏させた。この一連の事件を(⑭_____)事変と呼ぶ。

翌1901年，列強諸国は清国とのあいだに(⑮_____)を結んだ。

ロシアは1898年，遼東半島にある旅順・大連の港を25年契約で清国から租借し，さらに(⑭)事変以後，大軍を(⑯_____)(現，中国東北部を占める東北3省の旧称)に駐屯させ，事実上占拠した。

一方，朝鮮半島では三国干渉の直後に政変がおこり，反日的な閔

---

⑥モンロー ⑦ジョン=ヘイ ⑧開放 ⑨ハワイ ⑩フィリピン ⑪義和団 ⑫扶清滅洋 ⑬北京 ⑭北清 ⑮北京議定書 ⑯満州

氏一派がふたたび政権の座につき，ロシアに接近していった。

日本の駐朝公使(⑰＿＿＿＿)は，朝露両国の緊密化を防ごうと(⑱＿＿＿＿)の擁立を企て，1895年，日本公使館の守備兵に朝鮮王宮を占拠させ，朝鮮宮廷の実力者(⑲＿＿＿＿)を殺害した。この行為は朝鮮国民の強い怒りをかうとともに，驚いた朝鮮国王(⑳＿＿＿＿)がロシア公使館に逃げ込み，完全なる親露政権が誕生した。

1897年，朝鮮は国名を(㉑＿＿＿＿)帝国(韓国)と改めた。

こうした状況の中，政府内では(㉒＿＿＿＿)同盟を結んでロシアに対抗しようと考える人びとと，(㉓＿＿＿＿)交換をとなえる人びととに分かれた。(㉓)交換論とは，ロシアに満州経営の自由を認めるから，ロシアのほうも韓国における日本の優越権を認めてほしいという論で，それを明記した日露(㉔＿＿＿＿)条約を締結しようというもの。これを強く主張したのが(㉕＿＿＿＿)だった。

しかし結局，1902年に以下の内容の(㉒)同盟協約が締結された。
①互いに(㉖＿＿＿)国および韓国の独立と領土の保全を認めあう。
②互いに(㉖)国における両国の利益と韓国における日本の政治・経済・産業上の利益を認めあう。
③同盟国の一方が他国と交戦した場合，他の同盟国は厳正中立を守る。第三国が相手側として(㉗＿＿＿＿)した場合には，他の同盟国も(㉗)する。

(㉒)同盟の締結により，国論は主戦論に傾いていった。

---

⑰三浦梧楼 ⑱大院君(テウォングン) ⑲閔妃(ミンヒ) ⑳高宗(コジョン) ㉑大韓 ㉒日英 ㉓満韓 ㉔協商 ㉕伊藤博文 ㉖清 ㉗参戦

1903年には，戦争決行を主張する(㉘_____)会(近衛篤麿や頭山満らが組織)や，(㉙_____)・富井政章を中心とする東京帝国大学などの(㉚_____)博士が強硬な主戦論をとなえた。

　一方，非戦・反戦をとなえる人びともいた。キリスト教の人道主義の立場から(㉛_____)が非戦論を，また社会主義の立場から幸徳秋水・(㉜_____)らが非戦論や反戦論を展開した。幸徳らは『(㉝_____)』の記者で，同紙にそうした持論を発表していた。1903年に同紙が主戦論に転じると，(㉞_____)社をつくり，週刊誌『平民新聞』を創刊して非戦論をとなえ，開戦後も戦争に反対し続けた。

　日露戦争が始まると，歌人の(㉟_____)は，出征(戦争に赴くこと)する弟への思いを歌にした「(㊱_____)」を，詩歌雑誌の『明星』に1904年に発表した。同じく詩人の(㊲_____)も戦時中の1905年，『太陽』に「お百度詣で」という反戦詩を発表した。

　(㊳_____)年2月，日露戦争が勃発した。日本はイギリスに加え，ロシアの満州占領を嫌う(㊴_____)の支持を取り付け，両国民からばく大な公債(外債)を購入してもらい，戦費を調達した。戦争では(㊵_____)億円の戦費が費やされたが，そのうち7億円分は外債だった。

　戦いは，多大な犠牲を払いつつも，日本の優勢のうちに進み，ロ

㉘対露同志　㉙戸水寛人　㉚七　㉛内村鑑三　㉜堺利彦　㉝万朝報　㉞平民　㉟与謝野晶子　㊱君死にたまふこと勿れ　㊲大塚楠緒子　㊳1904　㊴アメリカ　㊵17

シア皇帝(⁴¹ニコライ)2世は,(⁴²バルチック)艦隊が壊滅したことで,日本との講和を決意,1905年9月,アメリカ大統領(⁴³セオドア=ローズヴェルト)の仲介によって,ワシントン近くの軍港(⁴⁴ポーツマス)で日露講和条約が結ばれた。

日本の全権は(⁴⁵小村寿太郎),ロシア側は(⁴⁶ウィッテ)である。

条約の内容は,以下のとおり。

①ロシアは,(⁴⁷韓)国における日本の指導・監督権を全面的に認める。

②ロシアは,旅順・大連の租借権と(⁴⁸長春)以南の鉄道とそれに付属する利権を日本にゆずる。

③ロシアは,北緯(⁴⁹50)度以南のサハリン(樺太)と付属の諸島を日本にゆずる。

④ロシアは,(⁵⁰沿海州)とカムチャツカの漁業権を日本に認める。

だが,講和交渉でロシアから賠償金を引き出せなかったため,国民は激怒し,講和条約調印の日(9月5日),日比谷公園で開かれていた講和反対の国民大会が大暴動に発展,政府は(⁵¹戒厳)令をしいて軍隊を出動させなくてはならなくなった。この騒動を(⁵²日比谷焼打ち)事件と呼ぶ。

㊶ニコライ ㊷バルチック ㊸セオドア=ローズヴェルト ㊹ポーツマス ㊺小村寿太郎 ㊻ウィッテ ㊼韓 ㊽長春 ㊾50 ㊿沿海州 ㈤戒厳 ㈤日比谷焼打ち

3 韓国併合と日露戦後の中国 (→本文 P.139〜144)

　1904(明治37)年2月，日本は韓国と(①＿＿＿＿＿＿)を締結。日露戦争遂行にさいし，日本軍に便宜を与えることを韓国に約束させた。さらに同年8月，第1次日韓協約を結んだ。これにより韓国政府は日本政府が推薦する(②＿＿＿＿)・外交顧問をおかねばならず，重要な外交案件も事前に日本政府と協議することになった。

　1905年7月，アメリカとのあいだで非公式に(③＿＿＿＿＿＿)協定が締結された。これは，アメリカが領有する(④＿＿＿＿＿＿)への野心がないことを明言し，かわりにアメリカに日本の(⑤＿＿＿)国への指導権を認めさせたもの。

　同年8月，政府は日英同盟協約を改定し，イギリスの(⑥＿＿＿＿)支配を認め，同盟の範囲を(⑥　)まで広げることで，イギリスに日本の(⑤　)国保護国化を了承させた。

　同年11月，日本は第2次日韓協約に調印。この協約により，日本は韓国から(⑦＿＿＿)権を取り上げると，(⑧＿＿＿＿)府を漢城(ソウル)におき，初代(⑧　)に(⑨＿＿＿＿＿)が就任した。

　韓国皇帝の(⑩＿＿＿＿)は，1907年，ハーグで開かれていた第2回万国平和会議に密使をつかわし，日本の不当支配を訴えようとした。これを(⑪＿＿＿＿＿＿)事件と呼ぶが，(⑨　)はこれを知って厳しく追求，韓国皇帝を退位させ，同年，第3次日韓協約をおしつけた。

3　韓国併合と日露戦後の中国
①日韓議定書　②財政　③桂・タフト　④フィリピン　⑤韓　⑥インド
⑦外交　⑧統監　⑨伊藤博文　⑩高宗(コジョン)　⑪ハーグ密使

49

これにより韓国は(⑫_____)権も奪われ，同時に(⑬_____)も解散させられた。

韓国国民は，日本の支配に抵抗するため(⑭_____)運動を展開したが，第3次日韓協約締結後，反日運動は激しさをまし，1909年，(⑮_____)という韓国人の青年民族運動家に(⑨)が暗殺された。

これを機に，日本政府は日本から憲兵隊を派遣・常駐させ，韓国の司法権を剝奪，警察権も奪い，(⑯_____)年，日本は韓国とのあいだに韓国(⑰_____)条約を締結した。

この条約の第1条に，「韓国皇帝陛下ハ韓国全部ニ関スル一切ノ(⑱_____)権ヲ完全且(⑲_____)ニ日本国皇帝陛下ニ譲与ス」とあるように，韓国は日本の植民地になった。

日本は，韓国の統治機関として(⑳_____)を京城(漢城を日本側が改称)におき，初代総督に陸軍大将(㉑_____)をすえた。また，韓国という国号を廃し(㉒_____)にもどし，土地の所有権を明確化し地税徴収を確実にするため，朝鮮全土で測量や所有権の確認など(㉓_____)事業をおこない，1918(大正7)年に完了させた。接収地の一部は(㉔_____)会社や日本人の地主に安く払い下げられた。

ポーツマス条約で日本が獲得した旅順・大連を含む遼東半島南端の租借地は，(㉕_____)州と命名したが，1906年，旅順に(㉖_____)を設け，経営の拠点とした。

---

⑫内政(行政)　⑬軍隊　⑭義兵　⑮安重根(アンジュングン)　⑯1910　⑰併合　⑱統治
⑲永久　⑳朝鮮総督府　㉑寺内正毅　㉒朝鮮　㉓土地調査　㉔東洋拓殖
㉕関東　㉖関東都督府

また，ロシアから獲得した(㉗____)・旅順間の旧東清鉄道やその線路沿いにある炭鉱などを経営するため，大連に半官半民の(㉘_____)を新設した。

アメリカは，日本に満州の門戸開放を要求したが，日本がこれを拒否して満州の単独経営を始めたため，関係が悪化した。このためアメリカは1906年，(㉙_____)で大地震がおこったさい，(㉚_____)の子どもたちを公立学校からしめだす人種差別政策をとった。以後，(㉛_____)州など(㉚__)が多い地域を中心に，アメリカ各地で(㉚__)排斥運動が発生した。

しかし日本は1905年，第2次日英同盟協約を結んでイギリスを味方につけ，さらに1907年，第1次(㉜_____)，1910年に第2次(㉜__)を結んで，ロシアの(㉝_____)に関する権益を認めることで，日本の南満州の権益を認めさせた。

この頃，(㉞_____)主義をとなえる(㉟_____)によって，(㊱_____)革命がおこり，翌1912年，清国が崩壊して(㊲_____)が誕生した。

ポーツマス条約で得た南樺太だが，政府は1906年に(㊳_____)庁をおいて本格的な経営に乗り出した。

4　柱園時代　　　　　　　　　　(→本文P.145〜148)

第1次桂太郎内閣は，1901(明治34)年から1905年末におよぶ長

㉗長春　㉘満鉄(南満州鉄道株式会社)　㉙サンフランシスコ　㉚日本人移民　㉛カリフォルニア　㉜日露協商(協約)　㉝外蒙古　㉞三民　㉟孫文　㊱辛亥　㊲中華民国　㊳樺太

期政権になった。次に内閣を組織したのは(① _____)総裁の(② _____)である。この2人は，明治時代の終わり10年間，交互に政権を担当したことから，それぞれの名の一字をとって，この時期を(③ _____)時代と呼ぶ。

　第1次桂内閣の総辞職をうけて成立した第1次(②)内閣は，(④ _____)恐慌によって拡張政策がゆきづまり，さらに(⑤ _____)事件で社会主義者の取締りの甘さを(⑥ _____)に攻撃され総辞職した。

　第2次桂内閣の支持基盤は政党ではなく，貴族院や官僚勢力など(⑥)だった。同内閣は1908年，明治天皇の名で国民教化を目的とし，勤倹節約を説く(⑦ _____)詔書を出した。

　同時に(⑧ _____)省の主導で(⑨ _____)運動が推進された。運動の一環として，旧町村の基本財産を行政町村に吸収させたり，若者の(⑩ _____)会を行政町村ごとに再編強化したりした。

　1910年には，帝国(⑪ _____)軍人会を設立し，町村ごとの(⑪)軍人会をその分会とした。

　こうした一連の政策のあと桂は，海軍拡張費を盛り込んだ予算を議会で通すため，(①)に一致協力を申し入れた。その時桂は，(①)に政権をゆずる約束をしたといい，それから数カ月後，(①)総裁の(②)が第2次内閣を組織した。この内閣は，陸軍の(⑫ _____)増設要求を断ったことで陸軍の反発にあい辞職に追い込まれ，3度桂が内閣を組織した。

4　桂園時代
①立憲政友会　②西園寺公望　③桂園　④戦後　⑤赤旗　⑥閥族　⑦戊申
⑧内務　⑨地方改良　⑩青年　⑪在郷　⑫2個師団

第5章

近代産業の発展と社会運動

1　松方デフレから産業革命へ（→本文 P.149〜162）

　日本に産業革命のきざしがみえてくるのは，（①　　　　　）の効果があらわれた（②　　　　）年代後半からである。そして日清戦争前後に，（③　　　　）業を中心とする（④　　　　）分野で産業革命がおこり，さらに日露戦争後になると，今度はそれが（⑤　　　　　）の分野に広がっていった。

　（①）の結果，日本では（⑥　　　　）本位制が確立して，物価が安定した。豪農や豪商たちは，資本を元手に株の売買を始めたり，会社をおこしたりした。そのため（⑦　　　　）の取引が活発になり，続々と新しい会社が誕生した。とくに1886（明治19）年から1889年までの3年間は，会社設立ブームとなった。この現象を（⑧　　　　　）と呼ぶ。

　しかし1890年，（⑦）への払込みが集中して金融機関が資金不足におちいり，さらに前年の凶作や生糸輸出の半減が加わり，（⑨　　　　　）恐慌となり，会社設立ブームは幕を閉じた。

　日清戦争に勝って下関条約で得た賠償金の一部を準備金とし，

1　松方デフレから産業革命へ
①松方財政（デフレ）　②1880　③紡績　④軽工業　⑤重化学工業　⑥銀
⑦株式　⑧企業勃興　⑨1890年

53

1897年，(⑩_____)法が制定され，(⑪____)本位制が確立した。

また政府は，特定の分野に資金を援助する(⑫_____)銀行（日本勧業銀行・日本興業銀行・台湾銀行・各府県の農工銀行など）を設立した。とくに(⑬_____)銀行は，積極的に貿易の金融にあたった。

これにより，日清戦争後，鉄道・紡績分野を中心に会社が続々設立されたが，これを(⑧___)の再発と称した。

日本の(⑭_____)主義は，この時期に(⑮_____)産業（紡績・綿織物・製糸・絹織物業など）を中心として成立したと考えられている。貿易品の取扱いは，三井物産会社など(⑯_____)が中心になった。

日清戦争後の輸入超過，過剰生産，株式高騰の反動などが重なり，1900年，日本の景気は急に悪くなり，企業の倒産があいついだ。これが日本初の(⑭___)主義恐慌である。

1880年代，綿織物業は外国産の安い綿糸を積極的に輸入し，安価な綿布をつくり始めた。とくにジョン＝ケイが1733年に発明した(⑰_____)の原理を手織機に取り入れて改良し，生産性をあげた。

その後，綿織物業は手織機から(⑱_____)が発明した国産(⑲_____)への転換を進め，その生産形態も問屋制家内工業から工場制手工業へ移り，生産量を著しくのばした。

紡績業界は，1877年に上野公園で開かれた第1回(⑳_____)

⑩貨幣 ⑪金 ⑫特殊 ⑬横浜正金 ⑭資本 ⑮繊維 ⑯商社 ⑰飛び杼 ⑱豊田佐吉 ⑲力織機 ⑳内国勧業

博覧会に出品され，最高の賞を受賞した発明品(㉑　　　　)を使うようになった。これは(㉒　　　　　)が発明した紡績機である。

紡績業・綿織物業は，原料の綿花を(㉓　　　　)やアメリカ・中国からの輸入にたよっていたため，紡績業が発展すればするほど綿花の輸入が増え，貿易収支は全体として(㉔　　　)字になった。

1883年，渋沢栄一らにより(㉕　　　　)紡績会社が設立されたが，この会社は最新のイギリス製の(㉖　　　　　)紡績機を多数導入し，大規模な機械性生産をおこなった。当時の紡績会社はふつう2000錘を標準としたが，この会社は(㉗　　　　)錘規模だった。しかも従業員は(㉘　　　　　)交代制で紡績機を24時間稼働させ，大量生産をおこなった。

生糸は幕末から主力輸出品で，蚕を育てる(㉙　　　　)農家がそのまま製糸にもたずさわった。木製歯車を手で回して糸を巻きとる(㉚　　　　)器を使う(㉚)製糸から，水蒸気を動力とする外国製繰糸器を使用した(㉛　　　　)製糸に主流が移り，日清戦争後，(㉛)製糸の生産量が(㉚)製糸の生産量を上回った。

この時期，(㉛)製糸の小工場が(㉜　　　　)県や山梨県を中心に，農村地帯に続々設立された。生産量に比例して輸出ものび，1909年には日本は(㉝　　　　)を抜いて世界一の生糸生産国になった。

生糸を原料とした絹織物業も活気づき，力織機も導入されて輸出用の羽二重(高級絹織物)の生産が活発になった。生糸の主たる輸出

㉑ガラ紡　㉒臥雲辰致　㉓インド　㉔赤　㉕大阪　㉖ミュール　㉗1万
㉘昼夜2　㉙養蚕　㉚座繰　㉛器械　㉜長野　㉝清国

先は(㉞_____)だった。

　製糸業は，原料に輸入品を一切使っていないので，生糸の輸出が増加すれば増加するほど貿易収支は(㉟____)字になり，(㊱_____)獲得には最高の産業であった。

　鉄道は東京(新橋)・(㊲_____)間に(㊳_____)鉄道が開通，以後も(㊳　)事業(国鉄)として線路がのびていった。しかし1881年，(㊳　)ではない鉄道会社が誕生する。それが華族が出資してつくった(㊴_____)会社である。この会社がつくられた目的は，華族(㊵_____)だった。

　この会社の成功をみて，続々と鉄道民間会社(私鉄)が設立されていき，1889年には，営業キロ数で民営(民間経営)が(㊳　)(国の経営)を上回るようになった。

　ちょうどこの年，(㊶_____)線(東京・神戸間)が全通した。ちなみに，線路が本州の端から端まで(青森・下関間)つらぬくのは(㊷_____)戦争後のことである。

　1906年，政府は戦争の時に兵隊や軍需物資をすみやかに輸送できるよう，(㊸_____)法を制定し，私鉄の大半は国鉄にかわった。しかし，太平洋戦争後は私鉄が急速に線路をのばした。1986(昭和61)年，(㊸　)法は廃止され，国鉄は(㊹_____)化され(㊺_____)になった。

　1896年，政府は(㊻_____)奨励法や航海奨励法など海運業奨励

㉞アメリカ　㉟黒　㊱外貨　㊲横浜　㊳官営　㊴日本鉄道　㊵授産　㊶東海道　㊷日清　㊸鉄道国有　㊹民営　㊺JR　㊻造船

策を出したので，すでに1893年にインドへのボンベイ航路を開いていた(㊼_____)会社は，同年，ヨーロッパやアメリカ，さらにはオーストラリアへの航路を開いた。

1884年頃になると，政府の官営事業が次々と民間企業に売却されていくが，これを(㊽_____)と呼んでいる。政商は優良な鉱山を売却してもらえたが，彼らはそうした鉱工業を基盤として(㊾_____)へと成長していくことになる。

1897年，ドイツの技術力で官営(㊿_____)製鉄所が設立され，1901年から操業を開始する。政府は中国の(51_____)に借款を与えた見返りとして(52_____)鉄山の鉄鉱石を安価に購入でき，これが製鉄所の原料として用いられた。

日本(53_____)所は，三井とアームストロング社やヴィッカーズ社といった(54_____)の兵器会社が提携して，北海道の(55_____)につくった民間最大の武器製造工場である。

政府が重視した造船分野では，三菱に払い下げられた官営の(56_____)造船所が日清戦争後に発達し，1908年には豪華客船の天祥丸を建造するなど，その技術は世界水準に追いついた。

工作機械の分野では，1889年に設立された民間の(57_____)鉄工所が，1905年に独力で(58_____)の完全製作に成功した。

明治時代後半，次々と(59_____)事業がおこり，都市には電灯が灯るようになっていった。工場の機械が(59)で動くようになると，

㊼日本郵船　㊽官営事業払下げ　㊾財閥　㊿八幡　51漢冶萍公司　52大冶
53製鋼　54イギリス　55室蘭　56長崎　57池貝　58旋盤　59電力

(⁶⁰＿＿＿＿)工作所のように，電気機械をつくるメーカーも発達した。

　三菱などの財閥は，多くの分野における多数の企業を支配する(⁶¹＿＿＿＿＿＿＿＿＿)形態を整え，傘下の企業の株式を(⁶²＿＿＿＿)会社に集中させた。(⁶²)会社は，まず1909年に三井財閥が三井(⁶³＿＿＿＿)会社をつくり，その後，(⁶⁴＿＿＿＿)・三菱・住友の四大財閥も設立していった。

　日露戦争後は植民地との経済的な結びつきも強まった。朝鮮でいえば，おもに(⁶⁵＿＿＿＿)を移出し，(⁶⁶＿＿＿)を移入した。台湾からは大量に(⁶⁶)と原料(⁶⁷＿＿＿)を移入した。また，満州からは(⁶⁸＿＿＿＿)を輸入し，日本からは(⁶⁵)を輸出した。

2　明治の農業と社会運動　（→本文 P.163〜171）

　農業は産業革命がおこっても江戸時代と大きな変化はなく，(①＿＿＿)作を柱とする零細経営だった。ただ，政府が農事試験場を設けて稲の(②＿＿＿＿＿)をおこない，また(③＿＿＿＿＿)などの金肥の普及もあって，単位面積あたりの収穫量は増加した。

　1890年代から土地を集積した大地主は，小作料にたよる(④＿＿＿＿)地主になっていった。

　日露戦争後，戦争の痛手で農家は困窮したので，内務省が中心となって(⑤＿＿＿＿＿)運動を進めていった。

　1900(明治33)年の調査では，賃金労働者の88％が女性で，未成年

---

⑥⁰芝浦　⑥¹コンツェルン(企業連携)　⑥²持株　⑥³合名　⑥⁴安田　⑥⁵綿布
⑥⁶米　⑥⁷糖　⑥⁸大豆粕

2　明治の農業と社会運動
①米　②品種改良　③大豆粕　④寄生　⑤地方改良

58　第5章　近代産業の発展と社会運動

者が過半数を占めていた。彼女たちは(⑥_____)と呼ばれた。

(⑥)の労働条件は劣悪で，横山源之助の『(⑦_____)』，農商務省の『(⑧_____)』などに詳述されている。

(⑨_____)や片山潜といった(⑩_____)の労働運動に影響をうけた知識人が，1897年，労働組合の結成を促進したり，労働運動の指導をおこなう(⑪_____)を創設した。彼らの活動に敏感に反応したのは，数が少ないが重工業に従事する比較的待遇のよかった熟練工たちで，彼らは鉄鋼組合や日本(⑫_____)矯正会などの労働組合をつくって資本家と対抗した。

こうした労働者たちのストライキに対し，1900年，政府は労働者の団結権・罷業権(ストライキ)を制限する(⑬_____)法を定め，労働運動や社会主義運動を弾圧した。

1898年，安部磯雄・片山潜・幸徳秋水らは，(⑭_____)を創設した。さらに1901年，社会主義者たちは日本初の社会主義政党である(⑮_____)党を結成したが，(⑬)法により即日政府から解党を命じられた。

この後，幸徳秋水・堺利彦らは平民社を設立し，『(⑯_____)』を発行し，言論活動を展開した。

1906年，(⑰_____)党が創設された。同党は「憲法の許す範囲内で社会主義の実現をめざす」としたため解散を命じられなかった。しかし，翌年の第2回党大会で，党の主導権を議会政策派(片

---

⑥女工(工女) ⑦日本之下層社会 ⑧職工事情 ⑨高野房太郎 ⑩アメリカ ⑪労働組合期成会 ⑫鉄道 ⑬治安警察 ⑭社会主義研究会 ⑮社会民主 ⑯平民新聞 ⑰日本社会

59

山潜ら)から(⑱_____)派(幸徳秋水ら)が奪ったため，解党命令がくだった。

政商(⑲_____)の経営する足尾銅山は鉱毒を垂れ流し，近隣に絶大な被害を与えた。そこで栃木県選出の衆議院議員(⑳_____)が，議会に実態を訴え，政府に解決を求めたが，聞き入れられなかったため，1900年，明治天皇に直訴した。この公害問題を(㉑_____)事件という。

1908年，堺利彦・荒畑寒村・大杉栄ら(⑱)派が，路上で社会主義のシンボル旗をふって逮捕される(㉒_____)事件がおこった。これが要因となり，西園寺内閣は総辞職した。

次に内閣を組織した桂太郎は，1910年，天皇の暗殺計画の発覚を利用して多くの社会主義者を検挙し，計画に無関係な社会主義者を含め26名を逮捕・起訴し，幸徳秋水をはじめとする12名を処刑した。この出来事を(㉓_____)事件という。これにより社会主義運動は壊滅的な打撃をうけ，以後，第一次世界大戦が始まるまでの数年間，完全に停滞した。これを「(㉔_____)の時代」と呼ぶ。

この事件をきっかけに警視庁内には思想警察の(㉕_____)がおかれるようになった。

---

⑱直接行動 ⑲古河市兵衛 ⑳田中正造 ㉑足尾鉱毒 ㉒赤旗 ㉓大逆 ㉔冬 ㉕特別高等課(特高)

第6章

近代文化の発展

1 明治文化の特色と思想・信教・教育 （→本文 P.172〜180）

　思想界は，明治初年の文明開化期に，無知な国民を開化させていこうという（①　　　）主義がおこる。政府もこれを上から進めていくが，こうした政府の欧化政策を，（②　　　　　）は貴族的欧化主義と非難し，（③　　　）的欧化主義（庶民の欧化）を説いた。（②）は1887（明治20）年に（④　　　）社をつくり，雑誌『（⑤　　　　　）』を発刊して自説を広めた。

　この頃，近代的民族主義をとなえる人びとが出てきた。そのうち（⑥　　　　　）は，1888年に志賀重昂や杉浦重剛らと（⑦　　　　　）をつくり，雑誌『（⑧　　　　）』を発刊して（⑨　　　　　）主義をとなえた。

　官僚だった（⑩　　　　）も政府の欧化政策に反対して辞職し，1888年，新聞『東京電報』を創刊，翌年に新聞『（⑪　　　）』と改題し，（⑫　　　）主義をとなえた。

　日清戦争後，（⑬　　　　　）は雑誌『（⑭　　　）』で日本の伝統を重視し，「忠君愛国・君民一体」など国民精神の発揚をとなえ，キ

---

1 明治文化の特色と思想・信教・教育
①啓蒙 ②徳富蘇峰 ③平民 ④民友 ⑤国民之友 ⑥三宅雪嶺 ⑦政教社 ⑧日本人 ⑨国粋保存 ⑩陸羯南 ⑪日本 ⑫国民 ⑬高山樗牛 ⑭太陽

リスト教を排撃し、日本の海外進出を肯定した。彼の思想は(⑮_____)主義と呼ばれた。

　日露戦争が始まる前、対外膨張を主張する(⑯_____)主義が主流となった。

　宗教界では、1868年に政府が神仏(⑰_____)令を発し、(⑱_____)の詔を出すなど神道の国教化を考えたが、うまくいかなかった。対して(⑲_____)教・金光教・黒住教など民間の(⑳_____)神道は庶民のあいだに急速に浸透した。

　廃仏毀釈で打撃をうけた仏教界は、(㉑_____)らが西洋の自由信仰論を取り入れるなどして、国民の信頼を回復した。

　1873年にキリスト教が黙認されると、積極的な教育・社会福祉活動や(㉒_____)運動で、キリスト教は多くの信者を獲得していった。明治初年に来日した札幌農学校の(㉓_____)や熊本洋学校の(㉔_____)らも、青年知識人に影響を与えた。

　教育では政府が1871年に文部省を設置し、翌年、学制を発布して国民皆学の理念のもと小学校教育の普及に力を入れた。1879年、政府は(㉕_____)の制度をまねた(㉖_____)令を制定する。しかし、教育課程の編成の権限を地方にゆだねるなど、自由主義的な色彩が強く、政府の保守派から批判があがり、翌年改正された。この時(㉗_____)が筆頭科目になり、教育は国家主義的な方向へ向かった。

---

⑮日本　⑯国家　⑰分離　⑱大教宣布　⑲天理　⑳教派　㉑島地黙雷　㉒廃娼　㉓クラーク　㉔ジェーンズ　㉕アメリカ　㉖教育　㉗修身

1886年，初代文部大臣(㉘ 森有礼)は，帝国大学令・師範学校令・小学校令・中学校令と，立て続けに学校に関する法律を発布。これらを総称して(㉙ 学校)令といった。このおり東京大学は(㉚ 帝国)大学に改組された。

義務教育は，1890年に小学校令が改正されたさい，3～4年が義務とされ，1900年には(㉛ 4)年となり，1907年には(㉜ 6)年にのびた。

1890年，(㉝ 教育に関する勅語(教育勅語))が発布されたが，これは(㉞ 忠君愛国)思想を基調とした日本国の教育理念，教育精神が記された文章である。起草したのは井上毅と(㉟ 元田永孚)である。キリスト教徒の(㊱ 内村鑑三)は，1891年，(㉝)奉読式の場で(㉝)に拝礼しなかったため，第一高等中学校の講師の職を追われた。

1903年，小学校の教科書は，(㊲ 国定教科書)制度にかわった。

2 近代科学の発展と文学・芸術 （→本文P.181〜193）

日本史の分野でも西洋の科学的な手法が取り入れられ，歴史学者(① 田口卯吉)は1877(明治10)年より『日本開化小史』の刊行を始めた。同書は文明発達の法則性に重きをおく内容で，以後の日本史学の発達に影響を与えた。

帝国大学教授(② 久米邦武)は，「神道は東洋古代の祭天の古い俗習の一つにすぎない」と，論文「神道は祭天の古俗」で主張，神道

㉘森有礼　㉙学校　㉚帝国　㉛4　㉜6　㉝教育に関する勅語(教育勅語)
㉞忠君愛国　㉟元田永孚　㊱内村鑑三　㊲国定教科書

2　近代科学の発展と文学・芸術
①田口卯吉　②久米邦武

家や国家主義者の怒りをかい，結局，職を追われた。

　1880年代に入ると，次々と政治評論を中心とした新聞が創刊されたが，こうした特色をもつ新聞を(③＿＿＿)新聞と呼ぶ。一方，江戸時代の瓦版の系譜を引く娯楽や芸能ニュース中心の大衆紙も存在，これを(④＿＿＿)新聞と称した。

　雑誌も続々と創刊された。明治初年の『明六雑誌』，1880年代後半の『国民之友』『日本人』に加え，明治時代後期になると，『太陽』や『(⑤＿＿＿＿＿)』といった総合雑誌が創刊された。

　明治時代初期，(④)新聞がさかんになると，江戸時代以来の大衆文芸である(⑥＿＿＿)文学が復活した。有名なところでは，文明開化の世相を記した仮名垣魯文の『(⑦＿＿＿＿＿)』がある。

　続いて自由民権論を広める目的で，民権家が(⑧＿＿＿)小説を書くようになる。矢野龍溪(本名は矢野文雄)の『(⑨＿＿＿＿＿)』，(⑩＿＿＿＿＿)(本名は柴四朗)の『佳人之奇遇』，末広鉄腸(本名は末広重恭)の『雪中梅』は代表的なものといえよう。

　しかし1885年，(⑪＿＿＿＿＿)は政治至上主義の(⑧)小説や(⑥)文学にみられる勧善懲悪主義を批判し，「西洋の文芸理論をもとに，人間の内面や世相を客観的・写実的に描くべきだ」と説く『(⑫＿＿＿＿＿)』を刊行した。これに影響をうけた同郷の後輩(⑬＿＿＿＿＿)は，言文一致体によって『(⑭＿＿＿)』を書いたが，この作品こそ最初の近代小説だと評価されている。その後，尾崎紅

---

③大　④小　⑤中央公論　⑥戯作　⑦安愚楽鍋　⑧政治　⑨経国美談
⑩東海散士　⑪坪内逍遙　⑫小説神髄　⑬二葉亭四迷　⑭浮雲

葉が(⑮_____)主義をかかげて山田美妙らとともに硯友社をつくり，回覧雑誌である『(⑯_____)』を発刊して文芸小説の大衆化を進めていった。尾崎は『(⑰_____)』，山田は『夏木立』という代表作を残した。こうした動きに対して，幸田露伴は人間の内面を尊重する理想主義的な作品『(⑱_____)』を発表した。

　日清戦争前後になると，(⑲_____)主義文学がさかんになった。個性や感情を重んじ，革新や自由をとなえる潮流で，(⑳_____)が島崎藤村とともにつくった文芸雑誌『文学界』がその拠点となった。(㉑_____)の『舞姫』や泉鏡花の『高野聖』，(㉒_____)の『たけくらべ』などが代表的な作品である。

　歌や詩の分野でも，島崎藤村の新体詩集『(㉓_____)』，(㉔_____)の短歌集『みだれ髪』はロマン主義の影響を大きくうけたものだ。

　俳句の分野では，(㉕_____)が俳句の革新運動を展開した。和歌の分野でも，(㉕)の門下だった伊藤左千夫や長塚節が，1908年に『(㉖_____)』と題する短歌雑誌を発刊した。

　日露戦争前後より，日本文学はフランスやロシアの影響をうけ，人間の暗部をありのままに描き出そうとする(㉗_____)主義文学が全盛を迎えた。(㉘_____)の『牛肉と馬鈴薯』，(㉙_____)の『蒲団』，徳田秋声の『黴』，正宗白鳥の『何処へ』などが有名な作品だ。

---

⑮写実　⑯我楽多文庫　⑰金色夜叉　⑱五重塔　⑲ロマン　⑳北村透谷　㉑森鷗外　㉒樋口一葉　㉓若菜集　㉔与謝野晶子　㉕正岡子規　㉖アララギ　㉗自然　㉘国木田独歩　㉙田山花袋

歌人で詩人の(㉚＿＿＿＿)も(㉗)主義へ傾倒したが，やがて社会主義に傾き，(㉗)主義文学を批判するようになった。彼の代表作として歌集『一握の砂』と『悲しき玩具』がある。

反(㉗)主義の作家としては，(㉛＿＿＿＿)がその代表的な作家である。『吾輩は猫である』『坊っちゃん』『三四郎』『こころ』『草枕』などが代表作品だ。

演劇分野については，文明開化期にも歌舞伎人気は衰えず，歌舞伎作家の(㉜＿＿＿＿＿＿)は文明開化の風俗を取り入れた新作を発表した。

明治時代中期になると，9代目市川団十郎，5代目(㉝＿＿＿＿＿)，初代市川左団次といった歌舞伎の名優が活躍，庶民の大きな人気を博した。俗にこの時期を3人の名をとって「(㉞＿＿＿＿)時代」と呼んでいる。

自由民権運動では，民権思想を広めるため自由党の壮士による壮士芝居がおこなわれたが，その中心となったのがオッペケペー節を広めた(㉟＿＿＿＿＿＿)である。

壮士芝居は日清戦争前後になると，通俗小説の劇化を加えて(㊱＿＿＿＿)劇と呼ばれるようになった。

日露戦争後の1906年には，坪内逍遙と(㊲＿＿＿＿)によって演劇の改善や普及をめざす(㊳＿＿＿＿)協会が設立された。第2回の公演はイプセンの「人形の家」で，人気女優の(㊴＿＿＿＿＿)が主役

㉚石川啄木 ㉛夏目漱石 ㉜河竹黙阿弥 ㉝尾上菊五郎 ㉞団菊左 ㉟川上音二郎 ㊱新派 ㊲島村抱月 ㊳文芸 ㊴松井須磨子

を演じた。

また，1909年には２代目市川左団次と（㊵＿＿＿＿）らが（㊶＿＿＿＿）劇場という劇団を結成，ヨーロッパ近代劇の翻訳劇を中心に上演した。こうした演劇は，歌舞伎や（㊱）劇に対して（㊷＿＿＿）劇と呼ばれた。

音楽分野については，1879年に（㊸＿＿＿＿）の提言により音楽教員を養成する音楽取調掛が設置され，1887年に（㊹＿＿＿＿）学校に改組，小学校教育の中に西洋歌謡を手本にした（㊺＿＿＿）が採用された。1882年には，アメリカのメーソンの指導で文部省音楽取調掛が『（㊻＿＿＿＿）』を編纂している。

美術分野では，明治政府が1877年に（㊼＿＿＿＿）学校を開設，外国人教師を招いて西洋美術を教授するようになった。イタリア人の（㊽＿＿＿＿）が代表的な教師で，その教え子として（㊾＿＿＿＿）や高橋由一が出た。イタリアの影響を受けた脂派の（㊾）が中心となり，1889年には（㊿＿＿＿＿）会と称する日本初の西洋美術団体が創設された。

さらに1896年，フランスに留学して印象派を学んだ（(51)＿＿＿＿）らが白馬会を創設，これが西洋画壇の主流となった。

日本画については，アメリカ人の（(52)＿＿＿＿）やその弟子（(53)＿＿＿＿）が日本の伝統的美術を再評価した。

明治政府は1887年，（(54)＿＿＿＿）学校を設立した。（(54)）学校か

㊵小山内薫　㊶自由　㊷新　㊸伊沢修二　㊹東京音楽　㊺唱歌　㊻小学唱歌集　㊼工部美術　㊽フォンタネージ　㊾浅井忠　㊿明治美術　(51)黒田清輝　(52)フェノロサ　(53)岡倉天心　(54)東京美術

らは狩野芳崖・橋本雅邦・菱田春草らが輩出され，すぐれた作品を残した。1898年，(53)らは(55)＿＿＿＿という日本画中心の美術団体を創設した。

1907年，第1次西園寺公望内閣の時の文部大臣(56)＿＿＿＿は，日本美術と西洋美術の共存共栄をはかろうと，日本画・西洋画・彫刻の3部門からなる総合展覧会を開催することにした。これがいわゆる(57)＿＿＿＿である。この展覧会は，1919(大正8)年に名称を帝国美術院美術展覧会と改めた。略して(58)＿＿＿＿と呼ぶ。

それより前の1914年には(59)＿＿＿＿が開始された。これは，下村観山らによって再興された(55)の展覧会で，反(57)の立場に立つものであった。

彫刻分野では，「老猿」をつくった(60)＿＿＿＿の伝統的な木彫とフランスのロダンの影響をうけ，「女」を彫った(61)＿＿＿＿らの西洋の彫塑が競合した。

明治時代の彫刻作品としては，工部美術学校の教師ラグーザの「日本婦人」，新海竹太郎の「(62)＿＿＿＿」，朝倉文夫の「(63)＿＿＿＿」，竹内久一の「伎芸天」などがある。

建築では，イギリスの建築家(64)＿＿＿＿が見事な西洋の建築をつくった。鹿鳴館やニコライ堂・岩崎邸などはどれも(64)の設計である。その弟子の(65)＿＿＿＿も日本銀行本店を設計した。迎

---

(55)日本美術院　(56)牧野伸顕　(57)文展(文部省美術展覧会)　(58)帝展　(59)院展
(60)高村光雲　(61)荻原守衛　(62)ゆあみ　(63)墓守　(64)コンドル　(65)辰野金吾

賓館赤坂離宮はヴェルサイユ宮殿を手本にして(⁶⁶片山東熊)が設計した。

　1880年代には大都市の中心部で(⁶⁷電灯)が灯るようになるが，農村部では大幅に遅れた。ただ，(⁶⁸石油)ランプは普及していった。

　この頃，鉄道馬車が登場するが，1890年代になると京都で(⁶⁹路面)電車が開通した。

　女性の髪型も明治時代後半になると西洋婦人をまね，前髪を高く膨らませる(⁷⁰束髪)が考案された。

　1900年前後になると，アメリカの(⁷¹デパートメントストア)を参考にして大都市の呉服店などがショーウィンドーや陳列台を設け，顧客層を広げて小売りを始めた。

---

⁶⁶片山東熊　⁶⁷電灯　⁶⁸石油　⁶⁹路面　⁷⁰束髪　⁷¹デパートメントストア（デパート）

これならわかる！
ナビゲーター　日本史B
③　開国〜明治　（別冊）

2016年7月30日　第1版第1刷発行
2018年9月30日　第1版第2刷発行

編 著 者	河合　敦
発 行 者	野澤伸平
印 刷 所	明和印刷株式会社
製 本 所	有限会社　穴口製本所
発 行 所	株式会社　山川出版社
	〒101-0047 東京都千代田区内神田1-13-13
	電話　03(3293)8131(営業)
	03(3293)8135(編集)
	https://www.yamakawa.co.jp/
	振替　00120-9-43993
装　　幀	菊地信義

ⓒ　2016　Printed in Japan　　ISBN978-4-634-01058-1

- 造本には十分注意しておりますが、万一、落丁、乱丁などがございましたら、小社営業部宛にお送りください。送料小社負担にてお取り替えいたします。
- 定価はカバーに表示してあります。